ACTES ET MEMOIRES DU PEUPLE

collection animée par
Louis Constant

Ce livre vous est offert par le Comité d'Établissement des Agences de Paris et Région Parisienne du Crédit Lyonnais à l'occasion du **8 mars, journée internationale de lutte des femmes.**

8 mars 1981

Domitila Barrios de Chungara

Si on me donne la parole...

La vie d'une femme de la mine bolivienne
Témoignage recueilli par Moema Viezzer

Traduit de l'espagnol par Louis Constant

FRANÇOIS MASPERO
PARIS
1979

Première édition en espagnol Siglo XXI, Mexico. Titre original : *Si me permiten hablar...*

ISBN 2-7071-1020-5

Introduction

L'idée de ce témoignage est née de la présence de Domitila Barrios de Chungara à la tribune de l'Année internationale de la femme, organisée par les Nations unies à Mexico en 1975.

C'est là que j'ai connu cette femme des Andes boliviennes mariée à un mineur et mère de sept enfants, venue à la tribune pour représenter le « comité des ménagères de Siglo XX », organisation qui groupe les femmes des travailleurs de ce centre producteur d'étain.

Ses années de lutte et l'authenticité de son engagement lui avaient valu une invitation officielle des Nations unies à cette manifestation. Elle était la seule femme de la classe travailleuse à participer activement à la tribune pour représenter la Bolivie et ses interventions ont produit une profonde impression. Comme l'a écrit une journaliste suédoise, « Domitila avait vécu, les autres ne faisaient que parler ».

Ce récit, que Domitila considère comme l'« aboutissement » de son travail à la tribune, est le cri d'un peuple exploité. Il montre, de plus, combien la libération de la femme est fondamentalement liée à la libération socio-économique, politique et culturelle du peuple.

Ce que je présente ici, ce n'est pas un monologue de Domitila avec elle-même. C'est le résultat de nombreux entretiens que j'ai eus avec elle à Mexico et en Bolivie, de ses interventions à la tribune, comme des exposés, des discussions et des dialogues qu'elle a pu mener avec des groupes d'ouvriers, d'étudiants et d'employés de l'université, d'habitants de quartiers populaires, d'exilés latino-américains vivant à Mexico et de représentants de la presse, de la radio et de la télévision. Tout cela, enregistré, ainsi qu'une correspondance par écrit, a été mis en ordre et par la suite revu avec Domitila pour aboutir à ce témoignage.

Domitila s'adapte aux circonstances concrètes dans lesquelles elle se trouve et au public auquel elle s'adresse. La manière dont elle s'exprime dans une conversation personnelle est assez différente de celle qu'elle utilise pour des discours et des interventions dans des assemblées, ou pour des dialogues avec des groupes restreints. C'est ce qui explique la diversité des styles que l'on relèvera dans ce texte et qui pourrait surprendre certains lecteurs.

Le langage de Domitila est celui d'une femme du peuple, avec ses expressions particulières, ses tournures locales et ses constructions très caractéristiques dues à la langue quechua que Domitila parle depuis son enfance. Je me suis donc efforcée de garder ce langage qui fait partie de son témoignage et qui donne à la littérature une nouvelle preuve de la richesse que recèle l'expression populaire.

Il existe assez peu de documents écrits à partir d'expériences vécues par les gens du peuple. Ce récit peut, en ce sens, combler un vide et servir d'instrument de réflexion et d'orientation à d'autres femmes et à d'autres hommes qui se dévouent à la cause du peuple en Bolivie et dans d'autres pays, particulièrement en Amérique latine.

Ce livre est aussi un instrument de travail. Si Domitila a accepté de donner son témoignage, c'est dans la perspective d'« apporter un grain de sable dans l'espoir qu'il serve à la nouvelle génération ». Car, comme elle le dit, « il est important de prendre les expériences de notre propre histoire », autant que « l'expérience des autres peuples ». Et, pour cela, « il faut donner son témoignage » pour qu'il serve à « réfléchir sur notre action et à la critiquer ».

L'école où s'est forgée Domitila, c'est la vie du peuple. C'est le travail quotidien, dur et monotone, de ménagère de la mine qui lui a fait découvrir que le travailleur n'est pas le seul exploité, mais que, par l'effet du système, toute sa famille l'est aussi. C'est ainsi qu'elle a été amenée à participer activement à la lutte pour l'organisation de la classe travailleuse. Avec ses compagnes, elle vit dans sa chair les défaites et les victoires de son peuple. C'est sur ces bases qu'elle interprète la réalité. Tout ce qu'elle expose est vie et projection.

Domitila ne prétend pas nous présenter une analyse historique de la Bolivie, ni du mouvement syndical des mines ou du comité des ménagères de Siglo XX. Elle raconte simplement ce qu'elle a vécu et ce qu'elle a appris afin de poursuivre la lutte de la classe ouvrière et du mouvement populaire pour être maîtres de leur destin.

Rares sont néanmoins les témoignages d'un homme ou d'une femme des mines, des usines, des bidonvilles ou des campagnes où l'auteur ne se contente pas seulement de raconter la situation dans laquelle il vit, mais où il est conscient des causes et des mécanismes qui sont à l'origine de cette situation et qui la perpétuent, et où il est partie prenante de la lutte pour la transformer. C'est dans ce sens que le témoignage de Domitila contient les éléments d'une analyse historique profondément novatrice parce qu'elle exprime une interprétation des faits à partir d'une vision populaire.

Aussi est-il primordial, pour ne pas affaiblir son récit, de donner la parole à une femme du peuple, de l'écouter et d'essayer de comprendre comment elle vit, comment elle ressent et comment elle interprète les événements.

Rien de ce qui est exposé ici n'est étranger à la réalité bolivienne. Car l'itinéraire personnel de Domitila s'inscrit dans la trajectoire générale de la classe travailleuse et du peuple de Bolivie.

C'est pour cette raison que j'ai divisé le livre en trois parties : dans la première, Domitila décrit son peuple, *les conditions de vie et de travail de la femme des mines et sa participation au mouvement ouvrier organisé. Dans la deuxième partie, elle raconte* sa vie *personnelle, qui est liée aux événements historiques de son peuple. Dans la troisième, elle trace un panorama des mines en* 1976, *plus particulièrement depuis la grève des mineurs en juin et juillet.*

Je veux exprimer ici mon admiration et mes remerciements aux femmes des mines de Bolivie, qui, en la personne de Domi-

tila, nous permettent de mieux connaître et de mieux comprendre de quelle trempe sont faites la classe travailleuse bolivienne et les femmes qui, à la suite de Bartolina Sisa, Juana Azurduy, María Barzola, n'ont cessé de lutter pour la véritable liberté de leur peuple.

Je veux aussi remercier ici tous les amis, hommes et femmes, qui ont collaboré d'une manière ou d'une autre à transformer ce témoignage en réalité.

La parole est à Domitila.

Moema VIEZZER
30 décembre 1976

Cette histoire que je vais raconter, je ne veux surtout pas qu'on l'interprète seulement comme un problème personnel. Parce que je pense que ma vie est liée à mon peuple. Ce qui m'est arrivé à moi a pu arriver à des centaines de personnes dans mon pays. Cela, je veux que ce soit clair, parce que je suis consciente qu'il y a eu des gens qui ont fait beaucoup plus que moi pour le peuple, mais qui sont morts ou qui n'ont pas eu l'occasion de se faire connaître.

C'est pour cela que je dis que je ne veux absolument pas faire une histoire personnelle. Je veux parler de mon peuple. Je veux laisser un témoignage de toute l'expérience que nous avons acquise au cours de toutes ces années de luttes en Bolivie, et apporter mon grain de sable dans l'espoir que notre expérience serve à quelque chose pour la nouvelle génération, pour ceux qui viennent.

Je veux dire aussi que je considère que ce livre est l'aboutissement de mon travail à la tribune de l'Année internationale de la femme. Nous n'avons pas eu beaucoup de temps pour nous parler et pour nous dire tout ce que nous aurions voulu. Et maintenant j'ai l'occasion de le faire.

Et, enfin, je veux préciser que ce récit de mon expérience personnelle et de l'expérience de mon peuple qui lutte pour sa libération (à laquelle je me dois toute), je veux qu'il atteigne ceux qui sont les plus pauvres, ceux qui ne peuvent avoir d'argent, mais qui ont besoin d'exemples, d'orientations pour leur avenir. C'est pour eux que j'accepte que l'on mette par écrit ce que je vais raconter. Le papier n'a pas d'importance, ce qui compte c'est que je veux que cela soit utile à la classe travailleuse, et pas seulement à des intellectuels ou à des personnes à qui ces choses ne servent qu'à faire de l'argent.

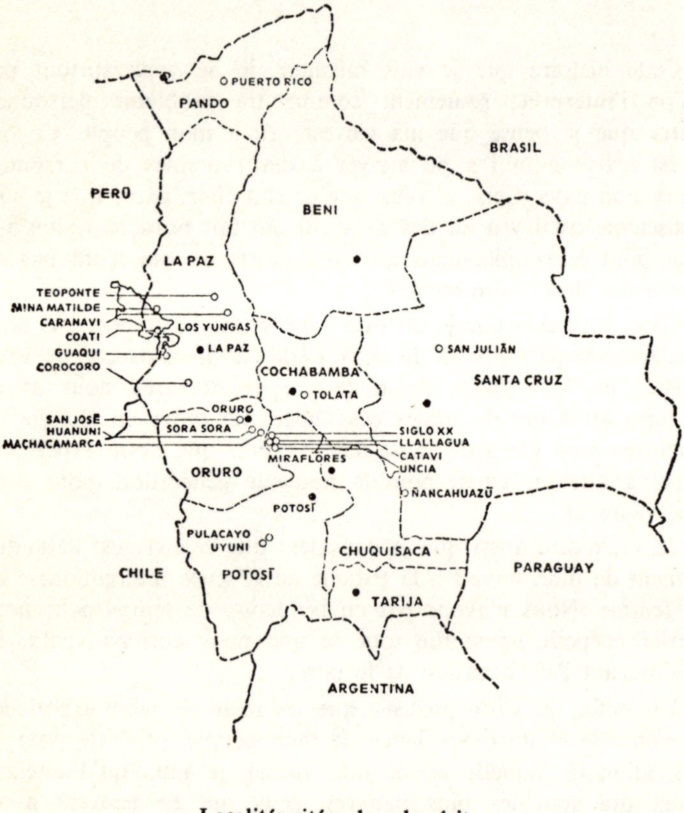

Localités citées dans le récit

Mon peuple

1. La mine

Pour commencer, je dirai que la Bolivie se trouve dans le « cône sud », au cœur de l'Amérique du Sud. Elle compte quelque cinq millions d'habitants, pas plus. Nous les Boliviens, nous sommes très peu nombreux.

Comme presque tous les peuples de l'Amérique du Sud, nous parlons l'espagnol. Mais nos ancêtres avaient leurs différentes langues à eux. Les deux principales étaient le quechua et l'aymara. Ces deux langues sont encore parlées aujourd'hui en Bolivie par une grande partie des paysans et par beaucoup de mineurs. Dans les villes aussi, il en est resté quelque chose, spécialement à Cochabamba et à Potosí, où l'on parle encore pas mal le quechua, et à La Paz, où l'on parle encore pas mal l'aymara. De plus, beaucoup de traditions de ces cultures survivent, comme par exemple l'art du tissage, les danses et la musique, qui d'ailleurs attirent aujourd'hui beaucoup l'intérêt à l'étranger.

Je me sens fière de porter du sang indien dans mon cœur. Et je me sens également fière d'être la femme d'un travailleur de la mine. Ah ! comme je voudrais que tous les gens de mon peuple se sentent fiers de ce qu'ils sont, de ce qu'ils ont, de leur culture, de leur langue, de leur musique, de leur manière d'être, qu'ils n'acceptent pas de copier les étrangers et qu'ils n'essaient pas d'imiter des gens qui, tout compte fait, n'ont pas apporté grand-chose de bon à notre société !

Notre pays est très riche, surtout en minerais : étain, argent, or, bismuth, zinc, fer. Il y a aussi des gisements importants de pétrole et de gaz. Et, en plus, nous avons, à l'est, de vastes plaines où l'on élève le bétail, nous avons des arbres, des fruits et de nombreux produits agricoles.

Apparemment, le peuple bolivien est le maître de toutes ces richesses. Par exemple, les mines, surtout les grandes, sont nationalisées. On en a exproprié les patrons, Patiño, Hoschschild, Aramayo, ceux que nous appelions « les barons de l'étain » et qui se sont rendus célèbres dans le monde entier par leurs immenses fortunes. On a même dit que Patiño a réussi à être l'un des cinq hommes les plus riches du monde, non ? Ces messieurs étaient boliviens, mais des Boliviens au cœur si mauvais qu'ils ont trahi le peuple. Ils ont vendu tout notre étain aux autres peuples et ils nous ont laissés dans la misère en investissant tous leurs capitaux à l'étranger, dans des banques, des industries, des hôtels et quantité d'autres choses. C'est pour cela que, lorsqu'on a nationalisé leurs mines, il y avait en réalité très peu de choses en Bolivie même. Et, malgré tout, on les a indemnisés. Et, malheureusement, il s'est créé une nouvelle catégorie de riches, ce qui fait que le peuple n'a finalement tiré aucun bénéfice de cette nationalisation.

Les habitants de la Bolivie sont en majorité des paysans. A peu près 70 % de notre population vit à la campagne. Et ils vivent dans une pauvreté épouvantable, plus encore que nous, les mineurs, nous pourtant qui vivons comme des gitans sur notre propre terre, puisque nous n'avons pas notre maison, mais seulement un logement que l'entreprise prête au travailleur pour le temps où il y est employé.

Mais alors, si c'est vrai que la Bolivie est un pays tellement riche en matières premières, comment se fait-il que ses habitants soient si pauvres ? Et pourquoi son niveau de vie est-il si bas par rapport aux autres pays, y compris ceux d'Amérique latine ?

C'est qu'il y a la fuite des devises, voilà la raison. Il y en a beaucoup qui se sont enrichis, mais ils investissent tout leur argent à l'étranger. Et notre richesse, ils la livrent à la voracité des capitalistes, à des prix extrêmement bas, en faisant des contrats qui, à nous, ne nous rapportent rien. La Bolivie est un pays qui a été favorisé par la nature, et nous pourrions être l'un des pays très riches de ce monde ; et pourtant, bien que nous ne soyons pas beaucoup d'habitants, cette richesse ne nous appartient pas. Quelqu'un a dit que la Bolivie est un pays immensément riche mais que ses habitants sont tout juste des mendiants. Et c'est bien la vérité, parce que la Bolivie se trouve sous l'emprise des sociétés multinationales qui contrôlent l'économie du pays. Et il y a aussi beaucoup de Boliviens qui y aident en se laissant acheter à coups de dollars pour faire la politique des *gringos* et les suivre dans leurs trafics. Pour eux, le seul problème est de savoir combien ils peuvent gagner pour leur propre compte. Plus ils peuvent exploiter les travailleurs, plus ils sont heureux. Et cela leur est bien égal que l'ouvrier tombe de dénutrition ou de maladie.

Je pourrais peut-être raconter certaines expériences que nous avons vécues en Bolivie. Comme je vis dans un centre minier, moi, ce que je connais le mieux ce sont les mineurs.

En Bolivie, 60 % environ des ressources financières du pays viennent de la mine. Les autres ressources viennent du pétrole et des autres exploitations.

On dit que les mines de l'Etat groupent environ 35 000 travailleurs. Mais il paraît qu'il y en a encore 35 000 autres dans les mines privées. Donc je crois qu'il y a environ 70 000 travailleurs des mines en Bolivie.

Les mines nationalisées sont administrées par la Corporation minière de Bolivie, que nous appelons la Comibol. Il y a un siège central à La Paz et il y a des sièges locaux dans chaque centre minier du pays. Là où je vis, par exemple, il y a un directeur qui administre le centre formé par les mines de Siglo XX (« vingtième siècle »), de Catavi, de Socavón, de Patiño et de Miraflores. C'est le centre minier le plus important de toute la Bolivie, celui qui a la plus grande expérience révolutionnaire et où les gouvernements successifs ont fait le plus de massacres.

A l'extérieur de la mine travaillent des techniciens et les employés de l'entreprise dans les stocks, la fonderie, la centrale de traitement du minerai, les magasins que nous appelons les *pulperías* *, le bureau d'aide sociale.

A l'intérieur de la mine travaillent les mineurs. Chaque matin,

* Centres de ravitaillement fondés sur un système de ventes rationnées des aliments, en compte sur le salaire mensuel du travailleur, et administrés par l'entreprise.

ils doivent y entrer jusqu'à un endroit très malsain où l'air fait défaut, où il y a beaucoup de gaz fétides produits par la *copagira* *. Et il leur faut rester là-dedans huit heures à extraire le minerai.

Avant, quand la mine était encore neuve, on extrayait seulement le meilleur en suivant une veine. Mais, depuis maintenant plus de vingt ans, la chose est différente. Il n'y a plus autant de minerai. Alors on a commencé à mettre en place le système du *block-caving*. On met à l'intérieur de la dynamite et on fait sauter une partie de la montagne. Les mineurs font descendre toute cette pierraille, l'envoient à la *chancadora* ** et ensuite à la centrale de traitement pour qu'on en extraie le minerai. Ce travail au *block* est très dangereux parce que tout éclate, tout saute. Et il y a tellement, tellement de poussière qu'on n'y voit pas à un mètre. Beaucoup d'accidents s'y produisent, parce qu'il arrive que les travailleurs aient l'impression que toute la dynamite a explosé ; alors ils se remettent à leur travail et puis, tout d'un coup, il y a une nouvelle explosion... et les voilà en morceaux, non ? C'est pour cela que je ne veux pas que mon mari travaille au *block*, bien que ceux qui y travaillent gagnent davantage.

Il y a aussi d'autres types de travailleurs. Par exemple les *veneristas* ***, qui sont des mineurs qui travaillent à leur compte et vendent leur minerai à l'entreprise. Il y a à peu près deux mille *veneristas* qui travaillent par groupes de trois ou quatre avec un chef de groupe. Ils font des trous d'un mètre ou d'un mètre et demi de large et d'environ quinze mètres de profondeur en creusant jusqu'au rocher. Ils y descendent par une corde et, une fois au fond, ils font de petits tunnels dans lesquels ils s'enfonçent en se recroquevillant. Et ils cherchent l'étain qui s'est déposé dans les veines du rocher. Ils n'ont aucune protection ; aucune espèce de ventilation. C'est ce qu'il y a de pire. Beaucoup de ceux qui travaillent là sont des mineurs qui ont été licenciés de l'entreprise parce qu'ils avaient la maladie professionnelle de la mine, la silicose. Et comme ils n'ont pas d'autre source de travail, il

---

* De *copaquira*, eau minérale de couleur jaune ou plombée qui vient des déblais.

** Du quechua *ch'anquay* : moudre, écraser. Concasseuse.

*** Littéralement les « veiniers » : ceux qui travaillent dans les veines de minerai trop petites ou trop pauvres pour être exploitées industriellement.

faut bien qu'ils cherchent un moyen de survivre. Il y a aussi là des paysans qui arrivent à Llallagua et qui commencent leur vie de mineurs comme *veneristas,* mais ils subissent une exploitation terrible parce que les *veneristas* sont payés à peu près 10 pesos par jour, c'est-à-dire un demi-dollar.

Il y a également les *locatarios,* les « locataires », qui travaillent aussi à leur compte et vendent le minerai à l'entreprise. Mais l'entreprise ne leur fournit rien, ni pelles, ni pics, ni dynamite. Ils doivent tout acheter, tout. L'entreprise leur assigne des emplacements, qui sont des endroits qui ont déjà été exploités, et il y reste donc toujours du minerai. Plus ou moins, mais enfin il en reste toujours. L'entreprise paie aux « locataires » le minerai qu'ils trouvent au cours du jour, mais je crois qu'ils ne reçoivent en fait que 40 % après déduction du droit de se servir du terrain.

D'autres encore : ce sont les *lameros* *, les « laveurs » ceux qui travaillent dans les déchets de minerai. Des endroits où l'entreprise stocke le minerai sort de l'eau qui s'écoule en entraînant des déchets de minerai et se transforme en une rivière épaisse et trouble. Les *lameros* travaillent cette matière, la filtrent, la concentrent et la livrent à l'entreprise. Mais ils sont moins favorisés que les « locataires », car ceux-ci ont leurs emplacements désignés tandis que les *lameros* doivent chercher au hasard, ce qui fait qu'il y a des fois où ils travaillent beaucoup et ne trouvent rien.

Les groupes qui travaillent ainsi dans les centres miniers sont donc divers.

* Littéralement : « lécheurs ».

2. Le logement du mineur

Siglo XX est un camp minier et ici tous les logements appartiennent à l'entreprise. Tout à côté se trouve le village de Llallagua où vivent également de nombreux mineurs, de même que dans d'autres villages civils des environs.

Le logement que le travailleur occupe dans le camp et qui, à tout point de vue, ne lui est que prêté, il ne l'obtient qu'après plusieurs années de service. Du fait de la pénurie de logements, l'entreprise n'en prête pas tout de suite. Il y a beaucoup de mineurs qui travaillent pendant cinq, dix ans, sans avoir leur habitation. C'est pour cela qu'ils louent des logements dans les villages civils.

De plus, le logement n'est prêté que pour le temps que le travailleur reste au service de l'entreprise. Quand la maladie professionnelle, le mal de la mine, le fait mourir ou le fait licencier de son travail, la veuve ou l'épouse du travailleur est chassée du logement, elle a quatre-vingt-dix jours pour vider les lieux.

Notre logement est très petit, c'est un espace de quatre mètres sur cinq ou six, en même temps salle de séjour, salle à manger, dortoir, cuisine. Dans certains logements, il y a deux petites pièces et dans ce cas l'une peut servir de cuisine ; et il y a aussi un petit couloir. Voilà le logement que nous prête l'entreprise, mais il s'agit seulement des quatre murs, sans aucune conduite d'eau, sans installation sanitaire. Et c'est donc dans cet espace réduit que nous devons vivre avec nos enfants. Dans mon cas, nous avons mis trois lits dans la première pièce, elle ne peut pas en contenir plus. C'est là que dorment mes sept enfants, que les petits font leurs devoirs, que nous mangeons, que les plus jeunes jouent. Dans la pièce du fond, j'ai une table ainsi qu'un lit où je dors avec mon mari. Le peu de choses que nous avons, il faut bien sûr les tenir entassées sous le toit, entassées dans le petit couloir, entassées les unes sur les autres. Et les *wawas* *, nous devons en faire dormir une partie sur les lits et une partie par terre.

Sur les hauts plateaux, sur l'Altiplano, il fait très froid. Aussi nous mettons sur les lits des paillasses que l'on fabrique dans la région. Un matelas coûte entre 800 et 1 000 pesos. C'est trop cher pour nous. La majorité des mineurs se sert de ces paillasses. Dans mon foyer, par exemple, nous n'avons pas un seul matelas. La paillasse ne dure pas longtemps, parce qu'elle est faite de jute, et puis elle n'est pas très confortable. Mais que faire ? La paillasse se déchire d'un côté, se déchire de l'autre, et il faut que nous trouvions le moyen de la faire durer en la rapiéçant partout.

Nous avons l'eau potable. Mais pas dans nos logements. Ce sont des bornes communes, dans la rue, et il faut faire la queue pour avoir de l'eau.

C'est dire que nous n'avons pas beaucoup de confort. Par exemple, nous n'avons pas de douches dans les maisons. Il y a bien des douches publiques, mais il y en a dix ou douze pour tout le monde ; et tout le camp, ça fait beaucoup de monde !... Les douches sont accessibles un jour sur deux : un jour pour les femmes, le jour suivant pour les hommes. Les douches marchent quand il y a du pétrole. Parce que, pour chauffer l'eau, il faut du pétrole.

Et les lieux hygiéniques, les w.-c., il n'y en a que dans les maisons du personnel technique. Dans les logements des travailleurs, ils n'existent pas. Ils sont publics, et là aussi il y en a une dizaine. Mais une dizaine pour tout un quartier, vous comprenez ? Pour tout un quartier. Ils se salissent très vite et il n'y a pas l'eau courante. Le matin, les travailleurs de l'entreprise qui sont affectés à cette tâche passent les nettoyer. Mais ensuite, toute la journée, ils sont sales. Et si l'eau manque pendant plusieurs jours, c'est à nous de nous occuper des w.-c., et voilà.

---

* Mot quechua : enfants (diminutif : *wawita*).

Il y a beaucoup de problèmes d'eau, surtout dans les villages civils. Ils souffrent davantage que nous. Ils doivent faire des queues immenses. Ils doivent aller chercher l'eau loin, très loin. Et ils n'ont pas non plus la lumière électrique comme nous. Leur vie est bien difficile.

Et pourtant, malgré cette absence de confort des logements, il n'est pas facile d'en obtenir un car il y a pénurie. On fait entrer plein de choses en compte. Par exemple, un camarade qui a travaillé dix ans a droit à dix points ; s'il a une femme et sept enfants, on lui ajoute huit points ; s'il travaille à l'intérieur de la mine, il a encore d'autres points. C'est-à-dire que, pour obtenir un logement, le travailleur doit totaliser un certain nombre de points : il doit être le plus ancien, avoir le plus d'enfants, travailler à l'intérieur de la mine. Il y a des camarades qui tombent très vite malades du mal de la mine et qui meurent sans avoir jamais eu le droit de bénéficier d'un logement prêté.

Evidemment, nous protestons. Le problème a toujours été posé dans les mines. Mais l'entreprise explique qu'elle est en crise, qu'elle ne peut pas faire davantage de logements. Et la majorité des logements du camp ont été construits du temps où l'entreprise était encore privée, c'est-à-dire avant 1952. Depuis la nationalisation, tout est resté sans changement et il y a eu très peu de logements de construits. On en a ajouté récemment quelques-uns. Nous avons tellement revendiqué, nous avons tellement fait de grèves que nous avons obtenu qu'on répare un peu les habitations qui étaient sur le point de s'écrouler. On a fait faire quelques replâtrages par des entreprises de construction, mais bien souvent cela n'a pas servi à grand-chose, un peu de gel et tout s'en va. Et voilà.

Du fait de cette pénurie de logements, certaines personnes se joignent à ceux qui y ont droit, pour y vivre avec eux. Ces personnes-là, nous les appelons les « supplémentaires ». Dans mon cas, par exemple, mes trois sœurs sont venues vivre avec moi. J'ai mis un lit dans la cuisine et je l'ai transformée en chambre pour elles. Et j'ai installé la cuisine dehors sous une tôle ondulée. Nous avons vécu comme cela pendant plusieurs années.

Les supplémentaires ne sont pas toujours des gens de la famille. Ils peuvent être de simples amis. Par exemple, quand je suis arrivée à Siglo XX, moi aussi j'ai été une supplémentaire. Mais je ne connaissais pas les gens avec qui je devais vivre. Mon mari et l'homme de la maison avaient fait connaissance à leur travail. Ce monsieur était un ancien dans l'entreprise et mon mari y était nouveau. Il a expliqué à ce monsieur que la femme, dans la maison où nous vivions, était méchante, qu'elle nous fermait la porte au nez. Et l'autre a dit à mon compagnon : « Viens dans ma maison. » Et nous sommes allés vivre là, moi et mon mari. Nous sommes restés avec eux pendant un an. Nous venions de nous marier. Ils avaient trois enfants, et leurs sœurs vivaient là aussi. Nous nous supportions très bien, nous faisions la cuisine à tour de rôle. Nous faisions la cuisine dans une grande marmite pour tout le monde. Beaucoup de gens vivent ainsi, et pendant de longues années.

Bien sûr, il y a des lois concernant les entreprises et qui disent que les entreprises doivent donner des logements aux travailleurs. Mais ces lois ne servent à rien. Et les travailleurs de la mine, qui portent la plus grande part de l'économie du pays, au bout du compte ils ne peuvent même pas avoir leur petite maison.

3. Le travail du mineur

Il y a, à la mine, deux systèmes de travail : celui du personnel technique et celui des mineurs.

La mine ne s'arrête jamais. Elle fonctionne nuit et jour. Pour cela, les mineurs sont divisés en trois tournées. Certains changent de tournée tous les mois, d'autres tous les quinze jours, d'autres chaque semaine. Mon compagnon, par exemple, change chaque semaine.

Il y a donc trois « pointes » par jour. Si l'on compte le temps passé à gagner le fond de la mine avec le convoi et le temps passé à sortir du puits, la première pointe entre à six heures du matin et sort à trois heures de l'après-midi ; la seconde entre à deux heures et sort à onze heures du soir ; et la troisième entre à dix heures du soir et sort à six heures du matin.

Quand le travailleur est dans la première pointe, nous devons, nous les femmes, nous lever à quatre heures du matin pour préparer le déjeuner de notre compagnon. A trois heures de l'après-midi, quand il revient de la mine, il n'a rien mangé. Il n'y a aucun moyen d'emporter de quoi manger à l'intérieur de la mine, la nourriture se gâcherait ; avec toute cette poussière, cette chaleur, avec les explosions de dynamite, même s'ils arrivaient à manger quelque chose, ce serait quelque chose qui leur ferait du mal. Il faudrait tout organiser d'une manière différente. Et l'entreprise dit que ce n'est pas possible de le faire. Si l'entreprise le voulait, on pourrait établir des couloirs propres et sains dans la mine. Mais cela ne l'intéresse pas. L'entreprise réserve les traitements privilégiés aux techniciens. Les ingénieurs, par exemple, travaillent moins longtemps. Et, à dix heures trente, on leur apporte leur nourriture. Ils y ont droit. A onze heures trente, ils déjeunent dans la mine. Si l'entreprise voulait que les travailleurs déjeunent, elle pourrait faire la même chose pour eux. Mais non. Les travailleurs doivent donc se contenter de ce qu'ils ont pris à cinq heures du matin, jusqu'à trois heures de l'après-midi quand ils rentrent à la maison. Et ceux qui habitent loin, par exemple à Uncía, doivent se lever à trois heures du matin pour aller à Socavón, à Patiño, à Miraflores et aux autres puits qui sont très, très éloignés.

Alors comment tiennent-ils le coup dans la mine ? En mâchant de la coca avec de la *lejia* *. La coca, ce sont des feuilles qui ont un goût amer mais qui font oublier la faim. La *lejia,* c'est la cendre des tiges de *quinua,* mélangée à du riz et à de l'anis ; on la mastique avec la coca pour faire passer son goût trop amer. Voilà donc ce que mâchent les mineurs pour se donner du courage et pour que leur estomac tienne le coup.

Le travail dans la mine est épuisant. Mon compagnon, par exemple, quand il arrive à la maison, il va se coucher tout habillé. Il dort deux ou trois heures et puis il se lève pour manger.

Le pire, le plus dur, c'est la pointe de nuit. Le mineur travaille toute la nuit et revient dormir le jour. Mais comme le logement est petit et que les logements du camp sont collés les uns aux autres, les enfants n'ont aucun endroit possible pour aller jouer ; ils restent donc là à faire du bruit. Et les murs sont tellement minces que, quand les voisins parlent, on croirait qu'ils sont avec nous dans la pièce. Aussi le travailleur ne peut dormir et il se retrouve abruti. Il ne peut même pas se reposer. C'est la pointe que mon mari déteste le plus, et tous les travailleurs sont comme lui. Mais ils sont obligés de faire cette pointe. Ils doivent se soumettre au règlement de l'entreprise, ou bien on les licencie.

Cela fait près de vingt ans que mon mari travaille de cette manière. Tous les mineurs travaillent le même nombre d'heures dans la mine. Les pointes sont pareilles.

La moyenne de vie d'un mineur est à peine de trente-cinq ans.

---

* Nom quechua donné à la cendre de la *quinua,* qui est une céréale de l'Altiplano.

A cet âge-là, il est de toute manière définitivement malade, il a le mal de la mine. Avec tous ces explosifs qu'ils font sauter pour extraire le minerai, les particules de poussière s'introduisent dans les poumons quand ils respirent, par la bouche et par le nez. Et dans les poumons elles finissent par s'agglomérer, et le poumon finit par tomber en morceaux. Et les travailleurs se mettent à vomir du sang. Leur bouche devient noire, brune. Ils finissent par cracher des morceaux de poumon et ils meurent. Voilà la maladie professionnelle de la mine : c'est la silicose.

Et voilà le malheur des mineurs : ce sont eux qui alimentent l'économie nationale avec leur sueur et leur sang, et tout ce qu'ils obtiennent c'est le mépris général ; on a peur d'eux, on croit que leur maladie est contagieuse, ce qui n'est pas vrai. Mais c'est une croyance qui existe, aussi bien à la campagne que dans les villes. C'est pourquoi beaucoup de gens ne veulent pas nous louer de logements parce qu'ils pensent que le mal de nos compagnons va traverser les murs et contaminer les voisins. Et puis, comme les mineurs mâchent de la coca pour se donner du courage dans leur travail, on dit que ce sont des drogués, on les appelle les *khoya locos,* les fous de la mine.

Les gens qui vivent à la mine sont dans leur grande majorité des paysans qui ont abandonné leurs terres sur l'Altiplano, parce qu'elles ne suffisaient pas pour les faire vivre. Les terres des hauts plateaux ne produisent vraiment qu'une seule chose, et une seule fois par an : la pomme de terre. Tout le reste rend très peu. Il y a des années où le temps est favorable et où la pomme de terre rend bien, mais il y a des années où elle ne rend rien du tout et les paysans ne récupèrent même pas ce qu'ils ont planté. Alors toute la famille part pour la ville ou vient à la mine. Et ils y rencontrent la situation que j'ai décrite.

Bien sûr, la propagande du gouvernement veut faire croire que nous avons une vie aisée. Et même, quand ils parlent des mineurs, ils osent dire que nous avons le logement gratuit, l'eau potable gratuite, l'électricité gratuite, l'éducation gratuite, la *pulpería* bon marché et quantité d'autres choses. Mais n'importe qui peut venir à Siglo XX et se rendre compte par lui-même de notre réalité : le logement est très mauvais, en plus du fait qu'il n'est pas donné mais prêté ; l'eau, nous ne l'avons qu'aux bornes publiques ; les douches sont collectives ; l'électricité, nous ne l'avons qu'aux heures où l'entreprise veut bien nous la donner ; l'éducation nous revient très cher, parce qu'il faut que nous achetions l'uniforme, le matériel scolaire et beaucoup d'autres choses ; et la *pulpería* bon marché, elle est prise sur le salaire de nos compagnons.

Pour nous maintenir dans cet état misérable, on paie les travailleurs un salaire de misère. Par exemple, mon mari qui travaille dans une section spéciale à l'intérieur de la mine, il est payé aujourd'hui 28 pesos par jour, c'est-à-dire environ 740 pesos par mois. L'an dernier, il était payé 17 pesos par jour, c'est-à-dire même pas un dollar par jour. Nous avons une allocation familiale de 347 pesos et quelque chose par mois, à quoi s'ajoute un pourcentage supplémentaire (le « coupon ») que le gouvernement ajoute pour compenser la dévaluation monétaire, soit 137 pesos et quelque chose par mois. Il y a aussi un supplément de salaire pour le travail de nuit. En additionnant tout cela, mon compagnon arrive à gagner entre 1 500 à 1 600 pesos par mois. Mais, avec tout ce que l'entreprise déduit pour la caisse de sécurité sociale, la *pulpería,* les bâtiments scolaires et autres, cet argent n'arrive jamais jusqu'à nous. Parfois mon mari reçoit 700 pesos, 500 pesos, et parfois c'est nous qui restons débiteurs envers l'entreprise. Et, avec cela, il faut faire vivre une famille de neuf personnes. Mais il y a des travailleurs qui sont dans une situation encore pire.

Un de nos dirigeants, un grand homme qu'ils ont tué, nous a expliqué une fois, sous une forme très simple, pourquoi nous étions dans cette situation ; il nous a dit : « Nous sommes dix mille travailleurs à Siglo XX, camarades, qui produisons de 300 à 400 tonnes d'étain par mois. »

Il a pris une feuille de papier et il a continué : « Cette feuille de papier représente notre gain. Cette feuille entière. Voilà tout ce que nous avons gagné, notre production d'un mois. Comment est-elle répartie ? »

Il a divisé la feuille de papier en cinq parties égales :

« Sur ces cinq parties égales, il y en a quatre qui vont au capitalisme étranger. C'est son bénéfice. A la Bolivie, il reste seulement la cinquième partie.

« Maintenant, cette cinquième partie, elle est répartie dans le cadre du système où nous vivons, bien sûr. Donc le gouvernement en prend à peu près la moitié pour les frais de transport, la douane et les droits d'exportation du minerai, ce qui est encore une manière de faire gagner les capitalistes, non ? Parce que c'est nous, Boliviens, qui, avec nos propres camions, devons transporter notre minerai jusqu'à Guaqui, à la frontière du Pérou. Au Pérou, ils ont leur port. De là le minerai est transporté par bateau jusqu'en Angleterre pour être fondu dans les hauts fourneaux de la Williams Harvey. Puis, de là, il est acheminé par bateau vers les Etats-Unis, où avec, on fabrique avec toutes les choses que les autres pays, y compris la Bolivie, achètent ensuite à des prix très élevés. Et, avec ce système, les capitalistes récupèrent encore la moitié de ce cinquième qui nous revenait.

« Mais, sur la moitié qui reste encore, le gouvernement se sert aussi pour son compte et pour celui du groupe qui le soutient : les forces armées, le salaire des ministres et les voyages à l'étranger. Et ils investissent cet argent à l'étranger pour pouvoir s'en aller dans un autre pays quand ils seront chassés du pouvoir et s'y retrouvent millionnaires avec de l'argent bien placé.

« Une autre partie va aux corps de répression, à l'armée, à la D.I.C. * et à ses suppôts.

« Et, du tout petit peu qui reste, le gouvernement prend encore une part pour la sécurité sociale, pour la santé, pour les hôpitaux, pour payer l'électricité consommée par le peuple. Et puis encore une miette pour la *pulpería* bon marché, pour rendre les mineurs heureux et satisfaits. Et ils nous font croire que c'est grâce à la " bonté du gouvernement " que nous avons droit à quatre articles à prix bloqués : le pain, la viande, le riz et le sucre, et ils disent que le gouvernement nous fait ce cadeau par " générosité ". Mais il tire ce cadeau d'ici même, de ce que nous produisons nous-mêmes, non ?

« Sur l'autre minuscule part qui reste, il faut encore qu'ils paient le matériel de travail, les pelles et les pics des ouvriers. Et puis il faut encore prélever ce qu'ils donnent à leurs femmes, aux femmes des ministres, pour qu'elles viennent nous donner des cadeaux pour Noël et la fête des mères...

« Et ils prélèvent comme ça, et ils prélèvent toujours. Alors,

---

* Département des investigations criminelles : police d'Etat.

vous comprenez, tout cet argent qu'a rapporté l'étain, après avoir été employé à tant et tant de choses, il en reste vraiment bien peu, des miettes, pour les salaires des dix mille travailleurs, pour notre salaire à nous qui avons extrait cet étain. Nous sommes réduits comme ça pratiquement à zéro, non ? »

Voilà comment ce dirigeant nous a expliqué la situation.

Une fois, j'ai eu l'occasion d'expliquer cela lors d'une conférence à laquelle j'étais invitée. Je crois que c'était en 1974. C'était à La Paz, où l'on donnait des cours de formation à des camarades qui s'étaient groupées pour former une fédération des mères de famille.

Il y avait là des jeunes de l'université, c'étaient des économistes. Ils nous ont fait un grand exposé. Ils se sont servis d'un tableau noir pour expliquer aux femmes les problèmes de l'économie du pays, la fuite des devises, la répartition des richesses en Bolivie.

Mais beaucoup de ces femmes ne savaient pas lire et elles ne comprenaient pas le problème. Et une femme très humble, avec sa *wawa,* son bébé accroché dans le dos, s'est levée et a dit :

— Mon garçon, tu nous as donné tellement de chiffres que nous n'avons rien compris. Mais tu ne nous as pas parlé d'El Mutún *. Qu'est-ce qu'il y a à El Mutún ? Qu'est-ce qu'il fait, le gouvernement à El Mutún ? En rentrant de l'armée, mon fils m'a dit qu'il y a du fer à El Mutún et qu'avec ce fer on fait les camions. Alors pourquoi est-ce que le gouvernement, au lieu de laisser El Mutún aux étrangers, ne fait pas des usines ici ? Peut-être que nos enfants pourraient y trouver du travail ?

Bien sûr, j'avais un peu plus de préparation que les autres et j'avais réussi à comprendre ce qu'avaient expliqué les camarades de l'université. Et je voulais simplifier ce que j'avais compris dans tout ce fouillis de chiffres que ce monsieur nous avait écrit au tableau. Alors j'ai parlé à mes compagnes et je leur ai expliqué les choses dans notre langage, à peu près sous la même forme que notre dirigeant.

Les femmes étaient très en colère. Elles disaient que leurs maris ne savaient pas cela, mais qu'elles allaient leur montrer

* Gisement de fer inexploité dans le département de Santa Cruz, à la frontière brésilienne.

comment était menée l'économie de la Bolivie. Elles ont demandé :

— Pourquoi font-ils ça ?

Et je leur ai dit :

— C'est au gouvernement qu'il faut poser la question. Parce qu'en tout cas, c'est bien ça qu'ils font.

Maintenant, je pense que si nous changions ce système de vie, si le peuple arrivait au pouvoir, avec les mesures qui seraient prises cela ne se produirait plus. Toute notre vie changerait. Parce que la première chose que nous ferions serait de nous attaquer au problème de la mine. Par exemple, on achèterait des machines neuves pour réduire le travail. On ferait un système d'alimentation qui tiendrait compte des dégâts physiques qui épuisent nos compagnons. Et puis je pense que nos compagnons ne doivent plus mourir ainsi à la mine. Ils y entrent et ils y restent jusqu'à ce qu'ils ne puissent plus tenir une pelle ou un pic, et alors ils ont juste le droit de s'en aller avec leur petite indemnité.

Si l'Etat veillait au capital humain, la première chose qu'il ferait — et je pense que c'est ce qu'il faudra faire quand nous serons un jour au pouvoir —, ce serait de décréter qu'aucun mineur ne doit travailler plus de cinq ans à l'intérieur de la mine. Et, en même temps qu'il y travaille, l'entreprise doit lui apprendre un métier quelconque, par exemple à être un bon menuisier ou un bon cordonnier, pour qu'en sortant de la mine après cinq ans il puisse l'exercer. Pour qu'il puisse avoir un moyen de gagner sa vie et qu'il ne s'épuise pas dans la mine jusqu'à la fin.

Parce que finalement, si nous continuons comme ça, quand arriverons-nous à avoir une société saine ? Et si nous continuons à ne traiter l'homme que comme une force qui doit produire, qui doit produire et puis mourir et qu'on remplace à sa mort par une autre force, c'est-à-dire un autre homme, pour le démolir ausi, eh bien ! on gaspille le capital humain ; et c'est pourtant lui le plus important dans la société, non ?

4. La journée d'une femme de la mine

Ma journée commence à quatre heures du matin, surtout quand mon mari travaille dans la première pointe. Je lui prépare alors son petit déjeuner. Ensuite, je prépare les *salteñas* *, parce que je fais une centaine de *salteñas* tous les jours, et je les vends dans la rue. Je fais ce travail pour compléter le salaire de mon compagnon. La veille, nous avons déjà préparé la pâte, et dès quatre heures du matin je fais les *salteñas,* en même temps que je donne à manger aux petits. Les petits m'aident : ils pèlent les pommes de terre, les carottes, ils font la pâte.

Ensuite, il faut préparer ceux qui partent à l'école pour la matinée. Et, ensuite, il faut laver le linge que j'ai mis à tremper la veille.

A huit heures, je sors vendre. Les petits m'aident en partant pour l'école. Il faut aller à la *pulpería* pour chercher les produits de première nécessité. A la *pulpería,* il faut faire des queues interminables, et je mets jusqu'à onze heures à me ravitailler. Il faut faire la queue pour la viande, pour les légumes, pour l'huile. C'est-à-dire qu'il faut faire la queue pour tout, parce que chaque chose est à un endroit différent. Alors, en même temps que je vais vendre mes *salteñas,* je fais la queue pour me ravitailler à la *pulpería.* Je cours au guichet pour chercher les choses à acheter,

* La *salteña* est une variété bolivienne des *empanadas* que l'on trouve dans toute l'Amérique du Sud, sorte de petit pâté chaud. La *salteña* est farcie avec de la pomme de terre, de la viande, de l'ail.

et les petits vendent. Ensuite, les petits font la queue, et moi je vends. Voilà.

Avec les cent *salteñas* que je prépare, je fais en moyenne 20 pesos par jour. C'est-à-dire que si je les vends toutes, je gagne 50 pesos, mais si je n'en vends que trente, je perds. C'est pour cela que je gagne en moyenne 20 pesos par jour. Et j'ai de la chance, parce que les gens me connaissent et m'achètent à moi. Mais j'ai des compagnes qui n'arrivent à faire que 5 à 10 pesos par jour.

Avec ce que nous gagnons, mon mari et moi, il faut nous nourrir et nous habiller. La nourriture est très chère : 28 pesos le kilo de viande, 4 pesos les carottes, 6 pesos les oignons... Pensez que mon mari gagne 28 pesos par jour ! Ça ne fait guère, non ?

Ce qui coûte le plus cher, ce sont les vêtements. Aussi j'essaie de coudre tout ce que je peux. Les habits, nous ne les achetons pas tout faits. Nous achetons de la laine et nous la tissons. Au début de l'année, je dépense environ 2 000 pesos pour acheter de l'étoffe et une paire de chaussures pour chacun de nous. L'entreprise nous les décompte mensuellement sur le salaire de mon mari. C'est ce que nous appelons le « paquet » sur les bulletins de paye. Et il arrive que nous n'ayons pas fini de payer les « paquets » et les chaussures sont déjà usées. C'est comme ça.

Donc, de huit heures à onze heures, je vends mes *salteñas,* je fais mes achats à la *pulpería* et je fais aussi mon travail pour le comité des ménagères en parlant avec les camarades qui viennent aussi se ravitailler.

A midi, il faut que le déjeuner soit prêt parce que les autres petits doivent à leur tour aller à l'école. L'après-midi, j'ai le linge à laver. Nous n'avons pas de lavoir. Nous nous servons de baquets et il faut aller chercher l'eau à la borne.

Il faut aussi corriger les devoirs des enfants et préparer les *salteñas* du lendemain.

Parfois, il y a des choses à régler d'urgence au comité. Il faut alors laisser la lessive pour y aller. Le travail du comité est quotidien. Il faut lui consacrer deux heures par jour. C'est un travail entièrement volontaire.

Le reste, il faut le faire dans la soirée. Les petits ramènent des devoirs de l'école. Ils les font le soir, sur une petite table, une chaise ou une caisse. Certains soirs, ils ont tous des devoirs ; alors je mets une planche sur le lit et il y en a qui travaillent là-dessus.

Quand mon mari va travailler le matin, on se couche à dix heures du soir et les petits aussi. Quand il part travailler l'après-midi, il est absent presque toute la nuit. Et quand il travaille dans la pointe du soir, il ne rentre que le matin suivant. Et moi je dois m'adapter à ses besoins.

Ordinairement, nous ne pouvons pas compter sur l'aide d'une autre personne pour tenir la maison. Le salaire de l'homme est trop faible et il faut que nous le complétions, comme moi avec mes *salteñas*. D'autres compagnes font du tissage, ou de la couture, ou du tapis, ou vont vendre dans la rue. Celles qui ne peuvent rien faire, leur situation est vraiment difficile.

C'est qu'il n'y a pas de sources de travail. Pas seulement pour les femmes, mais aussi pour les jeunes quand ils reviennent de la caserne. Le chômage fait de nos enfants des irresponsables, parce qu'ils s'habituent à dépendre de leurs parents, de leur famille. Très souvent, ils se marient sans avoir pu trouver un travail et ils viennent vivre à la maison avec leur compagne.

Voilà donc comment nous vivons. Voilà comment se passent nos journées. Je me couche d'habitude à minuit. Donc je dors quatre ou cinq heures. Nous sommes habitués.

Je pense que tout cela montre bien clairement que le mineur est doublement exploité : avec un salaire aussi faible, sa femme est forcée de faire beaucoup plus de choses dans son foyer. Et, finalement, c'est un travail gratuit que nous faisons pour le patron, non ?

Et, en exploitant le mineur, non seulement ils exploitent aussi sa compagne, mais bien souvent ils exploitent encore ses enfants. Parce qu'il y a tellement de choses à faire dans le foyer que nous faisons travailler jusqu'aux plus petits, par exemple en les envoyant chercher la viande, chercher l'eau. Souvent, ils doivent faire la queue longtemps et c'est quelquefois dangereux. Dans les mines, quand il y a pénurie de viande, les queues deviennent tellement grandes qu'il est arrivé que des enfants meurent étouffés en allant chercher de la viande. Quel désespoir ! J'ai connu ainsi des enfants qui sont morts, leurs petites côtes fracturées, et pourquoi ? Parce que des mères comme nous ont tellement à faire au foyer qu'elles envoient leurs enfants faire la queue. Et, quelquefois, la bousculade est tellement terrible que voilà ce qui arrive : les enfants sont écrasés. Ces dernières années, nous avons connu plusieurs cas. Et puis il faudrait aussi prendre en considération le préjudice que subissent les enfants qui, quand, on les envoie comme ça, ne vont pas à l'école. Quand on a attendu la viande pendant deux ou trois jours sans résultat, on fait la queue pendant un jour entier. Et les petits manquent l'école pendant deux ou trois jours.

Et pourtant, avec tout ce que nous faisons, l'idée existe encore que les femmes n'accomplissent aucun travail, parce qu'elles ne rapportent rien économiquement au pays, et que seul le mari travaille, parce que, lui, il reçoit un salaire. Nous nous sommes beaucoup heurtées à cette difficulté.

Un jour, j'ai eu l'idée de faire un tableau. Nous avons pris comme exemple le prix que coûte le lavage d'une douzaine de vêtements et nous avons calculé combien de douzaines nous en lavions par mois. Ensuite, nous avons pris le salaire d'une cuisinière, d'une nourrice, d'une servante. Et tout ce que font mensuellement les femmes de travailleurs, nous l'avons calculé. Au total, le salaire nécessaire pour payer tout ce que nous faisons au foyer, sur la base des salaires de cuisinière, de nourrice, de servante, était beaucoup plus élevé que ce que gagnait le mari à la mine en un mois. Alors nous avons pu faire comprendre à nos compagnons que nous aussi nous travaillons, et même dans un certain sens plus qu'eux. Et qu'en plus nous rapportons davantage au foyer avec tout ce que nous économisons. Ce qui fait que même si l'Etat ne reconnaît pas le travail que nous faisons au foyer, le pays en bénéficie, les gouvernements en tirent bénéfice, puisque nous ne recevons aucun salaire de ce travail.

Tant que durera le système actuel, les choses resteront pareilles. C'est pour cela que je crois que c'est dans nos foyers que les révolutionnaires doivent gagner leur première bataille. Et la première bataille à gagner, c'est celle de la participation de la femme, avec son compagnon et ses enfants, à la lutte de la classe travailleuse, pour que leur foyer se transforme en un bastion infranchissable pour l'ennemi. Il est absolument nécessaire d'en finir avec cette idée bourgeoise que la femme doit rester au foyer et ne pas se mêler du reste, par exemple des affaires syndicales et politiques. Car, même en restant à la maison, elle est de toute manière prise dans tout le système d'exploitation que vit son compagnon qui travaille à la mine ou à l'usine. N'est-ce pas évident ?

5. L'organisation ouvrière

C'est surtout à la classe travailleuse que nous devons la tradition de lutte du peuple bolivien. Elle n'a pas permis que nos syndicats tombent entre les mains des gouvernements. Le syndicat doit toujours rester une organisation indépendante et il doit suivre la ligne de la classe travailleuse. Cela ne veut pas dire qu'il doit être apolitique. Mais le syndicat ne doit se mettre sous aucun prétexte au service des gouvernements. Nous devons nous rappeler que nos gouvernements de fabrication capitaliste représentent les patrons, défendent les patrons.

La classe travailleuse de la mine est organisée en syndicats. Par exemple, là où je vis, il y a cinq syndicats : celui des mineurs de Siglo XX, celui de Catavi, le syndicat 20 octobre des « locataires », celui des *veneristas* et celui des *lameros*.

Les syndicats sont eux-mêmes regroupés au niveau national dans la Fédération syndicale des travailleurs de la mine de Bolivie (F.S.T.M.B.). Mais il existe aussi des syndicats des ouvriers du bâtiment, des ouvriers d'usine, des transporteurs, des paysans, des cheminots, etc. Chaque groupe de syndicats a, lui aussi, sa fédération.

Toutes les fédérations sont groupées dans la Centrale ouvrière bolivienne (C.O.B.). Des textes et des congrès ont permis l'organisation de tous les syndicats sous cette forme générale. Si les mineurs ont un problème particulier, ou bien les ouvriers d'usine, tout est consigné sur un papier et on dit dans un congrès : pour les mineurs nous allons faire ceci, pour les ouvriers d'usine nous allons faire ça, et tous ensemble, au coude à coude, nous allons résoudre ces problèmes. Voilà comment travaille la Centrale ouvrière bolivienne. Par exemple, quand les ouvriers d'usine sont attaqués, quand on essaie de les liquider, la Centrale ouvrière bolivienne appelle à une manifestation de tous les secteurs, et les paysans, les mineurs, tous soutiennent les usines. Et si ce sont les mineurs qui sont attaqués, eh bien, la Centrale ouvrière bolivienne appelle à l'aide les autres syndicats et tous collaborent.

Je pense que le syndicat, la fédération, la Centrale ouvrière bolivienne sont notre représentation, notre voix, et que nous devons en prendre soin comme de la prunelle de nos yeux.

Je pense aussi que nous devons, dans ce travail d'organisation, accorder une attention primordiale à la formation des dirigeants. Beaucoup de dirigeants dans le passé se sont laissé acheter par le gouvernement, du fait de notre manque de préparation, de notre défaut de vigilance révolutionnaire, de notre absence de solidarité. Parfois, nous les choisissions mal. Par exemple, nous commettions la grande erreur de nous fier à un beau parleur et nous disions : « Qu'est-ce qu'il parle bien ce type-là ! En voilà un qui sera un bon dirigeant ! » Et, bien souvent, ce n'était pas le cas. Tous ceux qui parlent bien n'agissent pas forcément bien, non ? D'autres fois, nous trouvions un type vraiment sain, honnête, un type qui voulait vraiment se mettre au service de la classe ouvrière. Quand nous l'avions élu, nous n'y pensions plus, nous le laissions seul pour affronter le gouvernement, l'entreprise. Et ils lui menaient la vie dure. Alors, qu'est-ce qu'il arrivait finalement ? Eh bien, certains se vendaient au gouvernement ; d'autres étaient tués ou on les faisait disparaître. Nous n'avions jamais un bon dirigeant. Pourquoi ? Finalement, c'était beaucoup de notre faute.

Mais, avec le temps, nous avons appris et nous avons compris l'importance de la solidarité. Et des dirigeants révolutionnaires sont apparus, militant vraiment avec la classe ouvrière, et ils ont commencé à bien orienter le peuple. Alors les gouvernements ont utilisé la force des armes pour nous faire plier. Le résultat, ç'a été les massacres de 1942, de 1949, et puis d'autres encore en 1965 et 1967. Des massacres horribles où des centaines et des centaines de personnes ont perdu la vie.

Et, au lieu de mater le peuple, cela n'a servi qu'à le rendre de plus en plus fort. En corrigeant les erreurs du passé, des dirigeants sains se sont formés au cours des vingt dernières années ; et nous avons appris l'importance de bien choisir les dirigeants, de garder avec eux une grande solidarité en les contrôlant, en les soutenant et en les critiquant quand ils n'agissent pas comme ils le doivent.

Ici, dans les mines, nos camarades nous contrôlent, et s'ils ne sont pas convaincus par ce que nous faisons, même le plus humble ouvrier nous rappelle à l'ordre et nous critique. Moi, par exemple, ils m'ont souvent fait pleurer. J'étais très émue, je laissais les petits à la maison, j'allais intervenir sur un problème dans une assemblée ou à la radio. A mon retour, je trouvais un ouvrier qui me disait : « Qu'est-ce que c'est que ces conneries que vous êtes allée dire à la radio ? Quelles merdes ! » Cela fait mal, non ? Mais, après, je me reprenais et je me disais : « Oui, j'ai fait une bêtise, j'aurais dû réfléchir davantage, j'aurais dû consulter davantage. » C'est comme ça qu'on apprend.

Et quand un dirigeant est en prison, il est très important qu'il sente notre solidarité, pas seulement avec lui, mais aussi avec toute sa famille. Bien sûr, tous les compagnons qui sont emprisonnés doivent pouvoir compter sur cette attitude de notre part, non ? On peut oublier les souffrances personnelles qu'on a subies en prison, les coups qu'on a reçus, son visage défiguré, à condition qu'au retour les enfants disent : « Papa, maman ! Le syndicat, les camarades nous ont donné de quoi manger. » Alors, si on est honnête, on s'engage pour toujours avec son peuple et aucune force n'est capable de rompre cet engagement pour un peuple qui vous a montré cette confiance et cette solidarité !

Cette expérience, nous l'avons connue. Nous avons eu des camarades qui ont préféré mourir que nous trahir. Beaucoup de dirigeants ont été déportés, torturés, tués. Pour n'en citer que quelques-uns, je voudrais nommer Federico Escóbar Zapata, Rosendo García Maisman, Cesar Lora, Isaac Camacho. Maisman est mort dans le massacre de la Saint-Jean en 1967, en défendant le syndicat. Cesar Lora a été suivi dans le camp et tué. Isaac Camacho a été arrêté par les agents de la D.I.C. qui l'ont fait disparaître. Ils ont tué Federico Escóbar, d'abord en payant un chauffeur de camion pour l'écraser : Federico n'a été que blessé ;

alors ils l'ont emmené dans une clinique de La Paz et il est mort avant qu'on l'opère, dans des conditions qui n'ont jamais été éclaircies. Nous sommes sûrs qu'ils l'ont tué.

Ces dirigeants ont mis à profit les années qu'ils ont passées à la direction pour apprendre à la classe travailleuse à bien s'organiser et à ne pas se laisser tromper. Actuellement, même s'ils en tuent cinquante, même s'ils en emprisonnent cent et s'ils en chassent cinq cents, le gouvernement n'arrive pas à faire plier la classe ouvrière.

Qu'est-ce qu'ils n'ont pas fait pour détruire la force des syndicats, l'unité du peuple ! D'abord la répression, brutale, parfois jusqu'au massacre. Ensuite, ils nous ont envoyé les gens de l'O.R.I.T. * donner des cours dans les mines. L'O.R.I.T. est une organisation internationale dirigée par les Etats-Unis, qui a créé des « syndicats indépendants » qui servent à quoi ? Au lieu de défendre le travailleur, ils défendent l'entreprise, le patron. En Bolivie, nous les appelons des « syndicats jaunes ». Mais l'O.R.I.T. n'a pas réussi à implanter ces syndicats dans les mines. Aujourd'hui, le gouvernement en est arrivé à refuser complètement de reconnaître nos organisations syndicales et il a essayé d'instaurer des « coordinateurs de base » qu'il désigne et dirige lui-même. Mais la classe travailleuse n'a pas accepté cette situation. Ouvertement ou dans la clandestinité, les travailleurs savent ce qu'ils veulent et choisissent leurs propres représentants pour faire front « comme un seul homme » à l'exploiteur.

Bien sûr, les dirigeants ont commis et commettent encore des erreurs. Quelqu'un m'a fait voir comment il est arrivé que les travailleurs se laissent quelquefois presque tromper par les dirigeants. Oui, c'est effectivement arrivé. Il arrive que certains dirigeants politiques deviennent un peu euphoriques, ne regardent pas plus loin et pensent que la classe ouvrière doit être au service de leurs intérêts et de ceux de leur parti. Mais moi je pense qu'un dirigeant doit avoir le plus grand respect pour les gens : s'ils nous ont élus dirigeants, c'est nous qui devons être au service de la classe travailleuse, et pas le contraire.

Il est possible qu'il y ait eu des erreurs qui, sans raison fonda-

---

* Organisation régionale interaméricaine du travail.

mentale et profonde, ont porté tort aux travailleurs, comme le disent certains. Je crois qu'elles sont dues en grande partie au manque d'expérience. Parce que celui qui n'a pas vécu, qui n'a pas appris et qui veut marcher sur un nouveau chemin, il doit le faire à ses risques et périls. C'est pourquoi nous avons besoin d'apprendre de l'expérience de notre propre histoire, des luttes passées en Bolivie, ou des autres peuples.

Et il faut garder un témoignage de tout cela. Le malheur, c'est que nous n'avons pas gardé par écrit tout ce qui nous arrive. On a consigné très peu de choses. Et tout ce que nous gardions au syndicat, dans les radios des mineurs, par exemple les bandes enregistrées, tout a été pris ou détruit par l'armée. Tout cela nous aurait beaucoup servi, y compris pour réfléchir sur notre action et pour la critiquer.

Je dis donc que, pour mener à bien l'organisation de la classe travailleuse, il faut être très attentif et choisir de bons dirigeants. C'est aussi le devoir de la base, des masses, de contrôler ces leaders, c'est très important pour nous préparer à la prise du pouvoir.

Bien sûr, nous ne savons pas aujourd'hui qui sera notre président quand nous aurons pris le pouvoir. Mais nous avons suffisamment confiance dans la classe ouvrière pour savoir que nous le trouverons. Notre lutte est tellement grande, tellement longue, tellement importante. Nous avons mille têtes... Pas seulement les hommes, mais aussi les femmes et les jeunes, tous sont d'une très, très grande valeur. Partout, nous voyons surgir des gens qui nous éblouissent par leur sagesse : le peuple est une source inépuisable de sagesse, de force, nous ne devons jamais sous-estimer le peuple.

Nous, les compagnes des travailleurs, nous collaborons à cette tâche avec eux. Nous avons été faites dès le berceau avec cette idée que la femme n'est bonne que pour la cuisine et pour élever les enfants, qu'elle est incapable d'accomplir des tâches importantes et qu'il ne faut pas la laisser se mêler de politique. Mais la nécessité nous a fait changer. Il y a quinze ans, c'était une époque où la classe travailleuse avait beaucoup de problèmes, un groupe de soixante femmes s'est organisé pour obtenir la liberté de leurs compagnons, des dirigeants qui étaient en prison parce qu'ils avaient revendiqué de meilleurs salaires. Après une grève de la faim de dix jours, elles ont obtenu tout ce qu'elles demandaient. C'est à partir de là qu'elles ont décidé d'organiser un front qu'elles ont appelé le comité des ménagères de Siglo XX.

Depuis, le comité a toujours été avec les syndicats et les autres organisations de la classe travailleuse à lutter pour les mêmes causes. Et c'est pour cela que, nous les femmes, nous avons été aussi attaquées. Nous avons été arrêtées, interrogées, emprisonnées, et certaines d'entre nous ont perdu leurs enfants parce qu'elles étaient dans la lutte avec nos compagnons. Ces dernières années, sur un appel de leurs dirigeantes, il est descendu jusqu'à quatre mille, cinq mille femmes dans la rue.

Le comité des ménagères est organisé comme le syndicat et fonctionne parallèlement. Nous faisons aussi partie de la fédération des travailleurs de la mine et nous avons notre local à la Centrale ouvrière bolivienne. Nous faisons entendre notre voix et nous sommes prêtes à exécuter les tâches que s'est fixées la classe travailleuse.

Notre position n'est pas une position comme celle des féministes. Nous considérons que notre libération passe avant tout par la libération de notre pays du joug de l'impérialisme et par l'arrivée au pouvoir d'un ouvrier comme nous, qui contrôle les lois, l'éducation, tout. C'est seulement comme cela que nous aurons les conditions pour arriver à une libération complète, y compris dans notre condition de femmes.

L'important, pour nous, c'est la participation conjointe de l'homme et de la femme. C'est seulement ainsi que nous pouvons obtenir des temps meilleurs, des gens meilleurs et plus de bonheur pour tous. Parce que si la femme continue à ne s'occuper seulement que de son foyer et demeure ignorante des autres choses de notre réalité, nous n'aurons jamais de citoyens capables de diriger le pays. Car la formation commence dès le berceau. Et si nous pensons au rôle primordial que joue la mère pour forger de futurs citoyens, il est sûr que si elle n'a pas elle-même de formation, elle ne forgera que des citoyens médiocres, faciles à manœuvrer par le capitalisme, le patron. Mais si elle est politisée, si elle a déjà une formation, si c'est dès le berceau qu'elle forge ses enfants avec d'autres idées, ses enfants deviendront différents.

Voilà à grands traits comment nous travaillons. Et beaucoup de mes compagnes ont montré, par leurs actes, qu'elles peuvent assumer un rôle important aux côtés des travailleurs. Et notre comité a donné la preuve qu'il peut être un allié puissant pour les intérêts de la classe travailleuse.

Quelqu'un a dit qu'« aucune balle ne tuera jamais les idées et les aspirations d'un peuple ». Je crois que c'est là une grande vérité. Beaucoup sont tombés, beaucoup tomberont encore, mais nous savons que le jour de notre libération viendra et que le peuple sera au pouvoir.

Bien sûr, ce ne sera pas une partie de plaisir. Cela coûtera beaucoup de sang, beaucoup de luttes, comme cela s'est passé pour d'autres peuples. C'est pour cela qu'il est si important que nous soyons en contact avec les peuples qui vivent dans le socialisme, que nous connaissions les conquêtes des peuples qui se sont libérés de l'impérialisme. Non pour copier leurs expériences, mais pour les comparer avec la réalité dans laquelle nous vivons et voir ce qu'elles peuvent nous apporter. En Bolivie, les idées socialistes ont pénétré dans la classe travailleuse et la résolution du dernier congrès de la Centrale ouvrière bolivienne, en 1970, dit : « La Bolivie ne sera libre que lorsqu'elle sera un pays socialiste. »

Nous savons que notre lutte sera longue. Mais nous ne sommes pas seuls. Pourquoi ne pas le dire ? Nous devons pratiquer cet internationalisme prolétarien qu'on a tant chanté. Parce que, comme la Bolivie, il y a beaucoup de pays qui subissent les persécutions, les arrestations, les assassinats, les massacres. Cette solidarité a une signification immense. En Bolivie, nous avons toujours réussi à la manifester d'une manière ou d'une autre par des actes.

Par exemple, ces dernières années, nous nous sommes particulièrement solidarisés avec le Chili et le Vietnam, le Laos et le Cambodge. La victoire du Vietnam, qui a assené un coup de plus à l'impérialisme, nous a beaucoup réjouis. Et nous avons fait savoir aux Vietnamiens que, bien que nous ne soyons pas au combat avec eux, nous étions quand même à leurs côtés.

A la défaite d'Allende, nous avons protesté contre les souffrances du peuple chilien. Et pourtant, comme vous le savez, nous avons toujours ce problème de notre droit à la mer qui nous a été volé par les Chiliens *. Mais nous n'en avons pas de ressentiment, contrairement à ce qu'essaient de faire croire ceux qui nous gouvernent. Parce que tout cela est aussi le produit du système d'oppression dans lequel nous étions plongés. Et ce ne sont pas les gens du peuple qui nous ont volé la mer. Ce sont les gouvernements qui ont tout fait, ils ont tout arrangé entre eux. Et, aujourd'hui, ils s'en servent quand ça leur convient. Par exemple, quand Salvador Allende était au pouvoir, ils faisaient des défilés militaires avec leur armement moderne dans les rues de La Paz et ils disaient : « Avec ces armes, nous allons arracher aux Chiliens notre droit à la mer. » Mais quand est arrivé le gouvernement de Pinochet, le plus loyal ami de notre actuel gouvernement, celui-ci a changé immédiatement de ton, il s'est mis à négocier avec Pinochet et ils ont signé l'accord de Charaña **.

Ces armes, c'est l'ennemi qui les utilise, très habilement, pour nous maintenir constamment en état de guerre entre nous, pour que nous ne puissions nous unir et faire un front commun.

Et il n'y a pas que le gouvernement à agir ainsi, les organisations aussi. Quand ces organisations sont prêtes à se renforcer et à s'unir, l'ennemi les manœuvre très subtilement... Il trouve très bien la personne qu'il peut utiliser pour jouer son jeu et il l'utilise pour faire introduire des ressentiments, des désaccords et tout cela. L'organisation s'enfonce là-dedans, et qui en profite ? L'ennemi, toujours lui. C'est pour cela que nous devons être bien préparés et ne pas nous laisser tromper facilement. De cette manière, nous pourrons garder nos organisations en bon état.

En fin de compte, je pense aussi qu'il est primordial de savoir que, dans la lutte révolutionnaire, nous sommes tous également importants. Nous sommes une immense machinerie et chacun de nous est un engrenage. S'il manque un engrenage, la machinerie peut s'arrêter de fonctionner. C'est pourquoi il faut savoir donner sa tâche à chacun, il faut savoir juger chacun à sa valeur. Certains sont capables de bien parler. D'autres savent écrire. D'autres,

---

* En 1879, lors de la guerre contre le Chili, la Bolivie a perdu la région côtière du Pacifique. Le peuple bolivien n'a jamais accepté cette défaite et veut toujours récupérer son « droit à la mer ».

** Village bolivien à la frontière du Chili, où Pinochet et Banzer ont signé le rétablissement des relations diplomatiques.

comme nous, servent au moins à faire nombre, à être là, présents, un de plus dans la file. Pour certains d'entre nous, il nous faut souffrir, tenir cette place de martyr, et d'autres sont là pour écrire notre histoire. Et nous voilà ainsi à collaborer tous ensemble. Comme nous l'a dit un jour un dirigeant : « Personne, non, personne n'est inutile, nous avons tous notre rôle à jouer dans l'histoire. Et nous aurons même besoin d'hommes qui sachent bien ressemeler les chaussures, car on a vu aussi se perdre une bataille, une révolution pour moins que cela. » Personne n'est inutile. Nous sommes tous indispensables à la révolution. L'important, c'est que nous soyons bien engagés dans la lutte de la classe travailleuse et que chacun de nous fasse ce qu'on lui a donné à faire selon ses possibilités.

Ma vie

1. Pulacayo

Je suis née à Siglo XX le 7 mai 1937. Je suis venue à trois ans, ou à peu près, à Pulacayo et j'y ai vécu jusqu'à ma vingtième année. C'est pour cela qu'il ne me paraît pas juste de raconter mon histoire personnelle sans parler de ce village à qui je dois beaucoup. Il fait partie de ma vie. Pulacayo, comme Siglo XX, occupe la première place dans mon cœur. Pulacayo m'a couvée depuis ma petite enfance, j'y ai passé mes années les plus heureuses. Parce que, quand on est petit, avec un morceau de pain pour se remplir le ventre et une loque pour se couvrir du froid, on peut se sentir heureux et ne pas se rendre compte de la réalité.

Pulacayo se trouve dans le département de Potosí, dans la province de Quijarro, à 4 000 mètres d'altitude. C'est un district minier combatif et aguerri. Il a participé activement à la révolution du 9 avril 1952 en désarmant le régiment Loa d'Uyuni. Cette effervescence révolutionnaire a été le motif principal de la fermeture de la mine. Mais le village n'est pas mort, grâce à la volonté de ses enfants qui l'ont transformé en un village industriel. On y trouve des fabriques de laine, de clous et de rivets, ainsi qu'une fonderie qui est très importante, bien qu'elle n'ait actuellement que quatre cents travailleurs ; autrefois, elle en avait deux mille.

Ma mère était une femme de la ville, d'Oruro. Mon père est un indigène. Je ne sais pas s'il est quechua ou aymara, mais il parle très bien les deux langues, parfaitement. Ce que je sais, c'est qu'il est né à la campagne, à Toledo.

Mes parents s'aimaient beaucoup. Mais mon père faisait de la politique, il était même dirigeant syndical, il a beaucoup souffert pour cette raison, et nous avec lui.

Mon père faisait du travail politique bien avant son mariage. Sa première formation, il l'a eue à la campagne, et ensuite il a continué à la mine. Et, à la guerre aussi, il a beaucoup appris. A la guerre du Chaco *. C'est en combattant dans cette guerre qu'il s'est aperçu que la Bolivie avait besoin d'un parti de gauche. Et quand le M.N.R. ** est apparu, il lui a donné sa confiance et y a beaucoup milité.

Parce qu'il était un militant politique et un dirigeant syndical, mon père a d'abord été déporté dans l'île de Coati, au milieu du lac Titicaca, puis à Curahuara de Carangas. Il est revenu à Siglo XX et, là, il a été de nouveau arrêté. Il a été licencié de son travail et déporté à Pulacayo. Ils disaient : « Il y mourra de froid. » Parce que Pulacayo est un endroit glacial.

En arrivant à Pulacayo, mon père ne pouvait trouver de travail nulle part, ni à la mine ni ailleurs, son nom était sur la liste noire. Cela se passait en 1940, et nous vivions comme cela, mon père, ma mère, ma petite sœur qui venait de naître et moi qui avait deux ans.

Heureusement, mon père connaissait le métier de tailleur ; mais il avait très peu d'argent et il ne pouvait avoir le matériel pour monter un bon atelier. Une fois, il dut aller arranger le costume d'un militaire à domicile et ce monsieur le fit entrer dans la police de la mine. On lui a donné un uniforme, mais on l'employait surtout comme tailleur. Souvent, on lui donnait un costume qu'il devait livrer dans les trois jours et mon père devait travailler nuit et jour pour tenir le délai ; on ne le payait pas davantage pour ça, il avait seulement son salaire de policier qui était très bas. Aussi nous manquions du nécessaire. Ma mère aidait aussi mon père et faisait des vêtements, elle brodait. Je

* Guerre extrêmement meurtrière entre la Bolivie et le Paraguay, de 1932 à 1935. Elle était née d'une querelle de frontières entre les deux pays, due à l'absence de délimitation exacte et surtout au fait que la région recélait des réserves pétrolifères ; derrière les deux pays s'affrontaient en fait les intérêts des compagnies pétrolières amérioaine (la Standard Oil) et anglo-hollandaise (la Royal Deutch).

** Mouvement nationaliste révolutionnaire.

me souviens comme nous nous aimions et comme je vivais heureuse.

Je ne sais pas si mon père a continué à faire de la politique à Pulacayo, mais ce que je sais c'est qu'à la naissance de l'une de mes sœurs il a disparu. C'était en 1946, l'année où le président Villaroel a été tué. Nous l'avons appris un dimanche, je m'en souviendrai toujours. Ma mère était encore au lit, elle venait d'accoucher. L'armée est venue la nuit dans la maison et ils ont fouillé partout. Ils ont même fait sortir ma mère de son lit. Tout notre bien, un peu de riz, un peu de pâtes, ils ont tout jeté par terre. Et moi, ils m'ont offert des chocolats, des bonbons, pour que je leur dise s'il y avait des armes.

J'avais près de dix ans et je n'étais pas encore allée à l'école parce que nous n'avions pas assez d'argent. Mon père est resté introuvable pendant longtemps et ma mère le cherchait partout. Enfin, il est revenu au bout de quelques mois. Des camarades l'avaient emmené se cacher ailleurs.

Alors tout est redevenu normal, mon père s'est remis à travailler et je suis entrée à l'école. Mais nous n'avions pas de chance, tous ces événements avaient rendu ma mère malade. En même temps, elle était enceinte et elle a mis au monde une nouvelle fille. Et elle est morte en laissant cinq orphelins. J'étais l'aînée.

J'ai donc dû prendre mes petites sœurs en charge. J'ai dû laisser l'école et ma vie est devenue difficile. D'abord parce que la mort de ma mère avait poussé mon père à la boisson. Comme il savait jouer du piano, jouer de la guitare, on l'invitait aux fêtes et il a commencé à boire beaucoup. Et quand il rentrait ivre, il nous battait.

Nous vivions seules, sans rien. Nous n'avions pas d'amis, nous n'avions pas de jouets. Une fois, j'ai trouvé sur un tas d'ordures un petit ours sans pattes, bien sale et bien vieux. Je l'ai rapporté à la maison et c'est le seul jouet que nous ayons eu. Je me souviens très bien que nous nous en servions toutes. C'était un jouet affreux, mais il était toute notre illusion, tout notre jeu.

A Noël, nous mettions nos souliers devant la fenêtre dans l'espoir de cadeaux. Mais il n'y avait jamais rien. Quand nous sortions dans la rue, nous voyions toutes les filles avec de jolis jouets. Nous aurions bien voulu au moins les toucher, mais les filles disaient : « Il ne faut pas jouer avec ces *imillas* *. » Et elles s'écartaient de nous. Etait-ce notre apparence, ou le fait que nous n'avions pas notre mère ? Je ne me l'explique pas ; mais, en tout cas, cette méchanceté des autres enfants existait. Aussi nous vivions dans un monde à part. Nous restions entre nous, rien qu'entre nous, nous jouions dans la cuisine, nous nous racontions des histoires, nous chantions.

Et puis, la nuit de sa mort, ma mère avait fait promettre à mon père de ne plus jamais se mêler de politique parce qu'après sa mort il devrait s'occuper de nous. « Nous n'avons que des filles, lui dit-elle. Et si je meurs, qui va s'en occuper ? Ne te mêle plus de rien. Nous avons déjà tellement souffert. » Et elle lui a fait jurer de ne plus s'engager dans rien.

Depuis ce jour, mon père cessa donc de s'engager comme avant. Mais, pourtant, il en gardait de la nostalgie. Par exemple, à la victoire de la révolution de 1952, il a été très heureux. Et il regrettait beaucoup de ne pas être de ceux qui allèrent rencontrer le président Paz Estenssoro. Je me suis rendue compte que nous étions un frein pour son activité. Bien sûr, il continuait à participer, à orienter les gens. Il faisait des réunions à la maison, il militait, mais pas aussi fermement qu'avant.

La révolution de 1952 a été un grand épisode de l'histoire de la Bolivie. Elle a vraiment été une conquête populaire. Mais qu'est-il arrivé ? Le peuple, la classe ouvrière, les paysans, nous n'étions pas prêts pour prendre le pouvoir. Aussi, comme nous ne savions rien des lois ni de la manière de gouverner un pays, nous avons donné le pouvoir à des gens de la petite bourgeoisie qui disaient qu'ils étaient nos amis et qu'ils avaient les mêmes idées que nous. Nous avons donné le gouvernement de notre pays à un docteur, Victor Paz Estenssoro, et à d'autres individus. Mais eux, immédiatement, ils ont formé une nouvelle bourgeoisie, ils ont permis l'arrivée de nouveaux riches. Et ces gens ont commencé à défaire la révolution. Et nous, les ouvriers et les paysans, nous avons continué à vivre dans des conditions pires qu'auparavant.

Si cela s'est passé ainsi, c'est que nous avions été élevés avec

* Mot quechua qui désigne les filles indigènes. C'est un terme qui est fréquemment utilisé dans un sens péjoratif.

cette idée que seule une personne qui a eu le loisir de faire des études et qui a été à l'université peut gouverner un pays. Nous n'étions pas prêts à prendre le pouvoir nous-mêmes, et pourtant c'est nous qui avions fait la révolution. Et ces petits bourgeois que nous avions mis au pouvoir, à qui nous avions donné notre confiance, ils ont trahi tout ce que nous pensions faire.

Par exemple, on disait que la mine allait être au peuple et que le paysan allait avoir la terre. Bien sûr, on a fait la réforme agraire ; bien sûr, on a nationalisé les mines. Mais, aujourd'hui, la réalité c'est que nous ne sommes pas les maîtres de la mine et que les paysans ne sont pas les maîtres de la terre. Nous avons laissé le pouvoir entre les mains de ces gens avides et ils ont tout trahi.

Cela nous a fait comprendre que, dans l'avenir, si nous faisons notre révolution, notre gouvernement devra être issu de nous-mêmes, il faudra qu'il soit ouvrier, qu'il soit paysan. Parce que seuls ceux qui ont appris ce que c'est que de creuser une galerie, seuls ceux qui ont appris ce que c'est que de travailler et de gagner le pain quotidien à la sueur de son front sont capables de faire des lois pour garder et garantir le bonheur de cette grande majorité que nous sommes, nous les exploités.

Avec l'expérience et les connaissances que j'ai acquises, je comprends aujourd'hui que le M.N.R. n'a pas été ce que mon père avait toujours souhaité. Je me souviens, par exemple, qu'il était heureux quand on a « nationalisé les mines ». Mais il disait qu'on ne devrait pas indemniser les « barons de l'étain ». Il protestait très fort et discutait avec ceux qui se réunissaient à la maison : « Avec quoi allons-nous les indemniser ? » Et il disait qu'il ne fallait pas. Mon père pensait que nous dormions pendant qu'il discutait avec ses camarades, mais moi je restais souvent éveillée et j'écoutais ce qu'ils disaient, même si je ne comprenais pas de quoi il s'agissait. Une fois, je lui ai demandé :

— Papa, qu'est-ce que ça veut dire indemniser ? Et pourquoi n'êtes-vous pas d'accord pour indemniser ?

Alors, comme je n'étais encore qu'une petite fille et que je ne comprenais rien à la politique, mon père a essayé de me l'expliquer en me racontant une histoire :

— Supposons que je t'achète une belle poupée, ou bien une de ces marionnettes qui peuvent parler et marcher. Avec cette poupée, tu pourrais faire des tas de choses, faire de la publicité, gagner ta vie, et ceci, et cela. Mais supposons que tu la prêtes à un monsieur qui l'emmène avec lui et la fait travailler. Tu lui a demandé de te la rapporter puisqu'elle est à toi, tu te bats avec lui, mais rien à faire. Bien plus, le monsieur t'a battue et il est plus fort que toi puisqu'il est grand. Mais un jour, après avoir beaucoup lutté, tu finis par lui mettre la main dessus et tu lui reprends ta poupée. Et ta poupée est à nouveau à toi. Mais, après avoir travaillé toutes ces années, elle est complètement cassée, elle est vieille. Elle ne peut plus servir comme quand elle était neuve. Alors est-ce que, maintenant que tu as réussi à reprendre ta poupée à ce monsieur, tu vas le payer pour le mal qu'il lui a fait ? Tu vois bien que non. Eh bien, c'est pareil : les barons de l'étain se sont enrichis avec notre mine. Maintenant, la mine revient au peuple. Et qu'est-ce qu'il se passe ? Il se passe qu'on va les payer, qu'on va indemniser ces messieurs pour les dégâts qu'ils nous laissent derrière eux. Et moi je ne veux pas que ça se passe comme ça.

J'ai compris à peu près ce que voulait dire mon père. Aujourd'hui, avec la formation que j'ai acquise, je comprends pourquoi il était tellement peiné quand fut publié le décret d'indemnisation en 1953.

La nationalisation des mines n'a finalement servi qu'à les faire passer dans d'autres mains, à ce que d'autres gens s'enrichissent. En 1942 et en 1949, le gouvernement avait fait massacrer le peuple de Siglo XX pour soutenir les barons de l'étain. Après que la révolution de 1952 eut tant coûté au peuple, le gouvernement a continué à Siglo XX de la même manière, ou peut-être même de manière plus cruelle encore, avec deux massacres en 1965 et en 1967. Et puis, quand on a nationalisé les mines, les machines étaient vieilles, le gouvernement ne les a pas changées ; aussi tout va de mal en pis et ce sont toujours les mineurs qui paient.

Pourquoi la nationalisation s'est-elle faite comme ça ? Ceux qui sont au gouvernement et à la direction de l'entreprise ne sont pourtant pas des ignorants. Ce sont des gens instruits. Il y a parmi eux des économistes, des sociologues, des gens qui connaissent les lois, et tout. Est-ce qu'ils ne savent pas ce qu'il faut faire pour le progrès du peuple ? Est-ce qu'ils ne savent pas résoudre les problèmes sans massacrer le peuple ? Bien sûr qu'ils le savent. Ce qu'il y a, c'est qu'on leur donne de l'argent de l'extérieur. Ils sont corrompus, ils sont vendus, voilà.

En 1954, il était difficile pour moi de retourner à l'école après les vacances, parce que notre logement consistait en une seule petite pièce, nous n'avions pas de cour, aucun endroit où laisser les petits et personne pour les garder. Nous avons été voir le directeur de l'école et il m'a donné la permission d'amener mes sœurs avec moi. La classe avait lieu le matin et l'après-midi. Il fallait donc que je combine tout : l'école et la maison. Alors je portais la plus petite sur le dos, j'emmenais l'autre par la main, Marina portait les biberons et les couches et mon autre sœur portait les cahiers. Et nous voilà parties pour l'école. Dans un coin, nous avions une petite caisse où nous laissions la plus petite pendant que nous suivions la classe. Quand elle pleurait, nous lui donnions son biberon. Et mes autres sœurs allaient de banc en banc. A la sortie, je remettais le bébé sur mon dos, nous retournions à la maison, et là il me fallait faire la cuisine, laver, repasser, m'occuper des petites. Cela me paraissait bien difficile. J'aurais tellement voulu jouer ! Il y a tant de choses que j'aurais voulues, comme toutes les filles !

Des années passèrent, puis l'institutrice ne m'a plus permis d'amener mes sœurs parce qu'elles mettaient la pagaille. Mon père ne pouvait payer une servante, son salaire ne suffisait même pas pour payer notre nourriture et nos vêtements. A la maison, par exemple, j'étais toujours pieds nus ; je ne mettais des chaussures que pour aller à l'école. J'avais tant de choses à faire et il faisait tellement froid à Pulacayo que mes mains étaient toutes crevassées et qu'elles saignaient beaucoup et mes pieds aussi. Ma bouche c'était pareil, mes lèvres étaient déchirées, mon visage saignait, je n'étais pas assez couverte.

L'institutrice m'avait donc donné cet ordre, et j'ai donc commencé à aller seule à l'école. Je fermais la maison à clef et les petites se retrouvaient dans la rue parce que notre logement était obscur, il n'y avait pas de fenêtre et elles avaient très peur d'y rester enfermées. C'était comme une prison, avec juste une porte. Il n'y avait aucun endroit où laisser les enfants parce que nous vivions dans un quartier de célibataires, où ne venaient pas de familles, il n'y avait que des hommes seuls.

Mon père m'a dit de laisser l'école, parce que je savais déjà lire et qu'en lisant je pourrais apprendre le reste. Mais je n'acceptai pas, j'insistai et je continuai à aller en classe.

Et voilà qu'un jour la plus petite a mangé des déchets de carbure qu'elle avait trouvés sur un tas d'ordures. Ce carbure sert pour les lampes. On avait jeté de la nourriture par-dessus ces déchets, et ma petite sœur qui devait avoir faim à mangé le tout. Elle a attrapé une horrible infection intestinale et elle est morte. Elle avait trois ans.

Je me sentais coupable de la mort de ma petite sœur et j'étais très, très déprimée. Mon père me répétait que c'était arrivé parce que je n'avais pas voulu rester à la maison avec les enfants. J'avais élevé cette petite sœur depuis sa naissance : cela me faisait affreusement souffrir.

Alors je me suis occupée beaucoup plus de mes sœurs. Beaucoup plus. Quand il faisait très froid et que nous n'avions pas de quoi nous couvrir, je prenais les vieux vêtements de mon père pour les couvrir, je leur entortillais les pieds, le ventre. Je les prenais sur mon dos, j'essayais de les distraire. Je me suis consacrée entièrement aux petites.

Mon père a fait des démarches auprès de l'entreprise minière de Pulacayo pour obtenir un logement avec une cour, car il était très difficile de vivre là où nous étions. Mon père faisait les costumes du directeur et celui-ci lui a fait obtenir un logement plus grand, qui comprenait une pièce, une cuisine, une petite entrée, où l'on pouvait laisser les petites. Et nous sommes allés vivre dans un quartier où la majorité des familles étaient des familles d'ouvriers de la mine.

Nous souffrions parfois de la faim, la nourriture n'était pas suffisante parce que mon père ne pouvait pas en acheter beaucoup. C'était dur de vivre dans les privations avec toutes sortes de problèmes, nous étions si petites. Mais nous y avons gagné quelque chose : une grande sensibilité, un grand désir d'aider tout le monde. Nous avions vu, toutes petites, que mon père et ma mère, qui ne possédaient presque rien, aidaient pourtant toujours d'autres familles de Pulacayo. Et quand nous voyions des pauvres mendier dans la rue, nous nous mettions à rêver.

Nous rêvions qu'un jour nous serions grandes, nous aurions des terres, nous y sèmerions et nous donnerions à manger aux pauvres. Et si, quelquefois, il nous restait un peu de sucre ou de café ou d'autre chose en trop, quand nous entendions du bruit, nous disions : « C'est certainement un pauvre qui passe. Justement, on a un peu de riz, un peu de sucre. ». On en faisait un paquet avec un chiffon et, pan ! on l'envoyait dans la rue pour qu'un pauvre le ramasse.

Une fois, nous avons pris comme cela le café de mon père quand il rentrait du travail. Il nous a beaucoup grondées en disant : « Comment pouvez-vous jeter le peu que nous avons ? Est-ce que vous méprisez ce que j'ai tant de mal à gagner pour vous ? » Et il nous a battues.

Voilà donc ce qu'était notre vie. J'avais alors treize ans. Mon père insistait toujours pour que je n'aille pas à l'école. Mais j'avais supplié, supplié, et je continuais à y aller. Seulement, bien sûr, je n'avais pas de matériel scolaire. Il y avait des maîtres qui me comprenaient, mais d'autres non. Et ils me battaient pour cela, ils me battaient terriblement parce que je n'étais pas une bonne élève.

Mon père et moi, nous avions fait un pacte. Il m'avait expliqué qu'il n'avait pas d'argent, qu'il ne pouvait pas m'acheter le matériel, qu'il ne pouvait rien me donner pour l'école. Et moi, de mon côté, je lui avais promis que je ne lui demanderais rien pour l'école. Alors il fallait que je m'arrange comme je pouvais. C'est pour cela que j'avais des problèmes.

Au cours de sixième année, j'ai eu comme instituteur un grand maître qui a su me comprendre. C'était un instituteur très strict, et les premiers jours, comme je n'avais pas le matériel, il m'a punie très sévèrement. Un jour, il m'a attrapée par les cheveux, il m'a donné des gifles et enfin il m'a renvoyée de l'école. J'ai dû retourner à la maison en pleurant. Mais je suis revenue le lendemain et je suis restée à regarder par la fenêtre ce que faisaient les enfants.

Au bout d'un moment, l'instituteur m'a appelée :

— Bien entendu, vous n'avez pas apporté votre matériel.

Je ne pouvais rien répondre et je me suis mise à pleurer.

— Entrez. Allez prendre votre place. Vous resterez après la sortie.

Entre-temps, une des filles lui avait expliqué que je n'avais pas de maman, que je faisais la cuisine pour mes sœurs et tout le reste.

A la sortie, je suis donc restée et il m'a dit :

— Ecoute, je veux être ton ami, mais j'ai besoin que tu me dises la vérité sur vous. C'est vrai que tu n'as pas de maman ?

— Oui, monsieur.

— Quand est-elle morte ?

— Quand j'étais encore au cours de première année.

— Et ton père, il travaille où ?

— Dans la police de la mine, il est tailleur.

— Bon, et alors comment faites-vous ? Ecoute, je veux t'aider, mais il faut que tu sois sincère : comment faites-vous ?

Je ne voulais pas parler parce que je pensais qu'il allait convoquer mon père, comme faisaient certains maîtres quand ils étaient fâchés. Je ne voulais pas qu'il le convoque parce que j'avais mon pacte avec lui, je ne devais rien lui demander. Mais l'instituteur m'a posé d'autres questions et je lui ai finalement tout raconté. Je lui ai dit aussi que j'aurais pu faire mes devoirs, mais que je n'avais pas de cahiers parce que nous étions très pauvres, et que cela faisait des années que mon père essayait de m'empêcher d'aller à l'école parce qu'il ne pouvait pas faire cette dépense supplémentaire. Et que j'avais quand même pu arriver en sixième année avec beaucoup d'efforts et de sacrifices. Mais que ce n'était pas parce que mon père ne voulait pas ; il ne pouvait pas. Au contraire, malgré cette croyance qui existait à Pulacayo que la femme n'a pas besoin d'apprendre à lire, mon père avait toujours voulu que nous sachions au moins cela.

C'est vrai que mon père s'était toujours préoccupé de notre formation. Quand ma mère était morte, les gens nous regardaient en disant : « Ah, les pauvres petites, cinq filles et pas un garçon ! A quoi servent-elles ? Il vaudrait mieux qu'elles meurent ! » Mais mon père disait avec orgueil : « Non, laissez-moi mes filles, elles vivront. » Et quand les gens essayaient de nous donner des complexes parce que nous étions des filles et que nous ne servions pas à grand-chose, il nous disait que les femmes ont toutes les mêmes droits que les hommes. Il disait que nous pourrions réaliser les mêmes exploits que les hommes. Il nous a toujours élevées dans ces idées. C'était une discipline très particulière. Cela a été très positif par la suite. Et, du coup, nous ne nous sommes jamais considérées comme des femmes inutiles.

L'instituteur comprenait tout cela, parce que je le lui expliquais. Et nous avons fait un pacte comme quoi je lui demanderai tout le matériel dont j'aurais besoin. A partir de ce jour, cela a été merveilleux. L'instituteur me donnait, à moi et à mes sœurs, tout le matériel nécessaire. C'est ainsi que j'ai pu terminer ma dernière année scolaire en 1952.

A l'école, j'ai appris à lire, à écrire, à me défendre. Mais je ne peux pas dire que l'école m'a réellement formée pour comprendre la vie. Je pense que l'éducation en Bolivie, malgré plusieurs réformes, continue à être soumise au système capitaliste dans lequel nous vivons. Par exemple, on nous fait voir la patrie comme une chose très belle, c'est celle qui est dans l'hymne national, dans les couleurs du drapeau... La patrie pour moi, elle est partout, chez les mineurs, chez les paysans, dans la pauvreté, la nudité, la dénutrition, dans les peines et les joies de notre peuple. Mais à l'école ils nous apprennent à chanter l'hymne national, à défiler, et ils disent que si nous refusons de défiler, c'est que nous ne sommes pas des patriotes ; mais ils ne nous montrent jamais les raisons de notre pauvreté, de notre misère.

Aussi je crois qu'il est nécessaire que nos enfants apprennent à voir la réalité chez eux, au foyer. Si nous ne la leur apprenons pas, nous leur préparons une vie de désastres. Après, en grandissant, ils deviennent imperméables et finalement on les retrouve fichus et il y en a qui ne veulent même plus saluer leurs parents. Mais je pense que c'est de notre faute, parce que nous faisons vivre nos enfants dans un monde fictif. Il arrive que des parents qui n'ont plus un morceau de pain pour eux arrivent encore à trouver quelque chose pour leurs enfants. Ils ne leur laissent pas voir la difficulté de la vie, les enfants ne se rendent pas compte de la réalité. Et quand ils vont à l'université, ils ne veulent pas dire qu'ils sont enfants de mineurs ou de paysans. Ils ne parlent plus la même langue que nous. Je veux dire qu'ils analysent tout, qu'ils expliquent tout d'une manière tellement compliquée que nous n'arrivons pas à les comprendre. Et c'est grave, parce que ceux qui vont à l'université apprennent beaucoup de choses et nous devrions tous en profiter, non ? Je pense qu'ils devraient pouvoir parler et écrire sous une forme scientifique, oui, mais qui nous reste compréhensible, et pas dans un langage qu'ils sont seuls à comprendre, avec des dessins et des chiffres. Parce que les chiffres, c'est aussi le langage des militaires. Et quand ils viennent à Siglo XX pour discuter un problème avec nous, la première chose qu'ils font c'est d'amener un tableau noir géant, ils nous réunissent et un type vient qui commence à écrire des chiffres, à commenter des chiffres, à parler de devises... Les travailleurs ne les écoutent pas, ils les sifflent, ils leur disent de s'en aller, avec leurs chiffres. Oui, ils les sifflent.

Il faut dire quand même que, grâce à la prise de conscience de la classe travailleuse en Bolivie ces dernières années, les étudiants ont beaucoup changé. Je vois que le mouvement étudiant est très fort non seulement dans les universités, mais aussi dans les collèges. La preuve en est que le gouvernement est forcé de fermer les cours : c'est la seule manière qui lui reste de mater les étudiants qu'il n'a pas réussi à mater en mitraillant les universités avec les tanks et les avions. Chaque fois que les étudiants se soulèvent, le gouvernement se met à réprimer les dirigeants de ces mouvements. Et les étudiants nous soutiennent toujours dans nos revendications, ils se solidarisent quand nous faisons des grèves, des manifestations, ou quand nos camarades sont arrêtés.

Mais je me rends compte aussi que beaucoup de ces jeunes qui nous soutiennent et qui paraissent de bons révolutionnaires, dès qu'ils ont une profession, ils sont fichus. Il n'est plus question pour eux de dire : « Nous allons reprendre le fusil que nous ont laissé nos pères, nous les étudiants, parce que nous avons étudié la politique, l'économie, le droit, et que nous savons comment le peuple est trompé, nous savons dans quel état sont les poumons de nos pères... », et ainsi de suite. Ils sortent de l'université, ils sont docteurs, avocats, ils trouvent un bon petit emploi, et il n'y a plus de révolutionnaires.

A la fin de l'école, j'ai trouvé un travail à la *pulpería* de Pulacayo. C'était en 1953. L'année suivante, ma plus grande sœur a terminé à son tour le cours primaire et elle a trouvé aussi à travailler dans une pâtisserie.

C'est à cette époque que mon père a ressenti le besoin de se remarier. Mais notre vie est devenue encore plus insupportable avec sa deuxième femme. J'ai essayé de gagner sa sympathie car j'avais besoin d'une mère. J'avais perdu la mienne si jeune...

J'avais besoin de quelqu'un qui me comprenne, qui me câline, qui me prenne par la main. Mon père nous aimait beaucoup, mais il était assez froid avec nous. Et puis, quand cette femme est arrivée à la maison avec ses deux enfants, cela me semblait merveilleux d'avoir quelqu'un qui nous fasse à manger, d'avoir quelqu'un qui reste près de moi pour empêcher mon père de me battre. Oui, cela me paraissait bien. Et nous l'avons bien reçue. Depuis des années, j'avais pris l'habitude de me lever très tôt ; alors je l'aidais le matin, je lui préparais la marmite, je lui pelais les pommes de terre, je lui faisais tout cela avant de partir pour mon travail. Et, le samedi et le dimanche, je lui lavais ses robes.

Mais voilà, je ne sais pas pourquoi, toujours est-il que la belle-mère ne sympathisait pas avec nous. Plus particulièrement avec mes sœurs. Un jour, je l'ai surprise à battre ma petite sœur et nous nous sommes mises à nous disputer. Et, dès lors, elle a commencé à nous priver de nourriture. Elle faisait la cuisine dans une petite marmite et elle servait mon père, ses enfants, elle se servait elle-même, et nous n'avions que les restes. Elle faisait du *mote* * et c'est tout ce que nous avions à manger. Mon père ne se rendait pas compte de la situation parce qu'il partait à son travail sans que nous lui disions rien, pour ne pas créer de problèmes entre eux.

Un jour, je l'ai de nouveau surprise à battre ma petite sœur parce qu'elle ne voulait pas manger le reste de *mote*. Alors je lui ai donné une gifle et je lui ai demandé :

— Pourquoi bats-tu ma sœur ?

Et nous nous sommes prises par les cheveux.

Mon père est rentré du travail et, à son tour, il m'a battue. Mais je ne lui ai pas cédé, je ne voulais pas lui céder. Je lui ai dit :

— Ça sera pire encore, papa ! Si tu continues à me battre, moi je continuerai à battre ta femme. Je ne lui céderai pas. Plus tu me battras, plus ta femme souffrira. Et puis laisse-moi t'expliquer, papa : elle était en train de battre ma sœur...

A la fin, j'ai dû aller trouver la police, je ne pouvais pas en supporter davantage. Et, devant la police, j'ai dit à mon père :

— Papa, il faut que tu choisisses entre ta femme et nous. Je

* Maïs bouilli dans de l'eau salée.

m'en vais avec mes sœurs. Je travaille, je peux faire vivre mes sœurs. Il vaut mieux que nous vivions dans une autre maison. Ne te fais pas de soucis pour nous. Reste tranquillement avec ta femme. Nous, on s'en va. On ne peut pas continuer comme ça.

Mon père, avec toute l'affection qu'il avait pour nous, il a donc été forcé de se séparer de sa femme pour rester avec ses filles. Mais, à partir de ce jour, ç'a été un nouveau supplice. Personne ne voulait plus me dire bonjour. Ma belle-mère disait à mon père que je faisais du scandale dans le village et que je n'étais pas une fille digne de lui. Et lui la fuyait. Et il est devenu beaucoup plus dur avec nous, beaucoup plus dur. Il s'est mis à boire et il nous battait beaucoup. Aussi je lui ai dit de faire revenir sa femme. Elle est revenue vivre avec nous, mais la situation était bien tragique..

Une nuit, mon père et elle m'ont battue très fort. Ils étaient revenus tous les deux ivres à la maison. Mes sœurs m'ont défendue et elles m'ont dit : « Sauve-toi, Domi ! », et je me suis sauvée et je me suis retrouvée dans la rue.

A l'époque, mon mari était une sorte de policier en civil, de ceux qui patrouillent la nuit dans les rues pour chercher les couples, emmener les gens au poste ou prévenir les parents. Je ne le connaissais pas. Quand il m'a vue, il a braqué sa lampe sur moi et il m'a demandé :

— Qu'est-ce que vous faites là ?

Et il voulait m'emmener au poste.

— Vous n'êtes pas la fille de Don Ezequiel ?

— Si.

— Alors, qu'est-ce qui vous arrive ?

— Mon papa s'est saoulé et il m'a battue. J'attends qu'ils dorment. Alors je rentrerai.

— Mais comment pouvez-vous rester comme ça dans le noir ? Il faut que vous rentriez à la maison. Venez avec moi.

Et je suis retournée à la maison avec lui. Quand nous sommes entrés, René a dit à mon père :

— Don Ezequiel, je vous ramène votre fille. Comment pouvez-vous la battre comme cela, comment pouvez-vous la jeter comme cela dans la rue, comment pouvez-vous la traiter comme cela ?

— Le voilà, le voilà, mais oui, c'est lui son amant ! s'est mise à crier ma belle-mère.

Et mon père qui était ivre, il est allé chercher l'arme qu'il gardait à la maison, puisqu'il était aussi policier. Et il a voulu m'agresser.

Et là, ça a été vraiment le bouquet : il a fallu que nous fuyions devant mon père. Nous avons couru, mais alors couru, autant que nous avons pu. Il y avait un champ, mon père courait derrière nous, et nous, nous courions sans tourner la tête, sans nous arrêter. Et nous avons tant couru que nous sommes tombés dans un fossé. Et là nous nous sommes couchés par terre et nous avons attendu jusqu'au lever du jour.

Oui, ça a été vraiment une situation très particulière... Le jour suivant, René m'a menée à la maison de sa mère. Et elle m'a aidée à vivre dans cette situation nouvelle.

2. Siglo XX

Peu de temps après que j'eus fait la connaissance de mon mari, le hasard a fait que je suis venue vivre à Siglo XX, le pays qui m'a vu naître et qui, par la suite, m'a appris à lutter et m'a donné son courage. C'est grâce à la sagesse de ce pays que j'ai pu voir clairement toutes les injustices, et il a allumé en moi une flamme qui ne s'éteindra qu'avec la mort.

Quand je vivais à Pulacayo, je pensais toujours avec nostalgie à Siglo XX, je voulais y retourner, connaître le pays où j'étais née. A Pulacayo, on en parlait souvent, on chantait même des chansons de Siglo XX.

Ce fut donc le premier événement qui suivit mon mariage : je pus connaître le village où, par un hasard étonnant, mon mari était né comme moi.

C'était en 1957. A la première occasion, quand j'ai eu un congé, nous avons réuni un peu d'argent et nous sommes partis pour Siglo XX. Mais mon mari s'y est trouvé tellement bien qu'il n'est pas retourné à Pulacayo et qu'il a décidé de rester là et de chercher du travail. Moi, je suis retournée à Pulacayo pour travailler encore quelques mois à la *pulpería.*

A mon arrivée à Siglo XX, j'ai passé presque cinq ans à lire la Bible, celle des témoins de Jéhovah, j'avais pris cette religion qui me venait de mon père. J'assistais à leurs réunions, je mettais en pratique presque tout ce qu'ils me disaient. Mais plus tard j'en suis partie, surtout quand je suis entrée au comité des ménagères, parce que j'ai découvert d'autres choses qui étaient évidemment très importantes pour moi et qu'eux ils ne voulaient pas admettre.

Le comité, j'y suis entrée par nécessité, pour être avec les autres femmes, aux côtés de nos compagnons dans leur lutte pour de meilleures conditions de vie. Alors les témoins de Jéhovah m'ont dit de ne pas me mettre là-dedans, que c'était l'affaire de Satan, que ces histoires de politique n'étaient pas permises par la religion.

Mais, moi, je continuais toujours avec le comité. Alors ils m'ont fait venir et ils m'ont dit qu'ils allaient me punir, qu'ils allaient me faire faire une année de réflexion. Les jours d'assemblée, je devais aller aux réunions, et personne ne m'y adresserait la parole pendant un an. Et si au bout d'un an je continuais à faire ce qu'ils m'avaient interdit, alors ils me chasseraient de leur religion. Ils disaient que je commettais une mauvaise action en étant au comité.

Je leur ai répondu :

— D'abord, Dieu a dit que nous ne devions juger personne. Et qui êtes-vous, vous pour me juger de cette manière ? Et puis vous n'analysez les choses que de votre point de vue, et votre seule préoccupation, c'est le petit groupe qui fréquente les assemblées. Vous ne vous rendez pas compte de la situation dans laquelle vit la plus grande partie du peuple. Cela ne vous intéresse pas du tout, non ?

Je leur ai dit tout cela. Et j'ai ajouté :

— Supposons, par exemple, une femme qui a beaucoup d'enfants, qui doit les élever, et quelqu'un lui dit que, pour avoir un pain, il faut qu'elle fasse un mensonge. Et puis, ensuite, elle n'a plus rien à donner à ses enfants, et la voilà qui doit voler. Enfin, il y a des enfants qui tombent malades, et elle a tellement besoin d'argent que dans son désespoir elle en arrive à accepter de se prostituer pour sauver la vie de son enfant. Alors, puisque d'après vous, dans l'autre monde, les prostituées, les menteuses, aucune d'entre elles ne connaîtra le royaume de Dieu, alors cette veuve ne va pas connaître dans l'autre monde la face de Dieu, elle ne va pas pouvoir aller au paradis ? Je n'accepte pas cela.

Il faut dire qu'à Siglo XX-Llallagua les témoins de Jéhovah sont beaucoup plus riches que nous, ils ne sont pas dans la misère comme nous. Je ne sais pas comment c'est ailleurs, mais enfin ici c'est comme ça. Et moi je leur ai dit :

— Le frère Alba (c'était alors l'homme le plus riche de Llallagua), il vit heureux dans cette vie parce qu'il n'est pas dans le besoin. Il connaît la parole de Dieu et il ne va pas se prostituer, il ne va pas mentir, il ne va rien faire de tout cela. Aussi il entrera dans le royaume de Dieu. Mais cette veuve qui aura souffert toute sa vie, Dieu lui dira au bout du compte : " Je vous ai bien dit de ne pas faire toutes ces choses. Maintenant, allez en enfer... " C'est comme ça que ça se passera ? Celui qui est si pauvre n'aura jamais droit à la gloire de Dieu, et le frère Alba, lui, il aura droit à la gloire de Dieu parce qu'il connaît la Bible ? Cela ne me paraît pas juste. Vous trouvez peut-être que l'aide spirituelle est la seule qui compte, mais moi je pense qu'il faut commencer par l'aide matérielle. Si, par exemple, je trouve du travail pour la veuve, si je lui dit : " Voilà, tu vas travailler ici, viens donc maintenant vivre ici avec tes enfants ", alors seulement je pourrai lui dire : " Rappelle-toi que dans la Bible il est dit que tu ne dois pas voler, que tu ne dois pas te prostituer. " Et bien sûr, comme elle n'est plus poussée au désespoir par la nécessité et qu'elle a du travail, elle peut respecter ce commandement, non ?

Alors ils ont répondu que je m'étais complètement convertie à l'œuvre de Satan et qu'ils n'étaient pas d'accord avec ce que je disais. Je leur ai dit que je m'en allais. Et je suis partie.

Par la suite, je me suis rendue compte petit à petit que ce groupe était, comme tant d'autres, au service de l'impérialisme. Ils disaient que nous ne devons pas faire de politique, mais dans leur temple, avec leur manière de traiter les choses, ils faisaient de la politique tout le temps. Et puis ils nous passaient des brochures, et il y en avait une où il y avait écrit : « liberté du culte » ; mais, en fait, on y voyait des bottes écraser la religion et il y avait marqué dessous : « communisme, marxisme ». Et, dans une autre brochure, on voyait représenté Marx (dans ce temps-là, je ne connaissais pas Marx, je l'ai connu plus tard) comme une pieuvre qui enserre le monde et qu'il faut tuer. C'était comme ça.

Donc il me fallait choisir : soit travailler au comité des ménagères pour lutter aux côtés des travailleurs, soit rester avec les témoins de Jéhovah, assister à leurs offices et ne rien faire de ces choses qu'ils appelaient les « œuvres de Satan ». La décision était importante pour moi.

A Siglo XX, il y avait d'autres religions, plus particulièrement le catholicisme. Mais je n'ai rien fait non plus avec ces gens-là, parce qu'ils étaient très contre nous, spécialement les curés et les bonnes sœurs. Ils avaient reçu du pape Pie XII la mission de combattre le communisme et ils nous causaient beaucoup de problèmes, ils ne nous comprenaient pas et très souvent ils aidaient nos oppresseurs.

Il est arrivé souvent, en Bolivie, que la religion se mette au service des puissants. Ceux qui disent qu'ils suivent les enseignements du Christ qui est pourtant du côté des opprimés, ils se préoccupent surtout de leur confort, de leur argent. Pour cela, ils mettent tout simplement la religion au service des capitalistes. Aujourd'hui encore, les représentants de l'Eglise qui comprennent ce qui se passe réellement en Bolivie sont bien peu nombreux. Et même quand ils se rendent compte des injustices, ils préfèrent se taire pour sauvegarder leur sécurité personnelle. C'est pour cela que l'Eglise ne compte guère chez les mineurs, bien que, ces dernières années, certains prêtres, des bonnes sœurs et même des évêques aient changé, soient du côté des opprimés, et il y en a eu qui ont été battus, déportés, emprisonnés, interrogés comme nous. Mais l'image de l'Eglise dominatrice, main dans la main avec le capitalisme oppresseur, reste encore très vive.

Voilà pourquoi, après ma brouille avec les témoins de Jéhovah, je n'ai rejoint aucun autre groupe, bien que je n'aie pas perdu la foi en Dieu. Et c'est là vraiment quelque chose que je ne partage pas avec ce que j'ai lu dans les livres sur le marxisme, dans lesquels on nie toujours l'existence de Dieu (enfin, c'est ce que j'ai pu observer). Moi, il me semble que nier l'existence de Dieu, c'est nier notre propre existence.

Après notre arrivée à Siglo XX, je n'ai vécu seule avec mon mari que deux ans. Ensuite, mes sœurs sont venues me rejoindre les unes après les autres et il m'a fallu de nouveau les prendre en charge. Aucune d'elles n'avait réussi à coexister avec la seconde femme de mon père et elles n'avaient aucun endroit où aller.

Au bout de deux ans, j'ai eu mon premier enfant. Je me retrouvais donc avec une famille nombreuse et cela ne plaisait pas à mon mari. Et puis ma belle-mère est morte et mon mari en a été très malheureux. Certains jours il travaillait et d'autres pas. Avec tous ces problèmes, il lui arrivait parfois de boire et, en revenant à la maison, il me disait qu'il n'avait pas épousé mes sœurs et qu'il n'était pas obligé de les entretenir.

Pendant longtemps, mes sœurs sont restées à chercher du travail. Mais c'était très difficile d'en trouver, surtout pour des femmes. Pour dire à quel point de pauvreté nous étions, nous n'avions qu'une seule paire de chaussures à nous toutes. Nous la mettions quand nous allions dans la rue. Notre situation économique allait de pire en pire.

Quand nous sommes arrivés à Siglo XX, nous avons rencontré les dirigeants Federico Escóbar et Pimentel. A Pulacayo, on disait que c'étaient de bons dirigeants. Et je voulais les connaître.

Escóbar, je l'ai connu quand j'ai été expulsée d'un logement. Mon mari et moi, nous vivions en « supplémentaires » avec une autre personne. Ma belle-mère est morte et il est allé à Pulacayo pour l'enterrer. Moi, j'attendais mon premier enfant. Et comme l'homme avec qui nous vivions en supplémentaires avait abandonné la maison, on a voulu m'expulser sous le prétexte que mon mari n'avait pas droit à ce logement. On m'a dit de partir immédiatement. Et moi j'ai dit que j'attendrais le retour de mon compagnon, parce que j'étais enceinte : comment pourrais-je déménager dans cet état ? Et puis il fallait que je trouve un autre logement. Mais l'entreprise m'a juste donné un délai d'une matinée, et puis les vigiles sont venus et ils ont sorti toutes mes affaires du logement. Les vigiles sont des travailleurs qui sont usés, ou qui sont inaptes parce qu'ils ont eu un accident à la mine, ils ont perdu un œil, un bras, une jambe ou ils ont le mal de la mine. Ils travaillent donc à la section de l'entreprise que l'on appelle section du « bien-être social » et ils ont ainsi un travail qui est moins dur, qui ne demande pas un grand effort physique.

Donc les vigiles sont venus et ils m'ont chassée, comme un propriétaire chasse quelqu'un qui n'a pas payé son loyer. Je suis restée dehors à pleurer et les voisins me voyaient. A trois heures de l'après-midi, l'un de mes voisins est rentré de son travail et la famille lui a raconté ce qui s'était passé. Il m'a dit que je devais aller voir les dirigeants.

J'ai accepté avec beaucoup de méfiance car je ne les connaissais pas. Et nous sommes allés à la maison de Federico Escóbar. Sa femme m'a reçue très cordialement. Le compagnon lui a expliqué de quoi il s'agissait et elle m'a dit : « Ne vous faites pas de souci, mon mari va vous aider et tout va s'arranger. » Elle a essayé de me consoler.

Toutes mes affaires étaient restées devant mon logement. Nous les avons seulement recouvertes avec une bâche et les voisines ont accepté de les surveiller.

Je crois que c'est vers sept heures du soir qu'Escóbar est arrivé. Vraiment, il était tout à fait différent de ce que je m'étais imaginé. Je pensais trouver un homme important, habitué à commander. Je n'avais jamais vu un homme comme cela, aussi simple, aussi bon. C'était la première fois que je le voyais et il m'a tendu la main comme si nous nous connaissions depuis longtemps. Il m'a reçue très aimablement.

Mais, avant de parler de nos problèmes, Federico nous a fait servir à manger. Ensuite, mon voisin a dit :

— Voilà, cette dame a été chassée de sa maison. Elle y vit, depuis un an, en supplémentaire dans une pièce. Son mari est parti en voyage et maintenant ils l'ont mise à la rue.

Federico s'est montré très préoccupé, il a immédiatement demandé une voiture du syndicat et il est allé à Cancañiri où se trouve le bureau du bien-être social de l'entreprise. Il a fait appeler les vigiles et il leur a passé un savon parce qu'ils avaient commis cette injustice avec moi. Ensuite, il leur a fait ouvrir le logement et remettre dedans toutes mes affaires en continuant à les attraper, à leur demander pourquoi ils m'avaient fait ça, et s'ils ne savaient pas que mon mari était un travailleur. Et il les a obligés à remettre chaque chose à sa place. Il leur disait :

— C'est une dame qui vivait ici, et les dames ne laissent pas leurs affaires dans cet état. Faites-moi le plaisir de remettre tout comme c'était avant, parce que la dame ne va pas se contenter de tout ce désordre que vous avez fait...

J'étais toute gênée et je lui ai dit :

— Merci, monsieur, c'est très bien comme ça, je vais ranger.

— Non, madame, vous allez vous reposer.

Il leur a fait préparer mon lit et il leur a dit :

— Vous ne vous êtes pas demandé si la dame était en état de chercher un autre logement ?

Et à moi :

— Maintenant, vous n'avez plus qu'à vous reposer puisque vous êtes enceinte.

C'est vrai que j'étais toute prête à mettre au monde, puisque c'est arrivé le 3 novembre et que mon fils Rodolfo est né le 7. C'est aussi pour cela que j'étais à bout de nerfs, en plus de me retrouver seule. Escóbar s'était rendu compte de la situation et c'est pourquoi il a forcé les vigiles à remettre toutes mes affaires en ordre. Après, il m'a laissé un papier en me disant :

— Tenez madame, c'est un ordre qui indique que vous devez vivre ici. Personne n'a le droit de vous faire partir de cette maison. Votre mari travaille à l'entreprise et personne ne peut vous faire partir.

Voilà donc la première fois où j'ai vu Escóbar. Avant de s'en aller, Federico a recommandé à mes voisins de ne pas me laisser seule et de rester près de moi, au cas où je me trouverais mal.

Les dirigeants m'ont beaucoup appris. C'est à eux que je dois une partie de ma formation.

3. La sagesse du peuple

Ces années-là, c'est le M.N.R. qui gouvernait la Bolivie : d'abord Paz Estenssoro, ensuite Hernan Siles Zuazo, puis de nouveau Paz Estenssoro. C'est nous qui avions mis au pouvoir le gouvernement qui se disait « nationaliste révolutionnaire », mais bien vite il n'a plus tenu compte de ce que disait et voulait le peuple. La nationalisation des mines, par exemple, a été mal faite, l'entreprise s'est terriblement endettée avec l'indemnisation et le peuple a été roulé. Nous voulions aussi, par exemple, que la Bolivie ait ses propres hauts fourneaux pour pouvoir vendre sur place nos propres barres de minerai ; et puis ne pas les livrer aux Etats-Unis à n'importe quel tarif, mais dire : « Voyons qui nous les paiera au meilleur prix. »

Mais nos dirigeants du M.N.R. ne voulaient pas nous écouter, et c'est avec l'ambassade des Etats-Unis qu'ils faisaient leur plan et qu'ils nous imposaient leur politique. C'est ainsi qu'ils ont décrété la « stabilisation monétaire * » et qu'ils ont fait le « plan triangulaire ** ». Et quand les travailleurs s'y opposaient, immé-

---

* Décidée par le gouvernement de Hernan Siles Zuazo en 1956, sur la base d'un plan préparé par un conseiller américain, Jackson Eder.

** Plan de remise en marche des mines nationalisées auquel participaient les gouvernements des Etats-Unis, de l'Allemagne fédérale et la Banque interaméricaine de développement (B.I.D.). Il comprenait, entre autres, la diminution du nombre des travailleurs des mines, le blocage des salaires, le contrôle total du mouvement syndical et notamment des activités des dirigeants dans les mines, et la suppression du contrôle ouvrier avec le droit de vote. C'étaient les conditions imposées au gouvernement bolivien par les financiers.

diatement c'était la répression. On a beaucoup souffert à Siglo XX de la politique de ces années-là.

Les gens du M.N.R. que la révolution du peuple avait portés au pouvoir, ils étaient vraiment avides. L'impérialisme s'en est servi pour corrompre ceux qui se prétendaient révolutionnaires. L'argent de la nation a permis la naissance d'une nouvelle bourgeoisie corrompue. Elle était corrompue par tous les bouts, représentants ouvriers, dirigeants paysans, autorités. Le M.N.R. a même fini par installer en Bolivie des camps de concentration de style nazi. Tout le monde connaît, par exemple, la triste histoire de San Román et de Menacho, qui étaient les chefs du contrôle politique du M.N.R. San Román avait, dans sa propre maison, une espèce de prison où il se livrait à des tortures sauvages. Il était la terreur de tous prisonniers politiques.

Evidemment, les travailleurs, et particulièrement ceux de Siglo XX, critiquaient cette situation. Dans les mines, face à ces mesures prises contre le peuple, on luttait, on revendiquait, on faisait des manifestations. Et la réponse était la répression : la *puepería* fermée, les salaires suspendus, jusqu'aux médicaments qui étaient coupés. Et les dirigeants étaient arrêtés.

Je me rappelle qu'en 1963 les dirigeants se sont opposés à l'une de ces mesures du gouvernement. La Comibol disait qu'elle n'avait pas d'argent pour fournir des médicaments à l'hôpital. Il y avait alors une terrible épidémie de grippe, avec des diarrhées et tout. Il n'y avait pas de médicaments pour les enfants. Or, voilà que, juste à ce moment-là, la Comibol a fait venir un groupe d'artistes internationaux *, où il y avait des Japonais, des Américains, des Africains, etc., pour donner des spectacles dans les mines. Ceux qui étaient allés y assister ont raconté que leurs représentations étaient anticommunistes et que le voyage avait été payé par la Comibol.

Les dirigeants, et plus particulièrement Escóbar, avaient déjà envoyé des télégrammes à la Comibol pour prévenir que les travailleurs de l'entreprise n'avaient pas l'intention de respecter ces individus et qu'ils les prendraient en otages si la Comibol n'envoyait pas les médicaments dont nous avions besoin. Dans le

* Du Réarmement moral. Il s'agissait d'une « croisade », faite par des intellectuels, des sportifs et des artistes de toutes nationalités.

même temps, des travailleurs sont allés déboulonner les rails du train pour que les étrangers ne puissent pas s'en aller. Je les ai vus à la station de Cancañiri, ils attendaient leur départ. Nous étions montés pour les voir, par curiosité. Ces étrangers ont attendu toute la journée. Et ils demandaient : « Qu'est-ce qui se passe ? » On leur disait que la pluie avait emporté une partie de la voie et qu'on était en train de la reconstruire, ou quelque chose comme ça. Mais le vrai problème, c'étaient les rails que les travailleurs avaient enlevés.

Le résultat, c'est que la Comibol a été obligée d'envoyer les médicaments d'urgence, et même par avion, pour qu'on relâche vite les étrangers, pour qu'il ne leur arrive rien. Ils ont pu partir à dix heures du soir, au moment même où la radio annonçait que les personnes qui avaient besoin de médicaments pouvaient aller les prendre avec leurs ordonnances, parce qu'on les avait reçus, que les hôpitaux seraient ouverts toute la nuit et qu'en cas d'urgence nous pouvions amener les enfants.

J'avais moi-même ma fille malade avec la diarrhée et il lui fallait un remède sérieux. J'ai donc été chercher un médicament et j'ai pu voir la longue queue des gens devant l'hôpital qui fonctionnait. Il était une heure du matin.

C'est ainsi que la Comibol et ses artistes, qui étaient venus nous mentir avec leur propagande anticommuniste, nous ont finalement rendu service au lieu de nous nuire.

Les travailleurs analysent toujours la situation. Mais on ne les écoute pas, et c'est pour cela qu'ils doivent chercher d'autres moyens. Par exemple, quand ils critiquaient le plan triangulaire, la stabilisation monétaire, quand ils montraient la nécessité de construire des hauts fourneaux, personne n'en tenait compte. Toutes ces idées venaient du peuple. Et pourtant, plus tard, voilà qu'on a présenté la création des hauts fourneaux comme une idée du président Ovando. Mais ce n'était pas la vérité. Et pour réclamer ces choses qui nous étaient nécessaires, beaucoup sont morts qui avaient une vue très claire de la situation et qui disaient : c'est ceci qu'il faut faire, et non pas cela.

Depuis que j'étais arrivée à Siglo XX, j'essayais d'être attentive à tout. J'écoutais les nouvelles à la radio. J'assistais aux manifestations et j'essayais de savoir ce qui se passait. Tout était nouveau pour moi. Je ne veux pas dire qu'on ne faisait pas le même travail à Pulacayo. Peut-être qu'à Pulacayo je vivais dans un monde à part et que je ne me rendais pas compte de la situation ? Mais, à Siglo XX, j'ai commencé à m'intéresser, à me rendre compte de la lutte et des souffrances des gens. Et cela a réveillé en moi un grand respect pour mon père et pour la cause à laquelle il s'était donné.

Siglo XX m'a fait comprendre la sagesse du peuple. Combien de grands hommes ont lutté pour notre peuple, qui en étaient issus ! Et combien de femmes aussi, comme par exemple Bartolina Sisa pendant la révolte des Indiens, Juana Azurduy de Padilla pendant la guerre d'indépendance, les héroïnes de la Coronilla à la même époque. Nous avons aussi de grandes personnalités intellectuelles qui ont atteint un niveau très élevé, comme María Josefa Mujía et Adela Zamudio qui ont été de grandes poétesses.

Et, plus près de nous, n'avons-nous pas nous-mêmes notre propre expérience ?

Moi, par exemple, j'ai connu beaucoup de femmes qui n'avaient peut-être pas pu apprendre, comme moi, à s'exprimer un peu mieux, mais qui sont des héroïnes anonymes, muettes, qui ont défendu le peuple très courageusement et qui sont mortes pour sa cause.

Et combien de choses dont le peuple trouve ici, dans son travail, la solution ! Tous les jours, nous voyons sous nos yeux des choses que nous pouvons apprendre au peuple. C'est pour cela que je pense que si nous nous mettions à observer soigneusement, nous verrions une grande intelligence, une grande sagesse dans chaque pas que fait le plus humble citoyen.

Tout ce que je sais, tout ce que je suis, je le dois au peuple. Et mon courage, c'est de là aussi que je le tiens.

4. Le comité des ménagères

C'est à cette époque très difficile du gouvernement de Paz Estenssoro que les femmes des travailleurs de la mine de Siglo XX s'organisèrent en comité. Elles voyaient toutes les luttes que le peuple avait à soutenir et elles ne pouvaient rester sans rien faire.

Au commencement, nous avions la mentalité qu'on nous avait inculquée : la femme est faite pour la maison, pour le foyer, les enfants, la cuisine, elle n'est pas capable d'assimiler d'autres activités, de caractère social, syndical et politique par exemple. Mais nous étions guidées par la nécessité et nous nous sommes organisées. Il nous a fallu beaucoup de souffrances, et aujourd'hui nous pouvons dire, oui vraiment, que les mineurs peuvent compter sur un allié de plus, un allié qui a coûté beaucoup de sacrifices, mais qui est devenu très fort ; c'est le comité des ménagères, une organisation qui est née d'abord à Siglo XX et qui existe désormais dans les autres mines nationalisées.

Le comité est né en 1961. A cette époque, nous passions par une situation économique très dure : l'entreprise n'avait pas payé nos compagnons depuis trois mois, l'alimentation n'arrivait plus, il n'y avait plus de médicaments. C'est alors que les mineurs ont organisé une marche : il s'agissait d'aller à pied jusqu'à La Paz, avec femmes et enfants. C'était une très longue marche parce que La Paz est vraiment loin *. Mais le gouvernement a été mis

* La Paz est à 335 kilomètres de Siglo XX.

au courant de nos plans et il a stoppé nos préparatifs. Nos dirigeants ont été arrêtés et envoyés en prison à La Paz.

Alors les femmes ont été, une par une, réclamer leur mari. Mais, à La Paz, ils se sont comportés grossièrement avec elles, ils ont essayé de les impressionner et même de les arrêter et d'abuser d'elles. Elles sont toutes rentrées complètement démoralisées. Elles se sont réunies au syndicat et ont commencé à se lamenter en racontant ce qui s'était passé. C'est alors qu'est née l'idée : « Si, au lieu d'aller comme ça, chacune pour son compte, nous nous unissions toutes pour aller ensemble à La Paz les réclamer, qu'est-ce qui se passerait ? Nous pourrions peut-être nous défendre mutuellement et obtenir quelque chose. »

Et elles ont décidé d'aller à La Paz. Mais elles n'avaient aucune idée de l'endroit où il fallait réclamer, ni de la manière de procéder. Quelqu'un a dû leur dire qu'il devait se tenir à ce moment-là une réunion de ministres où un représentant des travailleurs avait l'intention de se présenter, et qu'elles pourraient profiter de cette occasion pour soutenir ce camarade en criant : « Liberté, liberté pour nos maris ! » Et cela s'est passé comme prévu. Mais celles qu'on a (bien à tort) surnommées les *barzolas* se sont mises à crier, à lancer des tomates pourries au camarade. Et les *barzolas* se sont attaquées aux femmes, elles se sont mises à les battre, elles ont même voulu leur enlever leurs enfants pour les intimider. Il y a eu une violente bagarre jusqu'à ce que les agents interviennent.

Les *barzolas* constituent un bien triste chapitre de l'histoire de la femme en Bolivie. C'étaient des femmes du M.N.R. qui s'étaient organisées et avaient pris le nom de María Barzola, mais elles n'ont joué aucun rôle quand il s'est agi de revendiquer la justice pour les ouvriers. D'après ce qu'on m'a dit, María Barzola était une femme du village de Llallagua. En 1942, il y a eu une grande manifestation pour demander de l'augmentation aux anciens patrons de la mine et elle était en tête avec un drapeau. Quand ils sont arrivés devant Catavi, où se trouve la direction, l'armée est intervenue et a massacré une foule de gens. Elle est morte dans ce massacre. Et, depuis ce temps, ce lieu s'appelle « la plaine de María Barzola ».

Mais les *barzolas* du M.N.R. se sont mises au service des intérêts de leur parti qui était au gouvernement et elles ont aidé la répression contre le peuple. Aussi la Bolivie a gardé un sentiment de haine contre les *barzolas*. Par exemple, à La Paz, quand un secteur de la classe travailleuse réclamait quelque chose, les *barzolas* intervenaient avec des couteaux et des fouets et attaquaient les gens qui faisaient des réunions de protestation contre les mesures prises par le gouvernement. Elles allaient aussi au Parlement, et si quelqu'un prenait la parole contre le M.N.R., les *barzolas* étaient présentes, avec des tomates et d'autres projectiles pour le faire taire. On peut dire qu'au lieu de servir la promotion de la femme en Bolivie, ce mouvement a seulement servi d'instrument de répression. C'est depuis ce temps que quand quelqu'un se vend au gouvernement, ou quand on repère une femme indicatrice, on dit dans le peuple : « Attention, c'est une *barzola*. » C'est bien triste qu'un personnage historique de notre peuple ait été à ce point défiguré.

Après cet affrontement avec les *barzolas*, les camarades qui étaient venues à La Paz sont retournées dans l'endroit d'où elles avaient été expulsées et, là, elles ont commencé une grève de la faim. Cette nuit-là, elles eurent la visite de San Román, le terrible San Román que tout le monde fuyait. Et là il s'est produit l'anecdote suivante. Une des femmes est allée au-devant de lui et lui a dit : « San Román, vous savez très bien que nous n'avons pas d'hommes pour nous défendre contre vos bourreaux. Mais s'il arrive quoi que ce soit, je vous préviens que nous sauterons tous ensemble. Nous sauterons, et vous avec nous, parce que tout ce que nous avons ici, c'est de la dynamite. » Elle a sorti quelque chose de son sac en demandant une allumette. Mais pendant que les camarades cherchaient l'allumette, San Román a pris les jambes à son cou avec toute sa troupe.

Heureusement, les ouvriers des usines se sont solidarisés avec elles et les ont fait passer cette nuit-là dans un local de leur fédération. Là, elles ont continué leur grève de la faim. Elles ont rédigé un texte demandant la mise en liberté de leurs compagnons, le paiement des salaires des travailleurs, la reprise du ravitaillement des *pulperías* et la fourniture des médicaments aux hôpitaux.

Faire la grève de la faim, cela voulait dire ne prendre aucun aliment, seulement du liquide. Elles l'ont faite pendant dix jours. Certaines avaient leurs enfants avec elles.

Elles ont vu se joindre à elles les universitaires, les ouvriers des usines, et puis d'autres femmes ont commencé à arriver des autres mines pour se solidariser avec leurs camarades.

Et ç'a été vraiment grand, le gouvernement n'a pas pu faire autrement que de céder et cette fois-là les ménagères ont gagné. Elles sont revenues avec leurs compagnons libérés, l'entreprise a payé les ouvriers et la *pulpería* s'est remplie.

Seulement voilà, comme nous avions presque toutes été élevées dans cette idée que la femme ne doit se mêler de rien, nous avons vite tout oublié de ce grand sacrifice qu'elles avaient fait.

Mais les femmes qui avaient été à l'origine de tout cela ont pensé qu'il était nécessaire de s'organiser pour continuer à lutter aux côtés de nos compagnons. Alors elles se sont toutes groupées en faisant de la propagande dans la rue : « Nous allons nous réunir, nous allons nous organiser et former un front. » Et c'est ce qu'elles ont fait. Elles se sont organisées, elles ont élu une direction et elles ont appelé leur organisation le « comité des ménagères de Siglo XX ». Elles étaient une soixantaine de femmes.

Il fallait voir l'éclat de rire des hommes ! Ils disaient : « Les femmes se sont organisées en front, laissons-les donc !... Ce front ne va pas durer plus de quarante-huit heures. »

Mais cela ne s'est pas passé comme cela. Au contraire, l'organisation a grandi et aujourd'hui elle est très importante, pas seulement pour les femmes mais pour toute la classe travailleuse.

Bien sûr, au début, les choses n'ont pas été faciles. Par exemple, lors de la première manifestation qui a eu lieu à Siglo XX après le retour de nos camarades de La Paz, elles sont montées sur le balcon du syndicat pour parler. Les hommes n'étaient pas habitués à ce qu'une femme parle comme eux. Alors ils criaient : « Rentrez à la maison ! Allez faire la cuisine, allez faire la lessive ! Occupez-vous de vos affaires ! » Et ils les sifflaient.

Mais elles étaient bien décidées à s'organiser, à collaborer et elles n'ont pas renoncé. Elles ont pleuré de rage et d'impuissance, ça oui, mais elles ont continué. Elles se sont procuré une machine à écrire et elles ont commencé à écrire. Elles envoyaient des communiqués de soutien aux travailleurs et elles les faisaient lire aux radios des mineurs, en donnant leurs points de vue sur la situation dans laquelle nous vivions. Par exemple, elles disaient qu'elles n'étaient pas d'accord avec le programme économique du gouvernement et qu'elles lui demandaient de réfléchir. Elles envoyaient des lettres à la Comibol, à la fédération des mineurs, à la C.O.B. Elles allaient voir à la *pulpería* si la répartition était bien faite, dans les écoles si les enfants étaient bien soignés, si la nourriture scolaire était bonne, et à l'hôpital si l'on s'occupait bien des malades. Elles ont beaucoup travaillé comme cela.

Celle qui a le plus fait, c'est Norberta de Aguilar *, la femme d'un ancien travailleur de l'entreprise. On m'a raconté qu'à l'origine il y a eu la femme d'un médecin, qui s'appelait Vilma de Garrett et qui a organisé le comité. Mais c'est Norberta qui l'a vraiment animé. Elle est pour moi une grande femme, elle a su mener l'organisation et la maintenir dans ses principes. Du moins c'est ainsi qu'elle était quand je l'ai connue, même si, aujourd'hui, il y en a qui disent qu'elle a pris d'autres positions.

Aux côtés de Norberta, il y avait Jeroma de Romero, Alicia de Escóbar, Flora de Quiroza, María Careaga, Angelica Osorio, Cinda de Santiesteban, Simona de Lagrava. Elles sont tellement nombreuses que je ne peux pas toutes les nommer. Et chacune contribuait au travail du comité suivant ses possibilités. Par exemple, une de nos camarades est morte des suites de la seconde grève de la faim, qui a eu lieu en 1963. C'était la camarade Manuela de Sejas : il a fallu l'opérer, ils lui ont coupé trop d'intestin et elle est morte en laissant huit orphelins. Beaucoup de camarades ont avorté dans les grèves de la faim. Pour d'autres, les enfants sont restés anémiques, avec ce qu'ont souffert leurs mamans. Elles ont donc fait là un travail bien précis aux côtés de nos compagnons. Elles ont monté la garde, elles ont fait des grèves, elles ont défendu les biens du syndicat, le local, notre poste émetteur, notre bibliothèque. Souvent, elles prenaient le micro de la radio du syndicat et elles nous faisaient entendre leur voix, elles nous orientaient.

Evidemment, tout cela a attiré l'attention. Et quand, en 1964, le général Barrientos est entré au gouvernement, il a tout de suite vu le danger que représentait l'organisation des femmes.

* Le « de » placé devant le nom du mari indique simplement, suivant la vieille coutume espagnole, la qualité de femme mariée.

En 1965, il y a eu toute une série de problèmes. Le dirigeant Lechín Oquendo a été arrêté et déporté au Paraguay. Et, après, ils ont arrêté quantité de gens de la radio, de la presse, beaucoup de dirigeants. Et ils se sont attaqués au comité des ménagères, ils ont cherché à voir qui composait la direction, qui étaient les maris. Et ils ont déporté ceux-ci en Argentine. Ils leur disaient : « Vous, monsieur, nous ne vous expulsons pas pour des raisons syndicales ou politiques. Vous êtes un ouvrier honorable et travailleur et nous n'avons rien à vous reprocher là-dessus. Ce que nous vous reprochons, c'est d'avoir permis à votre femme de se mettre au service d'intérêts étrangers. » Et ceci, et cela, et puis... « Dehors ! » Et les voilà expulsés, et leurs femmes chassées de leurs logements. Alors... « Qui va s'occuper de la famille ? » Voilà la première mesure qu'ils ont prise contre le comité.

A cette époque, les femmes du comité ne connaissaient pas encore toute la solidarité dont nous bénéficions aujourd'hui. Quand j'ai été arrêtée, par exemple, les travailleurs ont fait des jours et des jours de grève pour ma libération, et ç'a été pour moi un grand réconfort. Mais nos camarades du début ne pouvaient pas compter sur une grande solidarité, parce que les hommes ne voyaient pas l'importance que les femmes s'organisent, ils ne voulaient pas comprendre.

Le comité a eu aussi des problèmes à ses débuts avec les autres organisations féminines. Par exemple avec les organisations chrétiennes. Il y avait un groupe de femmes du mouvement des familles chrétiennes qui nous haïssait, qui nous traitait d'hérétiques et essayait par tous les moyens de discréditer le comité. Aujourd'hui, les choses ont changé et nous travaillons mieux ensemble. Après avoir été en prison, je suis arrivée à la conclusion que cela ne valait pas la peine de nous battre entre nous. Avec tout ce que j'avais appris, et aussi tout ce que je savais de la Bible et de toutes ces choses-là, je suis allée parler avec les chrétiennes, je leur ai demandé si c'était juste ou non de dénoncer un gouvernement quand il massacrait le peuple et si elles étaient d'accord sur les nouvelles mesures économiques. A la fin, je leur ai demandé si le gouvernement disait aux chrétiennes : « Eh bien, vous êtes chrétiennes, on va vous donner un salaire différent », ou si les mesures économiques nous frappaient toutes sans distinction. Et s'il était juste ou non, par amour du prochain, de nous unir pour revendiquer les droits des travailleurs. Elles ont dit que oui, que j'avais raison. Nous avons fait une réunion commune et nous avons réorganisé le comité, en commun avec elles.

Mais il y a encore beaucoup à faire pour que les femmes atteignent le degré de participation que nous pensons nécessaire. Et puis il y a encore des femmes qui n'en comprennent pas la nécessité. A moi, cela me semble criminel, et je suis pleine de rage quand j'entends certaines compagnes dire : « Pourquoi donc tellement revendiquer, manifester, faire grève ? Nous ne sommes pas si mal, c'était bien pire autrefois !... »

Comment, nous ne sommes pas si mal ? Ce sont nos oppresseurs qui ne vont pas si mal ! Et c'est à nous qu'ils le doivent, au travail de nos compagnons. Nous n'avons même pas un toit pour mourir, parce que notre logement n'est que prêté et que, quatre-vingt-dix jours après la mort du travailleur, on vous met à la rue... Comment, nous ne sommes pas si mal, avec ces massacres qui vous laissent seule avec la responsabilité de six ou sept enfants ?

Notre travail n'a pas toujours été facile, même avec les dirigeants. Tous ne nous ont pas comprises et aidées. Bien sûr, nous avons fait des gaffes, par faute d'expérience. Et puis il arrivait quelquefois qu'ils découvrent un problème, qu'ils commencent à le poser, pour s'apercevoir que nous l'avions déjà abordé, que nous étions déjà en train de faire quelque chose, et il y en avait à qui cela ne plaisait pas du tout. Mais il y en a eu d'autres, par contre, surtout dans les époques les plus difficiles, avec qui nous avons bien collaboré. Escóbar, particulièrement, nous a beaucoup aidées. Quand il venait à une réunion, il nous orientait, il nous disait : « Voilà la situation, voilà comment il faut organiser la chose, et nous devons nous battre de telle manière. » Après, nous comprenions mieux la situation.

Je pense qu'il y a environ 40 % des hommes qui refusent l'engagement de leurs femmes. Pour certains, c'est, par exemple, par crainte qu'on ne les licencie de l'entreprise, ou par crainte de représailles comme celles qu'a dû subir mon mari du fait de mon engagement. D'autres ont peur qu'on parle mal de leur femme. Parce que, même si les camarades dirigeants nous respectent, il y a encore des gens pour nous calomnier, particulièrement ceux qui ne comprennent pas, les *machos,* qui disent que la femme doit rester au foyer et ne pas se mêler de politique. Ils sont rétrogrades, et toujours en train d'inventer des histoires. Par exemple, ils nous disaient que nous étions les maîtresses des dirigeants, que nous n'allions au syndicat que pour avoir une aventure amoureuse. Mais, pour nous, le syndicat c'est le local où se réunit la classe travailleuse, c'est plus qu'un temple, c'est sacré. Sa construction a coûté beaucoup de sang.

Certaines de nos camarades ne viennent participer que dans les grandes occasions. Par exemple, quand nous avons organisé une manifestation pour exiger l'augmentation du « coupon » en 1973, cinq mille femmes sont venues. Et beaucoup, quand elles sont revenues à la maison, ont été battues par leurs maris qui leur ont dit qu'elles étaient des ménagères, qu'elles n'avaient rien à faire avec la politique et que leur devoir était de rester à la maison. En fin de compte, nous avons décidé que nous allions les critiquer à la radio. Nous l'avons fait et nous avons dit : « Ces camarades qui battent leurs femmes doivent être des agents du gouvernement. C'est la seule chose qui puisse expliquer qu'ils soient contre, quand les femmes demandent ce qui nous est dû en toute justice. Et comment peuvent-ils mal prendre une protestation qui était générale et qui a bénéficié à tout le monde ? »

De toute manière, nous avons fait beaucoup de progrès. En 1973, on m'a mandatée à un congrès de travailleurs à Huanuni, où se réunissaient cinq cents camarades. Nous devions être trois déléguées du comité des ménagères, mais les deux autres n'ont pu venir, de telle sorte que je me suis retrouvée seule au milieu de cinq cents hommes. Nous étions logés à plusieurs dans la même pièce, car nous ne sommes pas assez riches pour louer une chambre chacun. On nous a donné une salle de classe, on nous a donné des lits de camp, et puis voilà, on m'a dit : « La camarade, mettez-vous par ici. » Et je suis allée dans le coin qu'ils m'ont indiqué. Tous mes camarades, sans exception, ont respecté ma condition de femme mariée et de mère de famille. Nous étions là douze ou treize dans la pièce. Nous avons parlé des problèmes de la classe travailleuse, nous nous sommes raconté des anecdotes sur les congrès précédents. Et il n'y a eu personne pour me manquer de respect. Mon compagnon savait que j'aurais à me trouver dans cette situation, mais il était resté très confiant. J'ai pu ainsi participer au congrès au nom du comité et y porter notre parole. Heureusement, ces nouvelles idées concernant la femme ont très bien pris et nous avons conquis notre place dans la lutte. Et cela nous fait toujours très plaisir quand un camarade vient nous trouver pour nous dire : « Au syndicat, ils ont oublié de revendiquer telle chose, voyez donc de votre côté comment résoudre ce problème qui concerne toute la classe travailleuse. » Oui, cela fait vraiment plaisir.

Voilà, en gros, comment nous avons réussi notre participation. Les capitalistes, ceux pour qui il est nécessaire d'opprimer le peuple, sont organisés, eux. Leurs femmes aussi sont organisées, elles ont leurs groupes, les dames du Rotary, ou des Lions, en Bolivie comme, je crois, dans les autres pays. Alors nous, les femmes des mineurs, nous devons bien nous organiser, non ?

5. J'entre au comité

Je n'ai pas été au comité depuis le début. J'avais bien sûr, beaucoup de sympathie pour cette organisation ; j'avais écouté les camarades, assisté à leurs manifestations. Et quand les camarades ont obtenu la liberté de leurs maris en 1961, quand elles sont revenues de La Paz, je suis allée voir leur arrivée parce qu'on l'avait annoncée à la radio. Et j'ai vu leur bonheur de revenir avec les prisonniers libérés.

C'est en 1963 que j'ai commencé à y participer. Cette année-là, les dirigeants ont été encore une fois arrêtés. Escóbar et Pimentel étaient allés à un congrès de travailleurs à Colquiri, avec le dirigeant de Huanuni, Jorge Saral. Et, à leur retour, ils ont été pris dans une embuscade et faits prisonniers.

Les mineurs du Siglo XX ont appris la nouvelle en même temps qu'ils apprenaient que quatre étrangers se trouvaient à Catavi. Il s'agissait d'un certain Tom Martin, attaché à l'ambassade américaine qui participait avec trois autres *gringos* à une réunion avec la direction de la Comibol, soit au total dix-sept personnes, je crois. Alors les mineurs ont eu l'idée de les faire prisonniers pour qu'on nous rende les dirigeants. Ils les ont pris en entrant par surprise au beau milieu du banquet offert par la Comibol.

Les esprits étaient très exaltés parce qu'un camarade avait été blessé par une balle qui lui avait éraflé la tête. Il avait raconté qu'il avait été pris dans une embuscade, qu'on l'avait bâillonné et ligoté, mais qu'il avait pu s'évader, que grâce à un grand mur il n'avait été touché que par une seule balle et qu'il avait pu réussir ainsi à venir nous prévenir de ce qui s'était passé. Mais, au moment où il avait pu s'échapper, il avait entendu une rafale de mitrailleuse et il pensait que les dirigeants avaient été tués.

Les travailleurs étaient indignés, ils pensaient que leurs dirigeants étaient morts. Aussi les mineurs voulaient pendre les quatre étrangers pour se venger. Nous sommes tous allés voir sur la place ce qui se passait. Et, vraiment, les étrangers s'y trouvaient, et les mineurs voulaient les liquider.

L'attitude de la camarade Norberta, la présidente du comité des ménagères, a été alors parfaite : elle s'est mise, en réunissant tout son courage, face aux travailleurs. Elle leur a dit qu'il ne fallait pas encore tuer ces étrangers, qu'il valait bien mieux les prendre comme otages pour les échanger contre les dirigeants, parce qu'elle gardait l'espoir qu'ils étaient encore en vie. Et que ce serait seulement dans le cas contraire que nous devrions envisager s'il fallait les tuer ou non.

— Pour les choses que nous allons faire, a-t-elle dit, il faut penser à tout, car cela peut amener ici, dans le pays, un terrible massacre.

Les travailleurs n'étaient pas très sûrs que cette proposition soit bonne et ils demandaient : « Et qui est-ce qui va prendre la responsabilité de garder ici les *gringos* comme otages ? » Parce qu'ils savaient que Tom Martin avait fait la guerre, qu'il avait été entraîné avec les bérets verts, les « as du crime », et qu'il était capable de s'évader facilement. C'est alors que les femmes ont répondu, très courageusement, qu'elles en prenaient la responsabilité. Elles étaient une vingtaine. Elles ont tout réglé immédiatement, elles ont mis les otages dans la bibliothèque du syndicat et Norberta a lancé à la radio un appel à toutes les femmes.

— Camarades ! Nous sommes femmes de mineurs et notre devoir est de nous solidariser avec eux. Nos dirigeants ont été arrêtés...

Et elle a expliqué ensuite que, pour obtenir leur libération, nous avions nous aussi des prisonniers, qu'elles les gardaient en otages et que nous devions toutes collaborer. Elle appelait toutes les femmes à venir monter la garde. Ce qu'elle nous demandait nous a paru juste et nous avons toutes collaboré. La nuit venue, plusieurs d'entre nous sont restées pour monter la garde.

Cette nuit-là, mon compagnon a disparu. J'ai attendu, attendu, qu'il revienne du travail, et puis rien... Je n'y étais pas habituée, je suis rentrée à la maison et j'y suis restée à attendre en pleurant et en essayant d'imaginer ce qui avait pu lui arriver.

Le lendemain quand le jour s'est levé, j'ai préparé un peu de quoi manger et puis je suis allée à l'endroit où travaillait mon mari. Là, on m'a dit que tous les travailleurs étaient partis, qu'il n'y avait plus personne parce qu'on avait décidé la grève.

— Allez donc au syndicat, demandez si votre compagnon y est, il est peut-être lui aussi en train de monter la garde.

Je suis donc allée au syndicat. On m'a fait entrer et j'ai vu plusieurs de mes compagnes. J'ai demandé si mon mari était là. Eh bien, oui, il était là et il est venu me voir. Il avait passé toute la nuit à monter la garde. Il était heureux et il m'a dit :

— Tu vois, ils ont mis nos dirigeants en prison à La Paz, mais nous, nous avons amené les *gringos* ici, les femmes les ont mis ici et nous montons la garde.

Et il m'a raconté ce qu'elles avaient fait, plein d'enthousiasme. A un moment, il m'a dit :

— Regarde cette dame qui est là... comme elle est vieille.

Je l'ai regardée, c'est vrai, c'était vraiment une ancienne avec ses cheveux tout blancs. Elle était assise près de la fenêtre, elle montait la garde.

— Et toi, a-t-il ajouté, espèce d'idiote, je suis sûr que tu as passé une très bonne nuit, à bien dormir !

Cela m'a beaucoup blessée. Mais la camarade Norberta, qui l'avait entendu, lui a dit :

— Non, ne croyez pas ça, je ne crois pas qu'elle a passé une bonne nuit. Elle a dû ne pas dormir de la nuit en pensant à notre situation.

J'ai été très heureuse qu'elle vienne ainsi à mon aide. Et j'ai pensé : elle a bien deviné que je n'ai pas dormi de toute la nuit, parce que j'avais de la peine avec tout ce qui se passait et que j'attendais le retour de mon compagnon pour savoir ce qu'il en pensait.

— Bon, a dit Norberta, si la camarade n'a rien fait jusqu'à maintenant, c'est sûrement parce qu'on ne lui en a pas donné la possibilité. Mais je suis sûre qu'à partir de maintenant elle va collaborer.

Mon mari a dit :

— Quoi, cette idiote ? Mais c'est à peine si elle sait garder les enfants !

— Non, a dit Norberta, c'est parce qu'on ne lui en a pas donné la possibilité.

Et à moi, elle m'a dit :

— Regardez, camarade, nous restons ici à monter la garde, nous devons empêcher ces prisonniers de s'échapper. C'est une tâche difficile pour des femmes et nous avons besoin de monde. C'est pourquoi nous voudrions, s'il vous plaît, que vous puissiez venir collaborer avec nous.

Alors j'ai dit à Norberta que oui, que je pouvais venir monter la garde.

— Et dans quelle pointe veux-tu être ? m'a-t-elle demandé.

— Combien y a-t-il de pointes ?

— Trois.

— Bon, mettez-moi dans les trois, ai-je répondu.

J'ai été à la maison chercher mes enfants et je suis revenue au syndicat pour y rester.

Norberta était une femme très dynamique. A cette époque, elle se trouvait justement en congé du comité parce que son mari était malade à l'hôpital. Mais elle partageait son temps entre son mari et celles qui montaient la garde. Son mari fut opéré à ce moment-là et il est mort. Cela m'a beaucoup impressionnée. Imaginez le courage de cette femme qui avait son mari malade et qui assumait en même temps la responsabilité des otages ! L'engagement qu'elle avait pris envers le peuple était admirable. Je ne l'ai pas vue pleurer une seule fois.

Aux côtés de Norberta, tenant le rôle de secrétaire provisoire du comité, il y avait Jeroma de Romero. C'était aussi une grande femme. J'ai également connu là la femme de Pimentel et j'ai fait plus ample connaissance avec la femme d'Escóbar, avec sa mère et ses enfants.

La vie à l'intérieur du syndicat était très particulière. Nous partagions tout, tout. Si quelqu'un apportait à manger, nous le partagions. Nos enfants étaient dans la grande salle. Il y avait aussi d'autres personnes dans les couloirs, toutes à monter la garde, les uns surveillant les otages, les autres restant en contact avec les dirigeants.

Tout était bien organisé. Norberta attendait toujours des nouvelles, mais personne ne savait rien de précis. Nous, nous nous bornions à monter la garde. Les femmes de la direction, elles, entraient et sortaient. Mais comme il y a une discipline à observer, il y avait des choses dont nous ne pouvions être tenues au courant, à l'intérieur. Aussi on passait tous les communiqués à la radio du syndicat et nous étions informées ainsi.

Une fois, je me trouvais de garde à la porte quand un compagnon a frappé. Je crois qu'il était onze heures du soir. Comme c'était un mineur, j'ai ouvert. Il était saoul et il m'a dit :

— Vous vous êtes solidarisées avec les *gringos,* vous les traitez comme des rois, vous ne leur faites rien, et pendant ce temps, nos dirigeants, comment est-ce qu'ils les traitent là-bas, dans les cellules du contrôle politique ? Pendant que San Román assassine les dirigeants, vous vous solidarisez avec les *gringos.* Laissez-moi entrer !

Moi, conformément à ce que nous avions organisé, je lui ai répondu :

— Non, camarade, rentrez chez vous, personne ne peut entrer ici. Demain, quand vous aurez retrouvé votre tête, vous pourrez discuter et vous verrez mieux la situation. C'est vrai que nous traitons bien les otages, mais les dirigeants ne sont pas mal.

Mais le camarade ne voulait rien entendre, il disait que j'étais vendue aux *gringos* et qu'il allait tous nous tuer. Et il m'a fait voir qu'il avait de la dynamite. Et moi, comme je manquais d'expérience, je me suis affolée, je suis partie en courant à l'intérieur et je me suis mise à crier :

— La dynamite ! La dynamite ! Nous allons tous sauter ! Nous allons tous sauter !

Je n'avais jamais vu exploser de la dynamite, mais je savais qu'elle est très puissante, qu'elle peut faire éclater les rochers les plus durs.

Norberta est sortie et je lui ai crié :

— On nous lance de la dynamite !

Norberta a descendu les marches jusqu'à la mèche allumée. Avec le plus grand calme, elle a pris la cartouche de dynamite. Elle n'avait plus le temps de faire autre chose, elle est sortie dans la rue et elle l'a lancée en l'air. La cartouche a explosé, c'était une petite cartouche, elle n'était pas très puissante. Nous n'avons pas eu de dégâts. Bien sûr, nous avons été un peu secoués, mais personne n'a été touché. J'ai pu voir ainsi qu'elle était une femme décidée et courageuse. Et j'ai pu la prendre pour exemple.

Il est arrivé dans le même temps un autre événement. Les gens de Paz Estenssoro ont monté les paysans contre nous et le syndicat s'est retrouvé avec une véritable armée qui voulait l'attaquer.

Un jour, deux hommes sont venus et nous ont dit :

— Est-ce que vous savez que les paysans d'Ocureña ont attaqué un petit village ? Ils ont brûlé les récoltes, ils ont volé le bétail, ils ont violé les femmes. Il faut que vous vous solidarisiez avec vos compagnes. Vous êtes organisées, vous contrôlez la radio, vous devez pouvoir faire entendre votre protestation.

Bien sûr, nous avons cru que c'était vrai. Et nous avons protesté à la radio « La Voix du mineur ».

Or, ceux-là mêmes qui étaient venus nous alerter sont allés prévenir les gens d'Ocureña :

— Les mineurs vous insultent. Il faut aller vous venger !

Tout cela, c'était une manœuvre pour dresser les mineurs et les paysans les uns contre les autres. Nous nous en sommes très vite rendu compte. Et nous avons pu voir avec quelle intelligence, quelle habileté l'ennemi peut travailler à semer la discorde et à nous faire nous battre entre frères.

Les paysans de la région d'Ocureña étaient organisés en commandos qui soutenaient le gouvernement M.N.R. ; c'est là qu'avait été signé le décret de la réforme agraire. Lorsqu'ils ont entendu cette nouvelle que nous les avions insultés, ils ont décidé de venir à Siglo XX pour se « venger » et aider à l'opération de sauvetage des *gringos*.

Un jour, nous avons donc appris que les gens d'Ocureña approchaient pour nous attaquer. Et, en même temps, on disait que des hélicoptères et des parachutistes allaient arriver pour libérer les *gringos*. Nous allions donc être attaqués par terre et par air.

Ils ont dit à la radio qu'ils voulaient s'adresser à Tom Martin et à ses compagnons. Et ils ont parlé en anglais. Ils leur ont dit qu'ils les prévenaient qu'à la fin de la nuit les commandos allaient intervenir et qu'il fallait que, de leur côté, ils agissent en conséquence. Le fils d'une de nos camarades savait un peu l'anglais, il nous a traduit la conversation. Nous étions donc au courant que les paysans, aidés par l'armée, allaient entrer dans le syndicat.

Nous nous sommes réunies et Jeroma a parlé. Elle a dit que nous avions pris une grave responsabilité, mais qu'elle se sentait heureuse et que nous saurions mener la tâche qui nous avait été confiée jusqu'au bout. Mais comme nous ne pouvions pas laisser nos enfants souffrir entre les mains de ces gens-là, notre devoir était de mourir et nos enfants avec nous.

Alors nous avons décidé de nous installer toutes ensemble avec nos enfants et nos compagnons dans le syndicat et de disposer la dynamite partout, pour que, si c'était nécessaire, nous disparaissions avec la maison, mais de façon à ce que personne n'en sorte vivant. Telle fut notre décision définitive.

Nous avions là cinq ou six caisses de dynamite. Nous les avons réparties entre nous. Nous avons mis de la dynamite aux portes, aux fenêtres, et puis aussi sur notre corps, sur le corps de nos enfants.

La secrétaire générale s'est postée à la porte du syndicat et elle a dit : « Ne vous faites pas d'illusion, nous ne vous laisserons pas vous échapper. » Et elle a ajouté que si l'un des otages essayait de s'échapper ou si les paysans arrivaient, à l'instant même nous ferions tout sauter à la dynamite. Ils pouvaient venir par terre ou par air, nous n'avions pas d'armes, mais nous mettrions le feu aux mèches et nous sauterions avec tout, avec tous.

C'était là une résolution bien courageuse et je suis sûre que si nous avions dû en arriver là, nous l'aurions exécutée. On nous avait chargé de cette responsabilité et nous devions l'assumer. Et puis quel intérêt cela pouvait-il avoir pour nous de rendre les otages et de nous échapper si c'était pour souffrir les pires horreurs entre les mains des paysans ?

Mon compagnon était là, lui aussi, et nous nous disions : « Si tu meurs, je meurs aussi, les enfants meurent, personne ne restera pour souffrir entre leurs mains. »

Mais nous avons attendu toute la nuit et il ne s'est rien passé.

Nous avons eu aussi la visite au syndicat de Juan Lechín, qui était à l'époque secrétaire général de la fédération des mineurs. Il est d'abord allé parler avec les prisonniers. Ensuite, il a discuté avec nous et il a essayé de nous convaincre. Il nous a dit qu'il était nécessaire de laisser aller les *gringos* à Catavi pour y communiquer par radio avec La Paz, qu'ils ne pouvaient pas téléphoner du syndicat, qu'il était donc indispensable qu'ils aillent à Catavi, mais qu'ils reviendraient immédiatement. Il voulait que nous lui fassions confiance et il nous disait :

— Regardez mes cheveux, ils sont tout blancs, j'ai tellement souffert, tellement travaillé. Ayez confiance en moi. Les otages doivent y aller, mais ils reviendront. Vous savez bien que je suis un lutteur infatigable, comme les dirigeants qui sont en prison. Vous savez bien tout ce que j'ai connu dans ma vie, mes succès et mes défaites. Camarades, essayez de comprendre la situation.

Au début, j'étais pleine d'admiration pour ce qu'il disait et je pensais que ce serait bien de lui faire confiance. Mais l'attitude de la camarade Jeroma de Romero m'a surprise, elle a été très courageuse. Elle s'est rendu compte de la situation et elle a dit :

— Camarade Lechín, vous savez très bien nous dorer la pilule pour nous la faire avaler. Faites tout ce que vous voulez avec les *gringos,* donnez-leur même des fauteuils en or, mais faites-le ici, à l'intérieur du syndicat et nulle part ailleurs. Oui, vous avez les cheveux blancs, mais le peuple aussi est fatigué, toutes ces défaites, ces prisons, ces luttes l'ont aussi vieilli. Vous savez bien que nous avons pris un engagement et que rien ne nous fera laisser partir les *gringos* tant que nous n'aurons pas ici nos dirigeants. C'est un pacte que nous avons fait avec les travailleurs. Vous savez très bien que les *gringos* sont ici pour que nous puissions les échanger avec les dirigeants et que nous ne les laisserons pas partir avant que les conditions posées ne soient remplies.

Lechín est devenu furieux :

— Comment cela se fait-il que j'arrive à me faire entendre de dix mille travailleurs et qu'ici, avec dix femmes, je n'arrive à rien ?

Et il est parti très en colère. Moi, ce que j'avais vu et entendu m'a paru très important, et aussi ce qu'avait répondu cette camarade avec tant de courage.

Je me suis aussi rendu compte que les *gringos* voulaient nous acheter, ils nous offraient des chocolats, des cigarettes, des bonbons, ils nous invitaient à manger avec eux. Et nous, nous n'avions pas d'expérience, nous acceptions. Moi-même, j'ai plusieurs fois accepté certaines choses, des cigarettes par exemple. Mais, un jour, Jeroma a attiré notre attention là-dessus :

— Qu'est-ce que vous faites ? Nous ne sommes pas ici pour partager quoi que ce soit avec eux. Ce sont nos ennemis. Et cela doit être bien clair dans notre situation. On ne doit rien accepter de l'ennemi.

Et elle nous a fait rendre ce que nous avions accepté.

Il est venu aussi un groupe de femmes manipulées par l'Eglise. Elles voulaient discuter avec nous. Evidemment, à l'époque, l'Eglise était, elle aussi, beaucoup trop dirigée de l'étranger, et elles se sont solidarisées avec les *gringos*. Elles disaient que nous étions des hérétiques, des communistes. Elles pleuraient, elles se désespéraient et elles disaient que, par notre faute, elles allaient souffrir entre les mains des paysans. Nous leur avons répondu avec colère, et elles ont dit :

— Quelle horreur ! Qu'est-ce que c'est que ces femmes-là ?

L'évêque de La Paz est venu lui aussi nous parler. Il était très en colère et il nous a dit que nous devions libérer ces étrangers, qu'ils ne nous avaient rien fait et que nous étions trop prétentieuses. A l'époque, l'Eglise nous traitait mal. Et même, en 1961, quand les camarades ont fait la grève de la faim pour réclamer la libération de leurs maris et pour d'autres raisons aussi, comme justement le fait que le gouvernement nous faisait crever de faim, il nous a excommuniées en disant que nous étions des hérétiques, que nous avions violé la loi de Dieu en observant volontairement une grève de la faim alors que nous avions de quoi manger. Il ne comprenait donc pas que c'était notre dernier recours dans le désespoir où nous vivions.

En tout cas, après avoir parlé avec les camarades, l'évêque nous a promis qu'il allait faire tout son possible à La Paz pour qu'on nous rende nos dirigeants.

La nouvelle de l'arrivée prochaine des paysans d'Ocureña avait terrorisé la population. Les gens emmenaient leurs affaires à Llallagua, ils y louaient des logements. D'autres déménageaient de Llallagua à Uncía, pour être en sûreté plus loin. C'était la panique. Et je crois que c'était, là aussi, un moyen de nous avoir. Heureusement, nos dirigeantes sont restées fermes, elles nous ont maintenues en place. Bien sûr, il y avait des moments où, nous aussi, nous prenions peur, mais en fin de compte nous sommes restées très fermes.

Le camarade Lechín est certainement allé à La Paz pour

expliquer la situation, convaincre nos dirigeants et les obliger à nous écrire. Les dirigeants nous ont donc écrit une lettre. Et leur lettre nous est parvenue, avec leurs signatures que nous connaissions bien. Ils y disaient que les camarades étaient toujours en vie et que nous ne devions pas prendre le risque d'un massacre.

Là-dessus a eu lieu une assemblée des travailleurs, et le syndicat a décidé de rendre la liberté aux *gringos* et à ceux qui étaient retenus avec eux. Nous nous étions engagées à rendre ces hommes quand le syndicat nous le demanderait. Nous avons donc signé un procès-verbal où nous disions que nous rendions les otages « sans qu'il en manque un seul » parce que le syndicat nous le demandait ; que nous avions rempli notre devoir et que nous étions déliées de toute responsabilité ; et que c'était seulement après avoir été remis entre les mains des travailleurs que les otages avaient été remis en liberté.

Et les otages sont sortis. Le groupe des femmes qui nous avaient insultées sont venues à la porte du syndicat pour leur offrir à boire et applaudir les *gringos*. Nous, elles nous injuriaient, elles voulaient nous battre.

Nous nous sommes retrouvées complètement démoralisées, comme si cette défaite avait été la nôtre, puisque tous nos efforts n'avaient pas abouti à l'objectif que nous nous étions fixé, c'est-à-dire l'échange des otages contre nos dirigeants.

On nous a dit que les paysans d'Ucureña étaient effectivement arrivés tout près de Siglo XX, après plusieurs jours de marche, et qu'il avait été très difficile de les convaincre de retourner chez eux sans rien nous faire.

Les dirigeants sont restés en prison très longtemps. On nous a évidemment permis d'organiser une commission pour aller immédiatement à La Paz pour parler avec eux et constater qu'ils étaient vivants et en bonne santé. Nous y sommes donc allées et ensuite, périodiquement, nous avions le droit d'entrer librement dans la prison. Nous avons obtenu leur transfert à la prison de San Pedro qui était plus salubre. Et, chaque semaine, une commission de Siglo XX se rendait à La Paz pour les voir, leur apporter de la nourriture, de la lecture ; car, tout prisonniers qu'ils étaient, nous les considérions toujours comme nos dirigeants. Les autres n'étaient que provisoires, pas plus. Et quand un travailleur partait en vacances, également, la première chose qu'il faisait était d'aller à la prison pour leur rendre visite. Et toujours, toujours, Federico leur donnait une orientation. Il avait sa radio et, avec ce que nous lui apportions à lire, il était au courant des événements. Et il nous parlait sans cesse de nos problèmes, de ce qui allait arriver, de ce que nous avions à faire, comment nous devions garder notre unité. C'est surtout cela qu'il nous répétait.

Enfin, ils sont restés là à peu près un an. En 1964, les travailleurs ont profité du coup d'Etat pour pénétrer dans la prison et les en faire sortir, avec d'autres.

Ce que j'ai vu et vécu dans cette affaire, pendant toutes ces journées que nous avons passées au syndicat avec les otages, cela m'a servi toute ma vie. C'est à partir de cette expérience que j'ai commencé à participer régulièrement au comité des ménagères.

6. Le plateau de Sora-Sora

En 1964, il y avait beaucoup de problèmes, surtout à La Paz. Et on avait pris des mesures très dures contre la classe travailleuse.

Il y a eu une manifestation à Oruro et plusieurs étudiants ont été tués. La secrétaire du comité est allée à l'enterrement avec plusieurs camarades et elle m'a laissée comme secrétaire remplaçante. Et, là-bas, elles ont été arrêtées, battues et emprisonnées.

Alors le gouvernement a voulu prendre les émetteurs des mines pour qu'il n'y ait pas de campagne de solidarité. On nous a annoncé que l'armée était prête à entrer dans les mines. La radio de Huanuni était en liaison avec Siglo XX et elle a demandé de l'aide. Comme d'habitude, les travailleurs de Siglo XX sont allés les aider.

La nouvelle nous est arrivée qu'il y avait eu un affrontement entre les travailleurs et l'armée, qu'il y avait des blessés et qu'un camion chargé de monde avait disparu. Nous sommes allées au syndicat monter la garde pour protéger les biens syndicaux. Les femmes de ceux qui étaient partis porter de l'aide essayaient de vérifier la nouvelle, de savoir qui étaient les morts, qui étaient les blessés.

Nous avons entendu à la radio un communiqué qui disait qu'on avait trouvé l'endroit où se trouvait le camion qui avait ramassé les blessés. Et que l'armée ne laissait passer personne, même pas l'ambulance.

Les gens nous demandaient d'y aller. « Il faut y aller, il faut y aller ! », disaient-ils. Mais nous n'avions aucun moyen de transport. Alors le comité des ménagères a fait une campagne de solidarité auprès de la population civile de Llallagua qui a très bien répondu. Nous avons nommé des déléguées pour aller collecter des vivres, des médicaments, de l'argent. Quand tout a été réuni, nous avons réussi à trouver un camion et nous y sommes montées à dix-sept femmes. Mais le chauffeur n'a accepté de nous conduire qu'avec beaucoup de réticences. Il n'a pas voulu aller jusqu'à l'endroit de l'affrontement et il nous a laissées près de Huanuni. Avant de partir, j'avais nommé une autre secrétaire provisoire qui est restée à Siglo XX.

Arrivées à Huanuni, nous avons appris que les gens de Siglo XX n'étaient pas là et qu'ils étaient beaucoup plus loin en train de se battre sur le plateau de Sora-Sora, après avoir attaqué l'armée par surprise pendant la nuit. C'était extraordinaire parce que les travailleurs n'avaient pas d'armes, seulement de la dynamite.

J'ai rencontré la secrétaire générale des ménagères de Huanuni. Elle était enceinte de sept mois, moi de quatre. Et elle m'a dit :

— Camarade, il y a des blessés et l'armée ne veut pas nous laisser les ramasser. Nous y allons quand même. Montez dans l'ambulance.

Sur la route, en arrivant près de l'endroit où se trouvaient les blessés, on nous a tiré dessus ; ils nous ont fait stopper et ils nous ont crié :

— On ne passe pas !

La dame a dit aux brancardiers d'aller chercher les blessés, mais ils ont refusé. Alors elle leur a crié :

— Sortez vos bâches !

Et elle m'a dit d'en prendre une, moi aussi.

— Ou peut-être que vous avez peur ? m'a-t-elle demandé.

Pour être sincère, j'avais peur car c'était la première fois que je me trouvais devant une chose aussi dangereuse. Je me suis reprise et je lui ai répondu :

— Très bien, madame, allons-y.

Elle m'a donné la bâche. Nous sommes descendues toutes les deux.

— Il faut qu'ils voient bien que nous sommes des femmes, m'a-t-elle dit. Sortez bien vos cheveux.

Elle a attaché une serviette blanche à un bâton. Et, avec ce drapeau, nous nous sommes mises à marcher, à marcher. Elle et moi, dans la plaine. Un coup de feu nous est passé tout près. Il m'a presque rendue sourde.

Elle disait :

— Il ne faut pas montrer que nous avons peur. Il faut continuer à marcher, il faut continuer à marcher.

Nous les voyions qui nous guettaient avec leurs jumelles. Mais nous avons continué à marcher, à avancer toujours et ils ne nous ont rien fait.

Nous avons suivi les traces de sang que nous voyions sur le sol et nous avons commencé à relever les blessés. Mais c'était un travail de titans pour nous deux, seules. Imaginez un peu, elle enceinte, moi enceinte, nous ramassions les corps et nous les emportions jusqu'à un endroit d'où nous pouvions faire signe à l'ambulance pour que les brancardiers viennent les chercher. Et puis nous retournions à nouveau les chercher, l'un après l'autre. L'armée ne laissait pas, elle ne laissait pas l'ambulance avancer plus loin.

Aussi nous nous sommes trouvées complètement épuisées après avoir travaillé une grande partie de la journée. Finalement, les brancardiers nous ont aidées, nous ne pouvions plus continuer seules. Nous sommes allés, un homme et une femme, et l'armée ne nous a plus empêchés.

Quand nous sommes revenues de cet endroit, nous nous sommes rendu compte que les autres camarades avaient préparé à manger et qu'elles étaient en train de servir ceux de Huanuni, mais pas ceux de Siglo XX qui étaient dans la montagne. Alors je leur ai dit qu'il ne fallait pas servir à manger là. Nous sommes retournées en camion à Sora-Sora, aussi loin que la route le permettait. Ensuite, nous avons escaladé à pied les hauteurs où les camarades montaient la garde pour empêcher l'armée d'avancer.

Complètement épuisées, nous sommes redescendues et nous avons regagné Huanuni. Les camarades nous avaient chargées d'aller demander de l'aide, de chercher de la dynamite parce que celle qu'ils avaient avec eux arrivait à épuisement. Mais, à Huanuni, on ne nous a pas écoutées et personne n'est parti pour les remplacer. Et comme ils étaient à bout, les travailleurs sont finalement revenus à Huanuni pleins de déception.

Il y avait un camion qui avait suivi l'armée de très près, et voilà que tout à coup, quand l'armée est revenue sur ses pas, les camarades se sont rendu compte qu'ils étaient seuls. Et ils ont fait demi-tour. Mais, sur la route, ils ont rencontré beaucoup de travailleurs qui leur ont demandé de les laisser monter. Aussi le chauffeur du camion est retourné trois fois sur le plateau et il a ramené trois fois à Huanuni son camion plein de travailleurs. Les camarades avaient soif, ils avaient faim, et il n'y avait pas de thé, pas d'eau. Il était près de minuit. Nous étions dans le local du syndicat de Huanuni. Alors le dirigeant de Huanuni nous a dit, à nous les femmes :

— Camarades, il est possible que l'armée entre cette nuit et recherche tous ceux qui étaient sur la montagne. Aussi je préfère que vous alliez à l'hôpital. Nous y avons réservé des lits. Le mieux est que vous y alliez pour vous reposer. Ce n'est pas possible que vous ayez tant travaillé et que, maintenant, il vous arrive quelque chose.

C'est ce qui nous a paru le plus correct, le plus prudent, et nous sommes allées dormir à l'hôpital.

Le jour suivant, nous avons demandé au directeur de l'hôpital de nous aider et nous avons préparé à déjeuner pour tous les camarades de Siglo XX qui étaient à Huanuni. Nous avons emprunté une quantité de récipients. Et, bien sûr, le personnel n'avait pas confiance. Nous avons donc laissé trois dames de notre groupe en caution ; elles devaient demeurer là jusqu'à ce que nous revenions avec tous les ustensiles prêtés. Ensuite comme nous avions l'argent que nous avaient donné les gens de Llallagua, nous sommes allées à la boulangerie. Nous avons acheté tout ce que nous pouvions. Et, de bon matin, nous sommes allées à quatorze femmes servir le déjeuner de nos camarades. Il fallait voir comme ils étaient heureux...

Nous sommes allées à l'hôpital visiter les blessés, voir ceux qui pouvaient être transférés à Siglo XX et ceux qui n'étaient pas transportables. Et, là, nous en avons retrouvé plusieurs que nous croyions morts, mais que nous avions ramassés quand même, malgré la gravité de leurs blessures. Il y en avait même un qui, depuis, a été dirigeant jusqu'à tout récemment.

L'armée n'est pas entrée cette nuit-là. Il y avait déjà beaucoup de problèmes à La Paz. Et, quelques semaines plus tard, il y a eu un coup d'Etat et le président Paz Estenssoro a dû quitter le pays.

7. « Les travailleurs sauront se sacrifier... »

Le 4 novembre 1964, le général Barrientos a pris le pouvoir. Les dirigeants de la classe travailleuse, qui voyaient les choses, ont commencé à dire que Barrientos était un militaire et qu'il ne fallait pas avoir confiance en lui. Ils ont commencé à orienter les gens sur cette base. (Ou bien, simplement, le peuple manifestait déjà son mécontentement d'un gouvernement qui n'était pas populaire, qui n'était pas pour sauver la Bolivie.) Et ils ont annoncé que le peuple allait être attaqué. (Ou bien, simplement. les gens savent très bien se rendre compte quand un gouvernement est dirigé contre le peuple ou quand il est imposé d'en haut. Et s'il s'est imposé d'en haut, il n'y a aucune raison de lui faire confiance.)

Et Barrientos est venu avec l'armée à Siglo XX. Ils ont fait marcher la sirène du syndicat, et les soldats sont venus nous chercher presque jusque dans nos maisons et nous ont menés sur la place. Et, là, Barrientos s'est lancé dans un discours :

— Pourquoi est-ce que vous me calomniez avant de connaître mon gouvernement ?... Je vais faire beaucoup de choses bien... Mais oui, la Comibol est en crise, et il faut que tous les Boliviens sachent se sacrifier... Je fais don de la moitié de mon salaire et tous les militaires font la même chose... Et pourquoi ? Pour aider les mineurs, parce que la Comibol est en crise. Et ce n'est pas ma faute à moi si nous sommes dans cette situation... C'est parce que Paz Estenssoro a fait faillite... C'est pour cela que plus de 35 000 travailleurs vont se retrouver à la rue. Et qu'est-ce qui va se passer alors ?... Cela va être le chaos, la fin de la Bolivie !... Comment cela est-il possible ?... Je suis sûr, moi, je suis sûr que les travailleurs sauront se sacrifier... Pendant une année, juste une année, je vais prendre la moitié de vos salaires, et quand la Comibol aura bien reconstitué son capital, nous le rendrons. Et s'il y a des bénéfices, ils seront partagés entre vous...

De la manière dont il parlait, il donnait réellement l'impression que la Comibol était en train de s'écrouler. Il disait qu'il fallait qu'on paie, que si on ne payait pas, on allait la paralyser. Et, comme cela, des tas de choses. Et il y en avait pour commenter :

— Si c'est comme ça... Comment sauver notre entreprise ? Nous avons peut-être jugé trop vite... Il vient seulement d'entrer au gouvernement...

Et le décret sur la baisse des salaires est sorti. Mais quand la nouvelle est arrivée, tout le monde a été mécontent. Le comité des ménagères a fait, lui aussi, son communiqué : comment pouvait-on prélever une part aussi importante sur un salaire qui était déjà aussi réduit ?

Ensuite sont venues diverses mesures attentatoires à notre économie. Cela se passait en mai 1965.

Et les protestations ont commencé, les manifestations. Alors ceux du gouvernement se sont mis à prendre des mesures contre les dirigeants.

D'abord, ils ont arrêté Lechín, ils l'ont exilé au Paraguay. Et, bien sûr, la fédération des mineurs a déclenché une grève générale.

Alors nous est arrivé un ultimatum : « Tous les dirigeants doivent partir. » Et il ajoutait que s'ils ne partaient pas, l'armée irait les chercher. Et qu'il y aurait beaucoup de sang.

Finalement, l'armée est entrée dans les mines et elle a obligé les dirigeants à partir.

Il nous a fallu faire partir nous-mêmes Federico Escóbar, de force. Lui ne voulait pas s'en aller. Nous sommes allés lui expliquer qu'ils voulaient le tuer, qu'il fallait qu'il s'en aille. Et il nous disait : « Je vais me mettre dans la mine, et qu'ils me sortent de là s'ils le veulent. Je ne m'en irai pas. » Mais les gens savaient que si Escóbar entrait dans la mine, ils sauraient l'attraper et ils le tueraient. Et, bien sûr, nous ne voulions pas perdre un homme comme lui. Et ses camarades lui ont montré aussi qu'un camarade libre était préférable à un prisonnier, et plus encore un camarade vivant à un mort. Nous avons demandé à la paroisse de nous aider et ils ont fait sortir Escóbar en cachette.

Ils ont donc expulsé les dirigeants du syndicat, les journalistes de la radio « La Voix du mineur », les maris et les femmes qui étaient dirigeantes du comité des ménagères. Cela faisait plus de cent personnes. Et ils les ont tous embarqués en avion pour l'Argentine.

Et ils ont commencé à désarmer le peuple. Par exemple, chaque travailleur qui rendait son arme, ils lui donnaient une médaille ou quelque chose comme ça. Ce n'est pas qu'il y avait beaucoup de travailleurs qui possédaient une arme. Oh non !... S'ils en avaient eu ! Les seuls à en avoir, c'étaient ceux de ce groupe du M.N.R. qui formaient sa milice armée. C'est dire qu'ils étaient bien peu nombreux ceux qui avaient une arme.

Si les dirigeants n'étaient pas partis à ce moment-là, il y aurait vraiment eu beaucoup de morts, il aurait coulé beaucoup de sang ! Nous n'avions pas d'armes, nous. Avec quoi nous serions-nous défendus ? C'est à tout cela qu'ont pensé les mineurs.

8. Les massacres de septembre

Après la déportation des dirigeants en Argentine, les ouvriers, et plus particulièrement les trotskystes, se sont organisés en une sorte de syndicat clandestin. A sa tête, comme secrétaire général, se trouvait Juan Camacho ; il dirigeait l'activité syndicale de l'intérieur même de la mine. Les gens du gouvernement le recherchaient parce qu'ils avaient découvert qu'il dirigeait le réseau clandestin.

Un jour, le 18 septembre 1965, Camacho est allé rencontrer des gens devant la porte du syndicat. C'est là qu'ils lui ont mis la main dessus. Et, pour pouvoir le prendre, ils ont dû en arrêter beaucoup d'autres, ils ont aussi tué des étudiants, plusieurs femmes. Parce qu'il y a eu un affrontement, les gens ont essayé de le défendre. Cela s'est passé un samedi. Camacho a disparu.

Le dimanche, on a enterré les morts et, le lundi, les travailleurs sont retournés à la mine. Ceux du syndicat clandestin ont dit aux mineurs : « Regardez ce qui se passe... Nous ne pouvons pas permettre que ça en reste là... »

Les travailleurs ont réagi, parce qu'il n'était pas juste que l'armée tue comme cela tellement de gens. Ils ont décidé de sortir pour une grande manifestation de protestation. Et ils se sont aussi armés : ils ont pris de la dynamite dans les magasins de l'entreprise.

Mais l'armée avait été renseignée. Elle avait déjà posté des soldats avec leurs mitraillettes et des mitrailleuses dans l'entrée de la mine. Et, tout autour, les soldats montaient la garde pour qu'aucun mineur ne puisse sortir.

Toutes les communications ont été coupées. Les interphones, les téléphones, tout. Les femmes voulaient prévenir les mineurs de ce qui se passait, leur dire de ne pas sortir, que les soldats les attendaient à la porte de la mine pour les « nettoyer », leur dire qu'il y avait des armes partout. Nous étions désespérées, nous voulions comuniquer avec l'intérieur de la mine, mais nous ne pouvions pas.

Nous avions peur et nous pensions : dans un instant, les travailleurs vont sortir et ceux de l'armée vont les balayer avec leurs armes.

Mais, heureusement, les travailleurs se sont rendu compte de la situation. Je ne sais pas par quel moyen ils ont pu tout savoir. Et ils sont sortis par en haut, par le puits de la Colline bleue, à l'opposé de Siglo XX. Et, d'en haut, ils ont pris l'armée par surprise. Il y a eu un affrontement où les travailleurs se sont défendus avec beaucoup de courage ; ils n'avaient que de la dynamite et les soldats avaient des armes très modernes.

Nous pensions que nous avions la situation en main et cela se calmait quand le pire est arrivé : des avions sont venus nous mitrailler. C'est la première fois que nous avons vu ce que savait faire un avion, se mettre en piqué, passer en rase-mottes, et les petits rayons de lumière qui partaient de l'avion, c'étaient des balles qui nous tombaient dessus...

Ils ont ainsi mitraillé la place du Mineur, Catavi, les terrils. Les balles venaient de tous côtés comme des rayons lumineux. Et ils ont tué beaucoup, beaucoup de gens. Ils ont aussi attaqué les ambulances, chose qu'on ne peut faire dans aucune guerre, dans aucun combat, c'est un délit international, non ? Il y avait beaucoup de morts, et les blessés étaient si nombreux que l'hôpital de Catavi n'a pu les prendre tous.

Cette année-là, je venais d'être nommée secrétaire générale du comité des ménagères et j'étais une citoyenne moyenne, je ne me rendais pas très bien compte de la situation, je m'orientais assez mal. Mais j'avais vu le massacre, ça oui. Et j'avais vu comment, par exemple, les agents du ministère de l'Intérieur se mettaient dans les ambulances, déguisés en brancardiers, et ensuite ils photographiaient les gens qui étaient là à attendre les blessés. Et quand le massacre a été fini, ils se sont servis de ces photos pour la répression. Ils les montraient aux agents de Siglo XX et ils leur demandaient : « Où vit celui-là ? » Et ils partaient le chercher. Et, au collège aussi, ils ont pris tous les jeunes dont ils avaient la photo. Ils les ont tous emmenés prisonniers. Ces arrestations ont été terribles. Terribles ! Cela a été atroce. Tout cela a été l'œuvre de Zacarias Plaza. C'est lui qui commandait l'occupation des camps.

Zacarias Plaza, c'est un militaire qui a gagné beaucoup, mais alors beaucoup d'argent et de galons pour avoir massacré un si grand nombre d'ouvriers à Siglo XX. Mais en 1970, après avoir essuyé plusieurs attentats, Zacarias Plaza est mort. Un matin de la fête de la Saint-Jean, à Oruro, un groupe qui disait s'appeler « L'Œil de l'aigle » l'a fait apparaître en public... mais mort. J'ai appris cela par la presse. Et on y disait que tout ce qui était arrivé à Zacarias Plaza était une vengeance pour ce qu'il avait fait à Siglo XX. Et que c'était là le sort qui attendait tous ceux qui ont massacré le peuple.

Les deux massacres, celui de septembre 1965 comme celui de la Saint-Jean de 1967, c'est à Zacarias Plaza que nous les devons. Il commandait tout. Et il se moquait de nous : « Si vous ne savez pas danser, pourquoi voulez-vous entrer dans le bal ? Vous y êtes maintenant ! Alors dansez ! » Et il donnait l'ordre du massacre.

Voilà donc l'armée victorieuse qui est entrée dans les mines, parce que nous n'avions pas d'armes, nous n'avions rien pour nous défendre. Et ils ont commencé à perquisitionner maison par maison et à faire sortir tous les hommes.

On les entendait à la radio : « Nous voici maintenant au nord, nous voici au sud, nous faisons le grand nettoyage des rouges, de ces lâches... » Et ainsi de suite. Oui, pour eux, nous étions tous des « rouges ».

Et il est arrivé des choses très tristes. Par exemple, à Catavi, il y avait une maison où le mari était parti en voyage parce que c'étaient ses vacances. Avec toute cette confusion partout, les coups de feu, les combats, la femme avait caché ses *wawas* sous le lit comme nous faisons ici dans ces cas-là. Chez nous, quand on entend tirer, on dit qu'il faut toujours mettre les enfants sous le lit et les entourer avec les matelas pour empêcher les balles de passer. Les balles se perdent dans la laine et les *wawas* ne sont pas blessés. Alors, bon, c'est ce qu'ils ont fait dans ce foyer-là : ils ont mis les *wawas* sous le lit, et quand les soldats ont frappé à la porte, leur maman n'a pas voulu ouvrir. Alors ils ont enfoncé la porte et ils sont entrés. Les petits pleuraient et les soldats ont dit :

— Il y a quelqu'un sous le lit. On compte jusqu'à trois pour qu'il sorte.

Mais les enfants avaient peur et ils ne sont pas sortis. Et, eux, ils ont compté :

— Un, deux, trois.

Et la maman a crié :

— Mais ce sont seulement mes enfants ! S'il vous plaît...

L'homme avait déjà donné l'ordre d'armer les fusils, la femme s'est levée pour le supplier et il a cru qu'elle voulait le désarmer, et alors... pan ! pan ! il a sorti son pistolet et tué la dame. Et les autres aussi, ils ont tiré. Nous qui sommes allés voir après, nous avons bien vu qu'il n'y avait là que des enfants. Quand le mari est revenu, il n'avait plus de femme, il n'avait plus d'enfants, sauf sa fille aînée qui avait été amputée des deux jambes. Tous les autres sont morts sur le coup.

Il est arrivé la même chose dans une autre maison. Elle était fermée et ils ont frappé à la porte. La femme est allée leur ouvrir et... pan ! pan ! ils lui ont tiré dessus. Elle est morte sur place.

Il y avait un ouvrier qui était en train d'escalader le terril quand un soldat est entré dans ma maison ; il s'est mis en position de tir et il a commencé à lui tirer dessus. Alors l'ouvrier s'est abrité, bien sûr, il s'est couché, et nous avons pu le voir rouler sur lui-même, rouler jusqu'en bas du terril.

Et un autre ouvrier encore, qui ne s'était jamais mêlé de rien, qui n'allait jamais aux assemblées, il se tenait comme ça, à la porte de sa maison, mais il ne voulait pas sortir.

— Mais, monsieur, je n'ai rien fait ! disait-il.

Et les soldats :

— Lâche ! Sortez donc de là ! et ils l'ont terriblement battu.

Ils ont commis des abus de toute sorte.

Et tout Siglo XX a été déclaré zone militaire. L'état de siège a été établi et nous n'avions plus le droit de sortir après huit heures du soir. Les w.-c. par exemple, qui sont publics parce que nous n'en avons pas dans nos logements, il fallait y aller escortés par les soldats. Et quand j'y allais avec mes enfants, c'était pareil : les soldats. C'était pire qu'un camp de concentration !

Toutes les nuits, vous aviez un soldat devant votre porte. C'était comme ça pour tous les logements du camp. C'est pour cela que je dis : c'était une zone militaire. Le camp était tellement plein de militaires qu'à chaque porte, au moindre bruit, ils criaient : « Qu'est-ce qui se passe ? » Et alors il fallait que vous leur disiez, par exemple : « S'il vous plaît, monsieur, je veux aller aux toilettes. Je vous en prie. » Alors seulement ils vous laissaient ouvrir votre porte. Il fallait que vous alliez aux w.-c. avec le soldat, que vous en reveniez avec lui et que vous refermiez votre porte. Pour la lumière, pareil : à partir de telle heure, tout devait être éteint. Sinon ils tiraient en l'air, ou un soldat vous criait : « La lumière devrait être éteinte ! Pourquoi est-elle allumée ? » C'est pour cela que je dis : Siglo XX à cette époque, c'était pire qu'un camp de concentration.

Quelques jours après le massacre, le régiment Manchego * est arrivé à Santa Cruz. Il était composé de soldats originaires de l'est de la Bolivie ; ce sont des gens qui ne connaissent pas l'Altiplano et on leur avait dit :

— Nous partons pour Cochabamba.

Les pauvres, ils n'avaient jamais quitté Santa Cruz et, quand ils sont arrivés à Uncía, ils étaient tout tremblants. Ils ont dit :

— Oh ! Mais alors, à Cochabamba, il fait très froid, non ?

C'est ce que nous ont raconté certains de ces garçons qui sont devenus ensuite nos amis.

En arrivant ici, on leur a dit :

— Eh bien, voilà ! Vous êtes à Siglo XX. Vous êtes dans la Bolivie rouge. Ici, il n'y a que des communistes. Ici il faut vous méfier de tout le monde. Vous ne devez parler avec personne, même pas avec les enfants. Parce que ces enfants, ils savent se servir de la dynamite. Et si on les laisse faire, c'est vous qui allez

* A l'époque où se situe cette partie du récit, c'est-à-dire avant la guérilla du Che, le régiment Manchego n'était formé que de troupes régulières, d'appelés. Par la suite, il a été transformé en une unité de rangers : troupes spécialisées dans la contre-insurrection, entraînées et équipées par le Pentagone. Le régiment de rangers mentionné dans les pages suivantes est celui de Challapata, agglomération voisine de Siglo XX.

sauter, mais alors sauter si fort que nous ne pourrons même pas vous ramasser à la petite cuillère.

C'est comme ça qu'ils les ont terrorisés. Et, le matin même, ils les ont collés à l'opération « nettoyage ». Ils entraient dans toutes les maisons du camp. Ils fouillaient tout et ils cassaient tout. Même les lattes du plancher, ils les arrachaient.

— Vous avez des armes ? Vous avez de la dynamite ? de la propagande communiste ? de la propagande politique ?

Mais alors, qu'est-ce qu'ils n'ont pas fait, qu'est-ce qu'ils n'ont pas demandé ! C'était ça, le « nettoyage ». Et nous, nous ne pouvions rien faire, le moindre paquet était suspect. Parce que, pour eux, nous étions toujours en train de « transporter des armes ».

Ce matin-là, je suis venue à la *pulpería* et un soldat m'a arrêtée.

— Halte ! madame, laissez-moi regarder, laissez-moi voir. Qu'est-ce que vous portez là ?

Et il a tout fouillé. Et après avoir constaté que c'était tout pour la cuisine :

— Bon, vous pouvez circuler.

Et c'était comme cela avec tout le monde.

Et puis voilà qu'à l'heure du déjeuner les gradés sont partis manger. Et ils ont laissé les soldats en sentinelles devant nos portes, à l'endroit où ils en étaient arrivés de leur opération « nettoyage ». Et comme ils n'avaient rien mangé depuis la veille, ces garçons mouraient de faim.

Alors voyez comment est le peuple : on le tue, on le fusille... le sang coule partout. Et puis le feu cesse... et voilà les femmes qui sortent pour donner du pain aux soldats.

Quelle rage cela m'a donné, quelle rancœur ! Je leur disais :

— Mais comment ?... Comment, c'est presque comme si vous leur disiez : merci d'être venus pour nous tuer comme des chiens !

Et elles, elles me répondaient :

— Mais non, madame ! Ceux-là, ils sont comme nos enfants !... Ils sont comme nos propres enfants ! Ce sont ceux d'en haut qui commandent, madame. Ceux-là ne sont pas coupables. Et peut-être que demain il se passera la même chose pour mon fils, quand il aura l'âge du service : peut-être qu'on lui donnera l'ordre de tirer sur le peuple. Comment lui refuser un morceau de pain ?

Tout le monde avait cette réaction-là. Alors je les ai compris.

Quel grand cœur que celui de mon peuple ! Il est comme ça !... Et pourquoi cette furie pour le massacre ? Comme ces gens sont horribles ! Comme ces gens sont mauvais ! Comment peuvent-ils faire ça à mon peuple ?

Et voilà qu'une femme a reconnu l'un des soldats, c'était son neveu. Elle est allée l'embrasser et elle lui a donné à manger. Mais le garçon ne voulait rien prendre. Et il a raconté à sa tante qu'on leur avait dit qu'à Siglo XX on allait les empoisonner. Il avait très peur. Et tous les autres étaient comme lui. Ils leur avaient fait peur pour qu'ils ne s'approchent pas de nous. Mais, petit à petit, ils ont commencé à accepter ce que nous leur offrions. Et tout le monde leur donnait à boire.

Quand ils sont revenus dans leurs quartiers, les Manchegos ont commencé à questionner les rangers :

— Quelle folie vous a pris de tuer ce peuple qui est si bon ? Ils partagent tout avec nous... Ils nous traitent tous très bien... Vous êtes des sauvages ! Vous ne pouviez donc pas voir la vérité dans tous ces événements ?

Ces conversations sont revenues aux oreilles des officiers de l'armée d'occupation. Alors, en punition, ils ont envoyé les Manchegos sur le sommet de la montagne. Ces soldats n'avaient que leurs vêtements de l'est, et là-bas il fait très chaud ; ils n'étaient pas habitués, en plus, au climat glacial de l'Altiplano et beaucoup sont morts de froid. Les survivants ont été transférés ailleurs. Que s'est-il passé ensuite ? Je n'en sais rien.

Chez moi, trois Manchegos s'étaient liés d'amitié avec nous. Et, pendant les jours où ils stationnèrent ici, ils frappaient parfois à la porte :

— Madame, est-ce que vous pouvez nous inviter à déjeuner, s'il vous plaît ? Aujourd'hui, nous avons permission et nous ne savons pas où aller.

Et bla bla bla... Nous nous mettions à discuter de la situation. Nous sommes même allés jusqu'à faire des échanges avec leurs familles. Les soldats nous donnaient des châtaignes que leur envoyaient leurs parents, et nous, nous envoyions à leurs familles des choses que nous avions, par exemple des boîtes de conserves, des pâtes.

Tout le monde savait faire la différence entre les Manchegos et les rangers. Tout le monde haïssait les rangers, ces « bérets verts » entraînés spécialement pour combattre les guérillas ; ils suivaient une préparation sur le modèle fasciste et c'étaient eux les auteurs du massacre. Par contre, les Manchegos n'avaient pas suivi cette préparation, c'étaient de simples appelés. Qu'a-t-il pu se passer quand ils ont été transférés ?

Quelque temps plus tard, une commission composée d'universitaires, de la presse, de gens de l'Eglise est venue de l'extérieur pour savoir « ce qui s'était passé en septembre ». Or, comme d'habitude, le gouvernement se faisait passer pour une victime et nous montrait comme les coupables de tout.

Cette commision est donc arrivée. Mais la répression était si forte que personne ne voulait parler. Personne ne bougeait. Personne. Je me rappelle très bien, ils nous ont lancé des appels à la radio pour que nous venions témoigner. Mais aucun travailleur ne se décidait à parler. Tous restaient muets, absolument tous.

Je me trouvais là avec mon compagnon et il m'a dit que, lui non plus, il ne parlerait pas :

— Tu vois bien qu'ils ont licencié mes camarades ; moi aussi ils m'ont licencié, et notre famille est tellement nombreuse (à l'époque mes deux sœurs étaient encore avec moi), il faut bien réfléchir à tout cela. Tu ne vas pas parler.

J'écoutais, j'écoutais les gens de la commission... Et je me désespérais de ce que personne ne puisse parler, ne puisse rien dire, malgré la douleur et l'angoisse qui nous étreignaient. Mais on ne pouvait pas parler à cause de cette peur qui nous tenait tous, vous comprenez ? Cela me faisait de la peine, cela m'angoissait. Je disais :

— Parlez, mais parlez donc !

Et, en me retournant, j'ai vu une femme qui était là avec ses deux petits enfants, elle pleurait parce qu'on lui avait tué son mari. Alors je lui ai dit :

— Mais, madame, arrêtez de pleurer ! Levez-vous et témoignez qu'ils ont tué votre mari.

La femme m'a regardée et elle m'a dit :

— Mais, madame... Mais c'est pourtant toi notre présidente. Parle-donc, toi... Tu es ménagère. Parle donc.

Cela m'a fait réfléchir sur mon rôle de dirigeante :

— Oui, c'est vrai, je suis dirigeante... Je suis en train de demander à d'autres de parler et moi je ne dis rien...

Les autres personnes qui avaient entendu la dame m'ont dit aussi :

— Parlez, parlez donc...

Alors je me suis levée et je me suis mise à parler. J'ai témoigné sur tout ce qui était arrivé. J'ai expliqué tout notre problème, que nous avions voulu qu'on nous rende notre salaire et que c'était cela que nous avions demandé. Mais que la répression avait été tragiquement brutale. Et j'ai parlé de toutes les choses que j'avais vues, y compris les ambulances attaquées. Et je leur ai dit qu'ils devaient faire connaître cette situation dans le monde entier.

Quand j'ai eu fini, je me suis assise. Et, bien sûr, mon compagnon n'était plus à côté de moi. Mais beaucoup de travailleurs m'entouraient. Certains avaient encore vu d'autres choses et ils me soufflaient « Il y a encore telle chose qui s'est passée... » Et moi je répétais ce que me disaient les camarades. Et, finalement, ils m'ont tous entourée, ils m'ont tous embrassée et ils me disaient :

— Comme c'est bien que tu ne sois pas partie... que tu ne nous aies pas abandonnés.

Et il y en a un qui m'a dit :

— Maintenant, je comprends que c'est nécessaire que la femme participe à tout.

A ce moment-là, j'ai ressenti un grand bonheur en voyant la solidarité que me témoignaient les compagnons. Parce que j'avais parlé pour eux, moi, et cela devant la presse, la radio, toutes ces commissions qui étaient venues de La Paz, de Cochabamba, de l'étranger.

Et cette fois-là, bien que j'aie parlé, il ne m'est rien arrivé et à mon mari non plus. Et le résultat, c'est que tout le pays s'est solidarisé et à envoyé des secours pour les veuves.

Et le plus grotesque, c'est que l'armée elle-même a apporté du ravitaillement et l'a distribué. Ce sont des choses qui font mal, oui mal. Mais ça s'est passé comme ça. Après avoir massacré, l'armée a distribué des vivres. Et le pire, c'est que les gens vivent tellement misérablement, il y en a eu beaucoup qui ont fait la queue, qui se sont battus pour avoir ces vivres. Comme c'était humiliant et douloureux de voir ça ! Je me rappellerai toujours. Ils avaient tué tellement de monde, et puis les voilà qui venaient nous faire taire avec un morceau de pain, une boîte de sardines. Ce n'était pas juste, non ? Comme ç'aurait été beau de tout refuser et, même s'il avait fallu mourir de faim, de ne rien accepter, rien ! Mais, malheureusement, ça ne s'est pas passé ainsi. C'était très triste de voir ces queues, ces gens qui se bousculaient, qui se battaient pour un peu de riz, une petite boîte de lait...

En 1970, un congrès des travailleurs de la mine s'est tenu à Siglo XX. A cette époque, c'est le général Ovando qui était au pouvoir ; Barrientos s'était tué en 1969 dans un accident d'hélicoptère. A ce congrès, nous avons demandé, entre autres choses, l'indemnisation des veuves et des bourses d'études pour tous les orphelins des massacres. Mais rien n'a été fait. Nous avons rappelé que le général Barrientos avait laissé une grande fortune, des milliers et des milliers de dollars. J'ai dit aux mineurs qu'il fallait, par exemple, exproprier cet argent et le distribuer aux victimes de ses massacres et de sa répression. Mais, là aussi, c'est resté sans suite.

9. Les « palliris » du terril

Il y avait à cette époque beaucoup de femmes sans travail, plus particulièrement des veuves de travailleurs morts à la mine ou dans les massacres. Ce chômage était si terrible que, chaque jour, de nombreuses femmes venaient au syndicat, à la direction de la mine demander du travail. Parmi elles se trouvaient aussi mes deux sœurs. Elles y allaient chaque jour. Et chaque jour elles revenaient sans réponse.

Alors j'ai été chargée de les organiser dans un comité de chômeuses, ou quelque chose comme ça. Et nous avons commencé à faire un recensement. Nous avons pu constater, par exemple, qu'il y avait des familles qui n'étaient pas des familles nombreuses et où le mari et la femme travaillaient. Et il y avait des veuves avec six ou sept enfants qui n'avaient aucune ressource économique. Cela ne nous paraissait pas juste. Alors nous avons un peu tâté les personnes qui étaient dans cette situation et nous avons organisé ce comité pour pouvoir enquêter un peu. Nous prenions note de tout ce que nous rencontrions. Et nous avons présenté tout ce que nous avions noté à la direction et nous avons dit au directeur que cela ne nous paraissait pas correct qu'il y ait des femmes qui meurent faute d'un morceau de pain, pendant que d'autres avaient du travail et que leur mari était lui-même employé par l'entreprise.

Nous avons tellement discuté que le directeur nous a écoutées. Et il a envoyé des lettres de licenciement à neuf personnes qui n'avaient pas besoin de tout ce travail ; en même temps, il devait engager neuf de celles qui avaient été organisées dans le comité de chômeuses et qui avaient besoin de ce travail. C'était en majorité des jeunes, c'étaient elles qui avaient fait tout le travail et constitué le dossier pour la direction. Mais voyez ce que peut faire le manque de travail. Dès qu'elles ont appris cela, les veuves se sont réunies et elles ont appelé les sections où avaient été leurs maris à l'aide, et les sections ont envoyé des lettres au directeur pour dire que les plus nécessiteuses étaient les veuves. Alors, bien sûr, nous avons dû faire un compromis et ce sont neuf veuves qui sont entrées dans l'entreprise. Les jeunes se sont retrouvées démoralisées, mais nous ne pouvions pas aller à l'encontre d'une décision des travailleurs.

Et quand on a su que neuf veuves avaient trouvé du travail, notre liste de quarante personnes est montée rapidement à deux cents. Il y avait des femmes qui nous cherchaient toute la journée, rien ne les décourageait, elles venaient me voir chez moi pour me dire : « Madame, moi aussi je suis veuve. » Et elles me racontaient en pleurant comment elles vivaient avec leurs enfants. « Après tout ce que mon mari a travaillé pour l'entreprise, après tous les sacrifices qu'il a faits, voilà où nous en sommes... » Et ainsi de suite. C'était un terrible bouillonnement. Tous les problèmes qu'elles venaient me raconter... c'était à chaque fois une douleur affreuse ! Je les notais tous, et nous continuions ainsi à chercher des solutions. Nous continuions à aller à la direction pour savoir où en était la situation. Le directeur nous a dit qu'il allait essayer de résoudre la chose d'une manière ou d'une autre, que peut-être il faudrait que nous créions des coopératives.

Un jour qu'elles étaient complètement désespérées, les filles se sont mises à pleurer et elles ont dit qu'elles étaient prêtes à faire n'importe quel travail. Faire tant de chemin pour ne rien obtenir ! Elles étaient à bout. Alors elles sont entrées à la direction et elles ont dit au directeur :

— Monsieur, si vous ne réglez pas notre situation, nous allons faire la grève de la faim. Quelle importance cela peut avoir pour nous de mourir puisque de toute manière notre situation est insoutenable !

Alors il leur a demandé :

— Est-ce que vous êtes prêtes à faire n'importe quel travail ?

— Oui, n'importe lequel.

— Bon, alors nous avons un plan. Revenez donc demain. Nous vous l'exposerons.

Le jour suivant, quand nous sommes revenues, ils nous ont dit que nous pouvions aller travailler sur le terril. C'était ça leur plan.

Le terril, c'est comme une montagne qui a été faite avec les pierres qui ont été extraites de la mine en même temps que le minerai. Au début, quand on a commencé à exploiter la mine, la pierre que l'on sortait était toute noire comme du charbon, c'était du minerai de très haute teneur. A l'époque, on ne gardait donc que le minerai pur, et certains blocs qui étaient composés moitié de minerai, moitié de pierre, on les jetait purement et simplement. Cela avait fini par faire comme une montagne. Il y avait donc encore une bonne veine dans le terril et c'est là-dedans qu'il fallait trier.

Le travail qu'ils nous demandaient était le suivant : les filles devaient soulever ces pierres, trier celles qui contenaient du minerai, les mettre dans des sacs, aller à la *chancadora*, la broyeuse, les faire concasser et les livrer à l'entreprise. Et les filles seraient payées par l'entreprise au nombre de sacs livrés. On ferait un essai de trois mois, et ensuite on ferait un contrat de travail.

Le directeur m'a demandé :

— Il y a combien de personnes qui demandent du travail ?

— Deux cents.

— Alors nous pouvons faire un contrat aux deux cents. Dites-leur de venir et nous parlerons.

Je les ai toutes fait appeler. Je leur ai tout expliqué. Et beaucoup d'entre elles, surtout les veuves, ont dit :

— Ah ! non, sur le terril, non. Non et non. Nous ne voulons pas. Nous ne sommes pas des *palliris* *.

C'est ainsi qu'on nomme ceux qui ramassent le minerai : les *palliris*.

Les filles avec lesquelles nous avions cherché du travail depuis le début sont restées. Aucune n'a abandonné le groupe. Et elles se sont mises à travailler. Elles revenaient chaque jour rompues,

---

* Mot aymara pour désigner celui qui ramasse.

les mains arrachées. Arrachées parce qu'il fallait tout faire à la main : ramasser le minerai, le trier, le mettre dans des sacs. Tout, tout à la main. Et leurs mains saignaient.

Elles ont travaillé comme cela un mois et elles ont été payées 400 pesos chacune. Quelle gloire pour elles ! Il fallait voir comme elles étaient toutes heureuses. Elles arrivaient chez moi en courant dès qu'elles avaient reçu leur salaire et elles disaient : « Nous en avons sorti pour 400 pesos ! Ils nous ont payées, madame ! » Et elles se sentaient heureuses, car c'était un changement important après tant de sacrifices.

Evidemment, tout le monde a su que les travailleuses du terril avaient gagné 400 pesos pour leur premier mois, et les autres femmes ont voulu aussi y travailler. Et, du coup, il y en a eu cinq cents qui sont allées à Catavi pour demander à la direction de travailler.

La direction a dit qu'elle ne pouvait pas les accepter toutes immédiatement, mais qu'elles pouvaient augmenter le groupe de cent personnes par mois. Nous avons donc fait une liste, et cent par cent, mois après mois, quatre cents femmes de plus se sont mises à travailler comme *palliris*. Mais, au fur et à mesure que le nombre des travailleuses augmentait, ils diminuaient le salaire des premières arrivées : le second mois, ils n'ont payé que 300 pesos, le troisième 200 et finalement 180.

Les mois d'essai étaient écoulés et le moment était venu de légaliser les choses. Avec M. Ordoñez, qui était à l'époque le secrétaire général du syndicat, nous sommes allés discuter avec la direction. Nous avions fait un plan pour un contrat collectif avec l'entreprise. Nous disions que, après avoir fait les trois mois réglementaires de travail à l'essai sur le terril, le principal c'était que les travailleuses soient engagées comme des ouvrières de l'entreprise, avec les droits que cela comportait, avantages sociaux, *pulpería* à prix réduits, assistance médicale, etc. Et que si nous n'obtenions pas cela, nous saurions agir. Et nous étions un groupe assez fort.

Voilà ce que nous voulions proposer. Mais voilà qu'un agent du gouvernement envoyé d'Oruro a gagné la confiance des femmes, à tel point qu'il s'est fait nommer « conseiller » des travailleuses. Et, sans que nous soyons au courant, elles avaient envoyé une lettre disant que ce monsieur était leur conseiller, qu'il les représentait pour toutes les propositions que voulaient faire les femmes du terril. En un mot, elles reniaient le syndicat et le comité des ménagères.

Nous voilà donc à la direction. Le directeur nous reçoit et nous demande :

— Quels problèmes vous amènent ici ? Que désirez-vous ?

Ce n'était plus le même directeur. Ils l'avaient changé. Nous lui avons alors expliqué qu'il était temps d'établir le contrat général avec les travailleuses du terril, conformément aux promesses de l'entreprise trois mois plus tôt.

Par manque d'expérience, nous avions accepté une promesse verbale du directeur précédent. Aussi étions-nous sans papier pour prouver ce qui avait été convenu.

— Ah ! a dit le directeur, voyons donc... (Et il a appelé sa secrétaire.) Apportez-moi le procès-verbal qu'ont envoyé les travailleuses du terril. Voyons donc ce qu'il dit.

Et alors il nous a lu un procès-verbal où elles disaient qu'elles avaient nommé « à l'unanimité » plusieurs de leurs camarades pour les représenter avec, comme conseiller, cet individu d'Oruro.

Et le directeur nous a dit :

— Vous voyez, messieurs, avec cette lettre les travailleuses vous ont ignorés, c'est très clair.

Nous qui ne savions rien de tous ces changements, nous nous demandions : « Qu'est-ce qui a bien pu se passer ? Comme c'est bizarre ! Pourquoi ? »

— Messieurs, je n'ai rien à traiter avec vous, absolument rien, pour tout ce qui concerne les travailleuses du terril. Ne venez que pour d'autres affaires. Nous avons déjà tout réglé avec leur conseiller et tout est bien en ordre.

Cela nous est tombé dessus comme une bombe. Nous nous sommes trouvés démoralisés. Et le directeur nous a dit :

— Qu'est-ce qui vous étonne ? Si les travailleuses en ont décidé ainsi, c'est que vous leur avez fait quelque chose. Il ne faut pas jouer de mauvais tours aux gens !

Quand ma sœur est revenue à la maison, je lui ai demandé :

— Pourquoi avez-vous fait tout cela sans nous en parler ? Qu'est-ce qui s'est passé ?

— Mais je n'en sais rien, m'a répondu ma sœur. A nous on ne nous a rien dit du tout. Et elle est allée prévenir les autres.

Le pire, c'est que l'accord qui avait été signé par le groupe, avec un conseiller de cette espèce, ne comportait absolument rien qui soit dans l'intérêt des travailleuses. Rien. Elles ne pouvaient que continuer à travailler dans les mêmes conditions, et celles-ci étaient trop inhumaines.

A cette époque, Federico Escóbar avait été libéré et il était revenu à Siglo XX. Mais il n'exerçait pas ses fonctions, car le contrôle ouvrier était supprimé. Le contrôle ouvrier avait été créé en 1953 par le M.N.R., au moment de la nationalisation des mines, pour contrôler les mouvements de l'entreprise : la production d'étain, la répartition des bénéfices, les contrats de commercialisation, les contrats de *pulpería,* enfin tout. Le contrôle ouvrier signifiait que les mines étaient aux mains du peuple, puisqu'il se faisait à travers un représentant élu par la classe travailleuse.

Mais les chefs de l'entreprise ont eu beaucoup de problèmes avec Federico Escóbar, qui était un homme intègre et qui ne s'est jamais laissé acheter. Aussi ont-ils décidé d'annuler le décret sur le contrôle ouvrier. C'est ce qui a été fait en 1965. Plus tard, nous avons de nouveau réussi à le faire reconnaître. Mais il nous a fallu nous battre plusieurs années pour qu'on revienne au fonctionnement du contrôle ouvrier, et pourtant il était le résultat d'une loi. Mais autant dire que ce qu'ils avaient fait de la main droite, ils l'avaient défait de la main gauche...

Bref, j'ai été parler avec Federico et je lui ai dit :

— Ecoutez, ces travailleuses auraient dû avoir un contrat, signer un accord, enfin quelque chose, non ? Qu'est-ce qu'on peut faire ? Ce qu'elles endurent est vraiment terrible et l'entreprise les roule. Elles gagnent peu et se sacrifient trop. Au début ils les payaient, mais aujourd'hui elles gagnent très peu. Et, en plus, elles n'ont pas droit à la *pulpería,* elles n'ont aucun avantage, elles n'ont rien. Leurs enfants ont besoin d'aller à l'école et on ne peut pas les prendre à celle de l'entreprise. Elles ont aussi besoin de l'assistance médicale. Ces jours-ci, il y a eu un accident ; une camarade est tombée dans une fosse en piochant, elle s'est fracturée la hanche et elle n'a pas droit à l'assistance médicale.

Je lui ai expliqué tout cela et, peu à peu, nous avons réussi à faire pression. Grâce à Escóbar, plusieurs choses ont pu être obtenues, par exemple qu'elles aient accès à la *pulpería,* que les enfants puissent entrer à l'école de l'entreprise. Nous avons obtenu ainsi quelques petits palliatifs.

Mais le temps passait... Et cela n'avait rien à voir avec la solution que nous avions proposée au début. Si nous étions restées unies, nous aurions obtenu bien davantage, non ?

Les *palliris* ont ainsi travaillé pendant six ans. Et puis elles se sont divisées entre elles, et il s'est formé un groupe assez important dirigé par deux activistes qui se servaient de leurs camarades comme instrument pour leurs propres buts politiques. Elles les emmenaient en camion quand il y avait des manifestations d'appui à Barrientos.

Un petit groupe est resté à part. En 1970, le général Torres est arrivé au pouvoir et on disait que c'était un gouvernement démocratique ; alors nous avons pensé : « C'est le moment de marquer le coup. » J'ai donc dit à ma sœur qui travaillait sur le terril :

— Fais quelque chose pour que ça ne reste plus comme c'est depuis six ans.

D'après la loi, n'importe quel travailleur occasionnel a le droit, au bout de trois mois, d'être reconnu comme un travailleur régulier. Je voulais donc que l'on reprenne cela comme base de discussion.

Ma sœur a commencé à discuter avec d'autres. Elles sont allées aussi à l'église demander l'aide des pères. Alors l'église a sorti des tracts où était écrite comme une histoire de ce groupe, ils décrivaient les conditions humiliantes et difficiles dans lesquelles travaillaient ces femmes. Et les femmes du terril se sont organisées, elles ont demandé à être reconnues comme des travailleuses régulières de l'entreprise avec le droit à tous les avantages sociaux.

Mais, en même temps, une autre commission de ces travailleuses s'est réunie en assemblée à la Comibol, et là on leur a fait accepter d'être indemnisées et licenciées. Et voilà que la majorité des femmes a approuvé cela. Seule une minorité est restée ferme à vouloir maintenir sa source de travail et améliorer sa situation. Mais ce que dit la majorité, c'est à la minorité de le respecter, cela il faut en tenir compte.

Cette fois-là Lechín est venu. Et il y a eu une assemblée des travailleuses. Alors je me suis levée et j'ai dit :

— Ce n'est pas juste qu'on licencie de cette manière les camarades du terril. Et s'il y a une majorité pour s'en aller, qu'elles s'en aillent, mais celles qui veulent continuer à travailler, il faut qu'elles puissent continuer. Ce qu'on veut ici, c'est que leurs conditions de vie et de travail soient améliorées, pas qu'on les licencie... Parce que les camarades... où vont-elles aller travailler ? Elles n'ont pas d'autre source de travail. Elles n'ont pas d'économies. Et la petite indemnité qu'elles vont recevoir... elle va leur servir à quoi ? Beaucoup ont des dettes, beaucoup sont malades. Elles vont se retrouver à la rue, malades, avec leurs dettes ? En fin de compte, elles n'auront plus ni argent ni travail. Comment vont-elles vivre ? Cela, vous qui êtes des travailleurs, vous ne pouvez pas le permettre. Nous sommes tous solidaires.

Là-dessus, beaucoup de travailleuses des terrils m'ont demandé ce que j'avais à voir dans tout ça. Et elles m'ont jeté à la figure qu'elles étaient des travailleuses et pas des ménagères. Pourtant, c'est le comité des ménagères qui les avait organisées. Et nous étions dans notre droit. Dans notre déclaration de principes, nous disons par exemple : « Nous devons veiller à obtenir de meilleures conditions pour les veuves. » C'est donc bien de cette obligation que nous avions à l'égard des veuves qu'est née l'idée de les organiser pour obtenir du travail. A cette époque, j'étais secrétaire du comité et c'est pour cela que j'ai été mandatée pour cette tâche et que j'y ai mis toute mon obstination. C'est bien comme cela que ça s'est passé, non ?

Le petit groupe qui voulait continuer à travailler m'a demandé de les aider. Nous sommes donc allés ensemble à La Paz pour discuter le problème avec la Comibol. Et là, oui, nous avons obtenu quelque chose. A la Comibol, ils ont accepté d'ouvrir pour elles une coopérative de couture. Le gouvernement pouvait leur donner des machines. Mais comme aucune ne savait coudre, nous avons obtenu qu'on leur donne trois mois de salaire pour qu'elles apprennent avec des maîtres. Et nous avons obtenu aussi que l'entreprise les occupe ensuite en leur donnant du travail pour son compte. On a au moins essayé de sauver ça, non ? Et, c'est vrai, cette coopérative existe encore aujourd'hui. Mais c'est un très petit groupe.

Nous avons obtenu autre chose encore pour les travailleuses du terril, pour leurs indemnités : ils devaient verser 800 pesos en tout à celles qui acceptaient de s'en aller. Mais, en nous référant à la loi du travail, nous avons obtenu avec l'aide du syndicat et du camarade Lechín qu'elles aient aussi droit aux autres indemnités normales de licenciement. Elles ont ainsi pu toucher environ 2 000 pesos. Au moins, nous avons pu les aider à cela.

Car je pensais qu'en tant que dirigeante, malgré toutes les offenses que j'avais reçues, je n'avais pas le droit d'avoir du ressentiment et de dire : elles m'ont fait ça, je ne m'en mêle plus. Je savais bien qu'elles agissaient ainsi par ignorance, non ? Elles ne connaissaient pas la législation du travail.

Ce problème des travailleuses du terril m'a fait beaucoup réfléchir : nous devons tous, les hommes autant que les femmes, nous guider sur le droit du travail, c'est le seul moyen d'étayer nos revendications. Nous ignorons, pour la plupart, les droits que nous avons. Au comité des ménagères, cette connaissance nous fait beaucoup défaut. Nous sommes obligés de travailler tellement, rien que pour survivre, et nous avons tellement de problèmes à résoudre que nous n'avons pas encore réussi à nous organiser pour étudier davantage toutes ces choses qui sont si importantes.

Je n'ai guère eu non plus la possibilité de lire toute la législation du travail. Mais quand il y a un problème qui se pose, je vais parfois au syndicat, je dis au secrétaire que je veux me renseigner sur tel ou tel problème et il me dit : « C'est tel article, telle page. » Les dirigeants connaissent bien la question.

Je sais qu'une grande partie du problème des travailleuses des terrils est venu de ce qu'elles n'avaient pas d'idées précises sur les lois qui pouvaient les protéger. Et, en même temps, elles se sont laissé mener par ces deux leaders qui les ont trompées. Et en fin de compte, quand on a voulu en terminer avec ce qu'on appelait une « honte nationale », on a trouvé plus simple de fermer cette source de travail pour les femmes. La fermer, et en finir de cette manière avec cette « honte nationale » de la Bolivie. Mais la vérité, c'est qu'on a condamné quatre cents femmes à mourir de faim au lieu de chercher s'il y avait une autre manière de résoudre le problème.

Aujourd'hui, beaucoup de ces camarades disent : « Nous nous sommes trompées, nous aurions pu garder notre travail. » Il y en a beaucoup qui vont, chaque jour, demander du travail à gauche et à droite. Il y en a beaucoup qui veulent s'organiser. Mais ce n'est plus possible.

Oui, c'est vrai, la situation des *palliris,* leurs conditions de travail constituaient une « honte nationale ». Mais la vraie honte de la Bolivie, est-ce que ce n'est pas le manque de sources de travail pour les femmes ? Et particulièrement pour les femmes des travailleurs morts, déportés ou licenciés, qui vivent dans la misère parce qu'elles ne trouvent pas de travail ?

10. Le Che en Bolivie

C'est en 1967 qu'a eu lieu la guérilla du commandant Che Guevara en Bolivie.

Il faut bien voir que cette guérilla est survenue dans un moment très particulier de la vie du peuple. Depuis 1965, le gouvernement nous devait les 50 % qu'il avait retenus sur nos salaires. Barrientos avait promis de nous les rendre quand la Comibol aurait reconstitué son capital. Mais les années passaient et, au lieu de cela, les militaires avaient formé une nouvelle bourgeoisie qui avait commencé à acheter des résidences, des grandes Mercedes-Benz, et qui vivait très bien pendant que nous mourions de faim. Là-dessus s'était créé un nouvel organisme de répression, la D.I.C. C'était comme ça, non ?

Aussi, pour essayer de sortir de cette situation, nous vivions dans des revendications permanentes, mais le gouvernement nous faisait toujours la réponse habituelle : licenciements, arrestations, emprisonnements.

Alors la nouvelle a commencé à circuler qu'il y avait une guérilla et que le gouvernement allait prendre des mesures très dures contre les guérilleros et contre ceux qui les soutenaient.

Au début, nous n'y avons pas attaché beaucoup d'importance. Et nous nous disions : la guérilla, elle n'existe que dans la tête de ceux du gouvernement. Et, en vérité, nous pensions qu'il s'agissait d'un prétexte pour leur permettre de massacrer beaucoup de monde, aussi bien par des massacres sanglants que par des massacres « blancs ». Nous appelons massacres blancs les licenciements massifs d'ouvriers, quand on les jette à la rue. Et depuis que Barrientos était au pouvoir, il y avait eu beaucoup de massacres blancs : tout travailleur qui réclamait était mis à la porte de l'entreprise. Et plus de cinq cents travailleurs de Siglo XX avaient perdu tous leurs droits. Nous pensions donc qu'avec cette affaire de guérilla le gouvernement voulait seulement avoir un prétexte pour augmenter davantage la répression.

Mais par la suite a été diffusé un communiqué du groupe des guérilleros, qui était signé par Moisés Guevara, Simon Cuba, Julio Velasco, Raul Quispaya et je ne me rappelle plus qui d'autre encore, mais ils étaient tous très connus dans les mines. Dans ce manifeste, ils disaient que puisque le gouvernement avait une force armée pour se maintenir au pouvoir, la classe travailleuse, de la même manière, avait besoin d'un groupe armé pour défendre les travailleurs. Et que des enfants du peuple étaient partis dans la montagne pour en finir avec toute cette dictature, avec tout ce fascisme qui ensanglantaient le peuple. Et qu'ils étaient partis dans la montagne pour y commencer la lutte. Et qu'ils étaient conscients qu'il fallait changer ce système d'exploitation, et qu'il était nécessaire de donner le pouvoir à la classe travailleuse. Et qu'une fois la classe travailleuse au pouvoir seul le socialisme permettrait d'obtenir un monde plus juste, plus humain, sans faim, sans misère, sans dénutrition, sans injustices, sans licenciements.

Cela faisait deux pages, avec une analyse très détaillée de la situation dans laquelle nous vivions et des choses qui nous étaient nécessaires. Et elles étaient signées par ces dirigeants. Et comme nous les connaissions bien, nous avons pu identifier leurs signatures. Nous n'avons donc plus eu de doutes sur la réalité de la guérilla. Alors cela s'est répandu rapidement, le communiqué a même été lu à la radio — ce qui a peut-être été une erreur de notre part.

C'est à la même époque qu'a été diffusée la résolution de la fédération des mineurs appelant à la convocation immédiate d'une assemblée générale des secrétaires à Siglo XX, pour demander au gouvernement la restitution des salaires qu'il nous devait. Et voilà qu'il y a eu des mineurs pour dire que, dans le cas contraire, ils soutiendraient directement la guérilla, parce qu'avec tous ces massacres blancs il leur semblait préférable de mourir dans la montagne plutôt que de mourir de faim sans travail à la mine. Et il y a même eu quelques manifestations spontanées de soutien à la guérilla.

L'assemblée générale des secrétaires devait s'ouvrir le 25 juin. Mais la veille, le matin du 24, jour de la fête traditionnelle de la Saint-Jean, où nous faisons des feux et où nous avons tous pour coutume de boire entre voisins, de chanter et de danser, l'armée est entrée et elle a tué beaucoup de monde. Et tous ceux qui, d'après eux, soutenaient la guérilla ont été poursuivis, battus, maltraités, certains ont été tués. Moi, par exemple, ils m'ont fait perdre mon enfant à force de coups, en prison ; ils disaient que je faisais la liaison avec la guérilla.

C'est comme ça que le Che est parti avec beaucoup de nos camarades, y compris certains de nos enfants ; parce que beaucoup d'entre nous ont perdu les êtres qu'ils chérissaient le plus du fait de la guérilla du Che en Bolivie.

C'est vrai que le Che a pensé qu'il avait été trompé. C'est en tout cas ce qu'il note dans son *Journal*, non ? Il dit qu'on lui a fait voir un autre panorama de la Bolivie, d'autres possibilités. Mais je crois que le Che a commis certaines erreurs. Celle, par exemple, de faire confiance à un parti politique, et non de prendre contact avec les organisations représentant réellement le peuple, la classe ouvrière, pour avoir leur opinion sincère. Et ceux qui avaient pris des engagements envers lui ne lui ont pas donné leur soutien. C'est écrit dans le *Journal* du Che, non ? Ce n'est pas moi qui l'invente. Je ne connais pas bien tout cela. Mais, en tout cas, celui qui veut se renseigner peut lire son *Journal*, cela y figure, et bien d'autres choses.

Jusqu'au moment de sa mort, nous n'avons pas su, nous, dans les mines, qu'il était en Bolivie. Bien sûr, on en parlait. Mais c'est seulement quand la photo de son cadavre est sortie dans la presse que nous avons su que le Che était dans la guérilla. La seule chose que nous savions avec certitude, c'est qu'il s'y trouvait des mineurs. Et, pour le soutien que nous leur avons apporté, beaucoup de nos compagnons ont souffert et sont morts.

C'est pour cela que j'ai eu beaucoup de peine quand un jour, après mon intervention à la tribune de l'Année internationale de la femme à Mexico, un monsieur s'est approché de moi et m'a dit :

— Vous êtes bolivienne ?

— Oui.

— Ah... c'est vous les lâches qui avez laissé mourir le grand commandant Che Guevara !

Cela m'a fait beaucoup de peine. Parce que je sais tout ce qui s'est passé à Siglo XX lors du massacre de la Saint-Jean et après, du fait de la guérilla du Che. Et cela ne me paraît pas juste de dire que nous, le peuple bolivien, nous sommes des lâches et que nous l'avons trahi.

11. Le massacre de la Saint-Jean

C'est le 24 juin 1967, au lever du jour, que s'est produite cette autre grande tuerie que nous appelons le massacre de la Saint-Jean. Ç'a été terrible, car tout nous est tombé dessus par surprise.

Tout le camp retentissait des fusées et des pétards que nous faisons éclater à toutes nos fêtes, c'est notre manière de manifester notre joie. Et l'armée est entrée et elle a commencé à tirer. Beaucoup de gens n'ont pas fait la différence, au début on a cru que tout ce bruit n'était que celui des fusées. L'armée avait tout planifié. Ils sont d'abord entrés en civil. Ils sont arrivés par le train à la gare de Cancañiri. Ils sont descendus et ils ont tiré sur tous ceux qu'ils ont rencontrés sur leur chemin. Ç'a été terrible, terrible !...

Au petit matin, la sirène du syndicat a lancé l'alarme. Cette sirène ne sonne qu'une seule fois par jour, à cinq heures du matin, pour nous réveiller. Autrement, elle ne sonne qu'en cas d'urgence. Cette sirène est très, très puissante. On croirait celle d'un bateau.

La sirène a donc donné l'alerte et nous avons écouté la radio. Alors nous avons entendu que l'armée attaquait et que nous devions aller défendre notre émetteur.

Nous avons ouvert nos portes. Mais dès que nous les avons ouvertes, ils se sont mis de nouveau à tirer. Ils étaient abrités et ils tiraient sur n'importe qui, n'importe quoi.

Et pourquoi ? Eh bien, parce que le gouvernement avait appris que l'assemblée plénière des secrétaires généraux allait s'ouvrir le lendemain et poser encore une fois nos problèmes.

Du coup, nous les femmes, il nous a fallu courir dans tous les sens pour relever et sauver les blessés et pour empêcher que nos compagnons, encore tout euphoriques, ne s'en aillent affronter cette pluie de balles.

Ah ! nous en avons vu des choses cette nuit-là ! J'ai vu par exemple un travailleur qui était amputé d'une jambe et qui voulait défier l'armée avec son vieux pistolet. Mais nous avons pu lui enlever l'arme et la cacher. Et comme ils ont vu qu'il lui manquait une jambe, ils ne lui ont rien fait. J'ai vu dans une ambulance une femme qui était enceinte, elle avait une plaie béante au ventre. Son enfant est mort.

Une autre m'a crié : « Mon fils, mon fils ! Aidez-moi, aidez-moi ! » J'ai pris l'enfant, je l'ai sorti de sa maison. Et quand on a été pour le mettre dans l'ambulance, je l'ai assis sur mes genoux... et je me suis aperçu que tout son crâne était vidé...

Voilà, ce sont des scènes que je ne pourrai jamais oublier. Des familles entières sont mortes.

Il y a des gens qui sont morts comme ça, dans leur lit, parce qu'ils tiraient comme des fous, comme des fous, contre n'importe quoi.

Dans une maison, par exemple, une balle en entrant a tué le mari, et puis, par une fatalité extraordinaire, elle a ricoché sur le mur et elle a tué la femme. Leur orphelin vit encore aujourd'hui à Siglo XX.

L'armée a encerclé l'émetteur et les soldats voulaient tuer tous ceux qui l'avaient fait marcher. Le dirigeant Rosendo García Maisman est sorti de sa maison pour défendre l'émetteur. Sa femme voulait le retenir, mais, lui, il a dit que son travail passait avant tout. Quand il est arrivé au local de la radio, ils avaient déjà blessé le speaker à la jambe. Un militaire allait le liquider. Rosendo a tué le militaire et sauvé le blessé. Mais, au bruit de la fusillade, d'autres soldats sont arrivés et ils ont abattu Rosendo de deux balles dans la tête. Et il est mort ainsi, en défendant le bien du peuple.

On ne connaît pas le nombre des morts.

Et au cimetière, le lendemain, quand on a enterré les morts, des centaines de morts, je suis montée sur un mur. Et de là-haut j'ai parlé, j'ai accusé :

— Personne ne peut souffrir cela. Comment est-ce possible que l'on puisse ainsi massacrer la classe travailleuse, ceux qui se sacrifient, qui travaillent, qui enrichissent le pays ? Ce qu'ils nous ont fait n'est pas juste. Le gouvernement nous a privés de nos salaires, et tout ce que nous avons demandé, c'est la justice... Et ils nous massacrent, non ce n'est pas juste ! Lâches !

Et comme à cette époque-là il y avait la guérilla, je leur ai crié :

— Pourquoi n'allez-vous pas là-bas dans la montagne ? Là-bas, les hommes ont des armes, ils vous attendent. Pourquoi n'allez-vous pas vous battre là-haut ? Pourquoi est-ce que vous venez ici tuer des gens sans défense ? Et comment osez-vous faire cela, vous qui, grâce aux travailleurs, pouvez profiter de tout le confort, de maisons, de voitures ?

Et j'ai tout critiqué, comme cela. J'ai encore demandé :

— Et vous pensez que, parce que vous avez des armes, vous pouvez nous humilier de cette manière ? Nous aussi, nous avons des pantalons, nous avons des hommes courageux. C'est seulement parce que nous n'avons pas d'armes que nous ne pouvons nous défendre contre cet assassinat !

Voilà, cela s'est passé le 24 juin.

12. « Où est la femme de la mine ? »

Cela a suffi pour que, deux jours plus tard, ils viennent me chercher. Dans la nuit, comme des malfaiteurs, ils ont brisé la fenêtre de mon logement et ils sont entrés. Ils ont fouillé toute la maison et ils ont dit que j'avais tué un lieutenant à la porte du syndicat pendant la nuit de la Saint-Jean. C'était un mensonge, je n'étais même pas allée à cette porte.

Un homme est entré, il portait un *jucu* *, un passe-montagne pour le froid. Et il a dit que j'étais la dirigeante de toutes les femmes.

— C'est elle, le général la réclame, a dit un autre.

— Salope ! vendue ! communiste ! a crié un autre.

Du coup, la rage m'a prise.

— Vendue !... Comment vendue ? Et moi qui n'ai même pas de quoi m'acheter des vêtements !

Ils m'ont empoignée. Ma petite fille, Alinea, s'est réveillée. Ils l'ont jetée hors du lit et j'ai juste eu le temps de l'attraper au vol.

Tout ce que je possédais qui avait de la valeur, les papiers, les dossiers du comité, ils ont tout mis dans un drap. Ils m'ont fait sortir. Et ils ont emmené aussi mon compagnon, dans l'état où il se trouvait, sans chaussures.

Ils l'ont attaché à la camionnette militaire, les mains derrière le dos. C'est tout juste s'ils m'ont permis de prendre quelque

* Capuchon de laine qui couvre toute la tête et qui ne laisse découverts que les yeux.

chose pour couvrir ma fille. Nous sommes montés dans la camionnette. Il y avait là plusieurs dirigeants de Siglo XX. Jusqu'à ce moment, je n'avais ressenti aucune peur.

Quand nous sommes arrivés à la sortie de Llallagua, nous avons trouvé un camion *caiman* * plein de prisonniers entassés les uns sur les autres, le visage ensanglanté. Ils ont allumé une lanterne pour me faire monter et j'ai vu le sang qui ruisselait. J'ai pensé qu'ils les avaient fusillés sur place. Et je me suis dit : ils vont me tuer. J'ai pensé à mes enfants orphelins... Alors, brusquement, j'ai eu très peur. Je n'ai pas voulu le montrer, mais vraiment, oui, j'ai eu peur.

Ils m'ont poussée et je suis montée avec la *wawa.* Je suis tombée et quelqu'un a crié. Du coup, j'ai compris qu'ils étaient vivants. On allait m'attacher les mains comme les hommes quand ma petite fille s'est mise à pleurer très fort.

Le colonel Acero est venu demander à qui était cette *wawa* et qui était cette femme.

— C'est la femme qui commande toutes les femmes, a dit l'homme au passe-montagne.

Le colonel a fait arrêter le camion, il m'a fait mettre mon poncho et m'a fait descendre pour aller dans la camionnette où se trouvaient les chefs.

Nous avons attendu longtemps à Llallagua, jusqu'à ce que quarante ou cinquante prisonniers remplissent le *caiman,* puis ils nous ont emmenés à la caserne de Miraflores. Ils nous ont mis dans une pièce vide. Ils nous ont dit qu'à partir de maintenant nous étions des prisonniers politiques, qu'il nous était interdit de faire quoi que ce soit et que si nous essayions de fuir, ils nous appliqueraient la loi de fuite **. Et ils sont partis.

Ils étaient tous restés attachés. J'ai posé mon bébé sur une table qui se trouvait là et je me suis mise à les détacher les uns après les autres. Je n'y arrivais pas, c'était très serré, enfin finalement j'ai pu y parvenir.

Le jour suivant, on nous a sortis de là pour nous emmener au

* Camion militaire.

** *Ley de fuga* : « loi » — ou plutôt coutume militaire... — qui autorise à tirer sur tout fugitif et à l'exécuter sur-le-champ. Une telle « loi » joue un grand rôle en Bolivie, où, rappelons-le, la peine de mort n'existe pas...

terrain d'aviation d'Uncía et, de là, à La Paz. Mais il faisait mauvais temps et l'avion n'était pas là. Nous sommes restés longtemps à attendre sur la piste.

Entre-temps, les femmes s'étaient mobilisées et elles arrivaient de Siglo XX pour manifester. Les agents téléphonaient à la caserne pour dire qu'elles s'approchaient, qu'elles arrivaient.

Quand ils ont annoncé qu'elles avaient passé le poste de contrôle de Miraflores, ils ont décidé de nous faire repartir immédiatement. A la caserne, un autre camion était déjà prêt à nous faire partir par une autre route. Ils m'ont mise dans la cabine avec ma petite fille. A mon côté, un agent tenait son arme braquée sur moi. Ils nous ont fait passer par-derrière la caserne pour nous mener à Oruro et ensuite à La Paz. Je pouvais voir les gens qui marchaient sur la caserne avec des banderoles. Mais eux n'ont pas pu nous voir.

Sur la route d'Oruro, le camion s'est enlisé. Ils m'ont fait descendre et m'asseoir par terre. Les soldats étaient munis de mitraillettes, mais cela ne se voyait pas sous leurs couvertures. Et ils nous ont dit :

— Faites-bien attention. Nous visons la fille et la mère. Si quelqu'un essaie de faire quoi que ce soit, de crier ou de s'échapper, nous tirerons, d'abord sur la fille, ensuite sur la mère.

Nous sommes restés comme cela plusieurs heures jusqu'à ce que le camion soit réparé. Il est passé beaucoup de camions, vraiment beaucoup, mais ils ne se sont rendu compte de rien parce que les hommes étaient cachés par la bâche du camion.

Quand nous sommes arrivés à Oruro, j'ai rencontré Nabor, un camarade de classe qui était devenu agent et qui venait nous chercher. Ma fille avait très faim, elle pleurait. Un agent m'a donné 5 pesos pour lui acheter quelque chose. Je me suis approchée de Nabor et je lui ai demandé de m'aider. Mais il m'a dit :

— Qu'est-ce que tu crois ? Comment peux-tu penser que je vais t'aider ?

Et il ne m'a pas aidée. Je ne voulais pas croire ça, mais il ne m'a pas aidée.

Nous sommes arrivés à La Paz. Ma petite fille se mourait de froid. Elle avait deux ans. Et tous disaient :

— Comment, la *wawa* aussi ? Mais elle n'a rien fait, elle !

Certains, les plus sensibles, en pleuraient. Alors j'ai essayé de les calmer en leur disant que ma fille n'oublierait rien de tout ça. Et que c'était bon pour elle, que ça la forgerait, qu'elle prendrait conscience de l'injustice dès son enfance.

A La Paz, ils nous ont mis à côté du palais du gouvernement, dans le local de la D.I.C. Ils ont mis les hommes à l'étage du bas. Je n'ai pas vu mon mari. Moi, ils m'ont laissée dehors. Ma petite fille s'est mise à pleurer de faim. Elle criait !... Elle criait !

Un agent s'est approché et m'a demandé :

— Pourquoi crie-t-il, ce bébé ?

— Il a faim.

— Alors donne-lui à téter...

— Mais elle ne tète plus. Elle a deux ans !

Au bout d'un instant, il est revenu avec un sandwich et du café.

— Prends ça, m'a-t-il dit, mais ne dis pas que je te l'ai donné. Ça pourrait me coûter ma place.

Nous avons dormi. Il faisait très froid.

Au matin, je me suis levée et je leur ai demandé de me laisser aller aux toilettes. Je voulais voir mes compagnons. Je suis descendue à l'étage où on les avait mis et je n'ai vu personne. En sortant dans la cour, j'ai vu un homme de grande taille. Je regardais de tous les côtés et, sans le vouloir, je l'ai heurté. Il m'a insulté. Il m'a pratiquement craché à la figure. J'ai pensé que c'était un agent.

Ensuite, en sortant des toilettes, un petit brun m'a reconnue. Je lui ai demandé où étaient mes compagnons. Il m'a dit :

— On les a emmenés à quatre heures du matin à Puerto Rico.

Puerto Rico, c'est une île malsaine et déserte dans le département de Pando.

On m'a poussée et je suis sortie. Et alors j'ai eu une grande surprise : tous ceux qui se trouvaient là étaient des prisonniers. Ils m'ont donné des choses à manger. Je les ai recueillies dans mon poncho. Il m'arrivait des oranges, des pommes, de tout. Et ils me disaient :

— Courage, camarade. Tu n'es pas seule, notre cause est grande.

Le couloir était plein de monde. En arrivant à la porte, je me suis heurtée à l'homme qui m'avait insultée. Il m'a dit :

— Excusez-moi. Je ne savais pas que vous étiez prisonnière.

Il a cherché dans ses poches et il m'a donné ce qu'il a trouvé : des cigarettes.

Je suis sortie. On m'a fouillée et on m'a tout repris. J'ai protesté, mais on ne m'a rien rendu : pourtant, c'était pour ma fille.

Je suis retournée dans la cellule. Dans le fond, il y avait une jeune femme. Je me suis méfiée d'elle, je pensais que c'était un agent.

A trois heures de l'après-midi, ils m'ont appelée pour l'interrogatoire. Ils criaient pour essayer de me faire pleurer :

— Tu aidais les guérilleros, hein ? Tu vas voir, maintenant...

Ils m'ont insultée de façon horrible. J'étais à bout de résistance... J'avais peur. Ma petite fille pleurait, et moi j'essayais de la calmer.

J'ai essayé de paraître calme et j'ai dit au militaire :

— De quoi parlez-vous ? Je ne sais rien... Mais je vous assure, monsieur, je ne sais rien...

Il s'est mis en colère et à hurler :

— Elle se moque de moi, celle-là ! Emmenez-la avant que je la tue !

Je n'ai rien mangé ce jour-là. La jeune femme qui était dans la cellule a donné un sandwich à ma fille.

Le lendemain, ils m'ont emmenée et ils ont recommencé tout l'interrogatoire.

Ils m'ont photographiée. Ils m'ont bandé les yeux et m'ont menée dans un bâtiment où il y avait un ascenseur. Ils m'ont fait entrer dans une pièce, ils m'ont enlevé mon bandeau, et la première chose que j'ai vue c'est un drapeau américain et un drapeau bolivien de chaque côté d'un tableau représentant deux mains qui disait : « Alliance pour le progrès ». La pièce était toute bleue.

Je me suis assise. Ils m'ont montré une photo de mon père et ils ont commencé à me dire que j'étais pauvre et que c'était certainement le besoin qui m'avait poussée à militer. Et le lieutenant a dit :

— Les étrangers que voilà ont voulu intervenir en faveur de vous autres parce que le gouvernement bolivien veut prendre des mesures sévères. Et ils vont t'aider si tu nous aides ; comme cela, tu vas pouvoir sauver tes enfants et ton mari, et te sauver toi-même.

Mais, à Siglo XX, on m'avait déjà parlé de la C.I.A. et j'avais vu au cinéma comment travaillait le service de renseignements ; j'avais donc une petite idée de la chose.

Alors les autres ont commencé :

— Nous voulons t'aider. Tes enfants iront étudier à l'étranger...

Je leur ai demandé ce qu'ils voulaient.

Ils m'ont dit qu'ils voulaient savoir qui étaient les « contacts des guérilleros », où étaient les « dépôts d'armes », etc. Et c'est là que je leur ai dit :

— Qui êtes-vous donc pour me poser ces questions à moi ? Si j'ai des problèmes syndicaux ou politiques, c'est avec mon gouvernement que je dois les résoudre. Je vous le demande encore : qui êtes-vous ? Qu'est-ce que vous faites ici ? Je suis citoyenne bolivienne, pas américaine.

Ils se sont mis à se parler en anglais. Ils ont appuyé sur une sonnerie. On a apporté un dossier. Et ils m'ont dit :

— Nous sommes heureux de te voir fière d'être bolivienne. Voilà qui est positif. Et ces étrangers avec qui tu t'es compromise sont mauvais. Que font-ils donc, ces gens qui t'ont enseigné tellement de haine pour les *gringos* ? Nous les *gringos*, nous faisons tout pour vous. Vois l'école de Siglo XX, celle d'Uncía, ces écoles pour les enfants des mineurs. Vois ceci... vois cela... Tout a été fait par l'Alliance pour le Progrès. Tout ça, c'est notre œuvre. Et dis-moi donc : qu'est-ce que Cuba a fait en Bolivie ? Et la Chine ? Rien ! Pas même une école ! Tout ce qu'ils veulent, c'est vous réduire en esclavage.

— Je n'ai rien à répondre, leur ai-je dit.

Le lieutenant riait, il riait et il disait que j'aggravais mon cas.

Ils m'ont fait sortir ; les agents me tenaient par le bras, ils ne me brutalisaient plus. Ils m'ont remis le bandeau, ils m'ont ramenée dans la cellule et là ils me l'ont enlevé.

A deux heures, les agents sont venus avec des couvertures et de la nourriture, avec beaucoup d'égards. Ils m'ont parlé :

— Monsieur Quintanilla vous félicite pour votre fierté d'être bolivienne.

M. Quintanilla était un des chefs de la D.I.C. et un agent de la C.I.A.

Je n'avais pas confiance dans la nourriture. Mais ma petite fille a tout mangé.

L'étrangère qui était dans le fond s'est rapprochée et m'a parlé. J'étais brusque et agressive. Je l'ai priée de me laisser tranquille. Elle a ri et elle a compris ma méfiance. Elle m'a dit qu'elle était brésilienne, et qu'au Brésil elle avait été condamnée à mort et que ses camarades l'avait fait fuir par l'Uruguay. Elle était entrée clandestinement en Bolivie et on l'avait arrêtée à cause de l'affaire de la guérilla. Ils voulaient la reconduire à la frontière, mais elle avait un avocat.

Je ne lui ai rien répondu.

L'avocate de cette dame est venue, elle apportait des journaux. Elle me regardait, elle me regardait... et à un moment elle s'est approchée et m'a dit :

— Quelle jolie petite fille vous avez !

L'agent était devant, et elle a ajouté tout bas :

— Vous n'êtes pas seule. Les mineurs sont en grève. Rassurez-vous.

Et elle a continué à faire semblant de rien jusqu'au départ.

Les agents venaient me faire peur. Je leur disais qu'on m'avait déjà dit qu'ils se conduisaient toujours comme cela avec les femmes et même qu'ils les violaient. Et j'ai ajouté :

— Et, aujourd'hui, j'en ai la preuve. Vous pouvez me faire ce que vous voulez. Moi, j'irai tout raconter à Siglo XX. Et si vous êtes au parti chrétien, vous en répondrez devant votre Dieu.

Parce que le mouvement populaire chrétien était le parti officiel de Barrientos. C'est pour cela que je leur disais cela. Mais, par la suite, j'avais peur d'aggraver la situation.

J'étais au secret, je ne savais rien de ce qui se passait dehors. Rien. Juste ce que me disait cette dame avocate quand elle venait.

Et il est venu un agent qui m'a dit qu'il n'était pas d'accord avec le gouvernement.

— Mais j'ai quatre fils et il faut bien que je fasse ça pour eux.

Il m'a apporté un petit pantalon à ma fille. Je l'ai accepté pour elle. Après, il m'a dit :

— Cette nuit, j'étais de garde au ministère. Il y a là une cave dans laquelle on met les criminels. J'y ai entendu des cris d'enfants. J'ai demandé ce que c'était à mes collègues. Alors l'un d'eux, celui qui est le plus dur, m'a répondu : “ Ce sont les enfants de la communiste de Siglo XX. J'ai été les voir. ”

Et l'agent m'a fait la description de chacun de mes quatre enfants. Exacte.

J'ai demandé :

— Et alors ?

— Voilà comment il est, le gouvernement. On ne leur donne rien à manger. Et c'est pour ça que je veux t'aider. Il faut que cela reste un secret absolu entre nous. Tu as entendu parler de l'assistance publique ?

— Oui.

— Eh bien, je vais leur écrire une lettre pour qu'ils prennent tes enfants en charge, jusqu'à ce que tu sortes.

— Oui, ai-je dit. Fais cela pour moi, je t'en prie.

Et je l'ai cru.

— Il faut que tu sauves tes enfants, m'a-t-il dit et il est parti.

J'étais complètement désespérée et j'ai raconté à la jeune femme ma conversation avec l'agent en pleurant beaucoup.

Mais, elle, elle s'est fâchée très fort et m'a dit :

— Ecoute, je vais seulement te dire ceci : au Brésil, nous avons beaucoup entendu parler de vous autres du comité, et je pensais que vous étiez des femmes courageuses. Et, aujourd'hui, quand je sortirai et que je dirai que j'étais avec une femme de Siglo XX, ils vont être étonnés. Je leur dirai qu'à la première histoire qu'on lui a racontée elle s'est mise à pleurer comme une madeleine !

J'étais désespérée à cause de mes enfants. C'était la première fois de ma vie que cela m'arrivait et j'étais affolée à l'idée qu'ils étaient prisonniers, malades, dans une cave humide, sans rien à manger, sans rien pour se protéger du froid. L'agent m'avait dit qu'ils pleuraient, en appelant : papa ! maman ! En pensant à tout cela, le cœur me faisait mal, non ? J'étais donc complètement défaite et je continuais à pleurer.

Finalement, la Brésilienne m'a dit :

— Eh bien ! madame, je pense que vous n'êtes pas la femme de la situation. Pourtant, on a bien dû penser chez vous que vous étiez bonne à quelque chose, puisqu'on vous a donné la responsabilité que vous avez, quand même ! Vous ne devez pas penser qu'en mère, vous devez penser en dirigeante, c'est cela le plus important en ce moment. Vous ne vous devez pas seulement à vos enfants, vous vous devez à une cause, qui est celle de vos camarades, de votre peuple. C'est à ça qu'il faut que vous pensiez.

Je lui ai dit :

— Oui, mais... Mais s'ils tuent mes enfants ? Et s'ils meurent ?

— S'ils meurent, il faut que vous viviez pour venger la mort de vos enfants.

Voilà ce qu'elle m'a dit. Pas un mot de plus. Elle est retournée dans son coin et elle ne m'a plus parlé.

Pendant une heure, je suis restée à pleurer, désespérée. Jusqu'à trois heures de l'après-midi. Puis les portes se sont ouvertes tout entières, ce qui n'était encore jamais, jamais arrivé, on ne les ouvrait comme cela pour personne. La première chose que j'ai perçue, c'est un parfum très fort, de quelqu'un de très maquillé. Trois dames sont entrées !... Trois dames très élégantes, avec leurs sacs à main. Elles étaient accompagnées de l'agent qui m'avait parlé de l'assistance publique.

L'agent m'a dit :

— Voici madame la présidente de l'assistance publique et sa secrétaire.

— Nous sommes enchantées, ont-elles dit.

Et elles ont commencé à me parler de l'assistance publique, qui combat pour les enfants, qui ne permet pas que l'on commette des injustices à leur égard, qui ne permet qu'on les exploite... et ainsi de suite. Tout un tas de merveilles, elles n'en finissaient pas de parler, et de ceci, et de cela, que l'assistance veille toujours sur l'enfance...

Bon, enfin, elles m'ont dit qu'elles avaient vu mes enfants. Elles se sont exclamées :

— Quelle horreur ! Quelle sauvagerie, quelle barbarie ! Comment peut-on traiter ainsi des enfants ? Quels sauvages ! L'objet de notre visite, madame, c'est de savoir si vous voulez vraiment que l'assistance publique prenne vos enfants en charge. Pour cela, nous avons besoin que vous nous fassiez un pouvoir. Il faut que vous nous donniez une lettre. Et cette lettre doit être signée, pour que nous puissions prendre immédiatement les petits en charge et les mener à l'hôpital parce qu'ils sont déjà très malades, et les *wawas* peuvent mourir si nous tardons.

L'idée me semblait merveilleuse.

— Très bien, ai-je dit, je vais la faire.

— Très bien. Voyons, voyons chérie... il faut faire l'acte pour cette dame, pour qu'elle nous donne son pouvoir.

L'autre a cherché dans son dossier.

— Voilà l'acte. Est-ce que vous êtes d'accord, madame ?

Et elle me l'a lu. Il y était dit que moi, Domitila Barrios de Chungara, originaire de Siglo XX, majeure, mariée et jouissant de tous mes droits — enfin, quelque chose dans ce genre —, de ma propre volonté, je donnais l'autorisation à l'assistance publique de prendre en charge mes enfants mineurs qui se trouvaient en prison, jusqu'à ce que je puisse retrouver la liberté ou régler ma situation.

— Signez madame, m'a dit la " présidente ".

— Bien, ai-je dit. Seulement, écoutez madame, je crois que pour signer un acte comme celui-ci, pour que ce genre de pouvoir soit valable, il faut le faire devant une autorité compétente, avec un avocat, sur un papier spécial, avec un timbre.

— Mais oui, mais oui, a-t-elle dit. Voyons, où est donc le papier ? Sors-le-moi.

L'autre a cherché, elle a cherché.

— Oh, c'est affreux ! Nous étions tellement pressées, je l'ai oublié. Mais ce n'est pas un problème, je crois qu'on peut signer sur n'importe quel papier.

Et l'autre dame :

— Voyons, agent, trouve-nous un bout de papier, s'il te plaît.

Et l'agent part en courant, il revient avec une grande feuille à en-tête, mais à l'en-tête de la D.I.C., vous comprenez ?

Alors moi, je leur ai dit :

— Non ! je ne peux pas signer comme cela. Ce papier porte l'en-tête de la D.I.C. Est-ce qu'on peut couper le haut ?

Mais l'agent m'a dit :

— Comment allez-vous faire pour couper la feuille ? Vous allez la déchirer et elle sera inutilisable.

Alors moi, je leur ai dit :

— Mais, avec l'en-tête de la D.I.C., je ne peux rien signer. Je ne peux rien signer en blanc de cette façon, sur une feuille comme celle-là.

— Mais... nous n'en avons pas d'autre... Et nous avons eu tant de difficultés à entrer ici... Comment pouvez-vous nous poser des conditions ? Pensez qu'il s'agit de vos enfants.

Et ainsi de suite. Et elles ont commencé à faire pression sur moi.

Alors moi, je leur ai dit :

— Non.

— Eh bien, puisque vous le voulez sans en-tête, au moins signez-le ici, au dos, mais à la fin signez !

Ah ! quelle angoisse je ressentais ! Je regardais la Brésilienne qui était dans ma cellule, pour qu'elle me fasse au moins un signe, qu'elle me donne une indication, c'était un moment d'indécision affreux. Les autres essayaient de faire pression sur moi, de faire pression... J'aurais eu besoin de quelqu'un qui me dise : fais-le ! ou : ne le fais pas !... Je la regardais, mais elle avait mis un journal devant son visage et elle ne me regardait pas, non, elle ne me regardait pas. C'était un moment de désespoir !

Et la dame me disait :

— Dépêchez-vous, madame, il ne nous reste plus de temps.

Et l'agent, du couloir, nous disait :

— C'est l'heure... Dépêchez-vous !

Et, en moi-même, je me disais : Non !... Mon Dieu !... Qu'est-ce que j'ai dit ?... Qu'est-ce que j'ai fait ?

A cette époque, j'avais des idées très religieuses. Et j'ai rapidement analysé : est-ce que j'ai tué quelqu'un ? Non. Ce sont eux qui ont tué, et moi je les ai dénoncés, parce que cela est contraire à la loi de Dieu. Eh bien, si maintenant ils tuent mes enfants, ils auront à régler cela avec leur conscience. Tandis que moi, si je signe un papier en blanc... Combien d'innocents est-ce que je peux compromettre ? Non, je ne signe pas, c'est mieux.

— Ecoutez madame, ai-je dit, mes enfants sont ma propriété, ils ne sont pas la propriété de l'Etat. Et aujourd'hui, si l'Etat a décidé d'assassiner mes enfants dans cette cave où vous dites qu'ils sont, eh bien, qu'il les assassine. Je crois que ce sera une charge de plus pour sa conscience, parce que, moi, je ne suis pas coupable de ce crime.

— Oh ! a crié l'une d'elles. Je te l'avais dit, je te l'avais dit ! Elles sont toutes comme ça, ces hérétiques, ces communistes... Ecoutez-moi, m'a-t-elle dit : les bêtes sauvages, les bêtes féroces, les lionnes, elles défendent leurs petits avec leur sang... Ecoutez, sauvage... (Et la voilà qui m'agrippe, qui me gifle, qui me pince !) Quelle mère êtes-vous donc pour ne pas défendre vos enfants ? Oh ! quelle sauvagerie, quelle horreur, quelle femme répugnante !...

Et elle est sortie. L'autre m'a dit :

— De toute manière, madame, je comprends que vous êtes dans un état de nerfs très pénible. Mais si vous désirez changer d'avis, vous n'avez qu'à m'appeler.

Elle m'a donné sa carte. Et elle est sortie, elle aussi. Alors l'agent m'a dit :

— Ah ! madame... Comment pouvez-vous faire ça ?... C'est maintenant, oui, que je risque ma place !... Ah ! quelle horreur ! J'ai commis une faute en me mêlant de tout ça. Mais souvenez-vous, souvenez-vous de cela : votre mari va le savoir, nous allons le mettre au courant, que vous avez condamné vos enfants à mort. A partir de maintenant, ne comptez plus revoir jamais vos enfants !... Ils ont été tués : voilà ce que je vais immédiatement annoncer à votre mari.

Et il est parti.

Je me disais : « Qu'est-ce que j'ai fait ? Qu'est-ce que j'ai fait ?... J'ai tué mes enfants ? Non, mon Dieu !... Non !... »

Et la Brésilienne s'est levée. Elle m'a embrassée. Elle m'embrassait, elle m'étreignait. Je pleurais très fort. Et elle m'a dit :

— Domitila, je n'aurais jamais été capable de faire ce que tu as fait. Jamais ! Tu as passé l'épreuve du feu. Je me demandais comment un si grand peuple pouvait se tromper dans le choix de ses dirigeants. Et je vois que ce peuple a eu raison de te choisir, Domitila.

Et, elle aussi, elle pleurait. Nous pleurions toutes les deux. Et elle me disait qu'elle était heureuse d'être avec moi dans un moment pareil et que je devais vivre pour venger la mort de mes enfants.

Mais mes enfants n'avaient même pas été arrêtés !...

A partir de ce jour-là, j'ai déclaré la grève de la faim. Je ne mangeais pas pour venger la mort de mes enfants. Ils m'apportaient à manger et je leur rendais tout.

— Si vous avez tué mes enfants... pourquoi est-ce que je vivrais ? Tuez-moi, moi aussi. Apportez-moi du poison. Mes enfants sont morts, moi je veux mourir...

Et puis un jour, je m'en souviendrai toujours, c'était un jeudi, j'étais près de la porte par où sortaient les agents. Et, à travers la porte, j'ai entendu un bruit de rires d'enfants, là, dehors. Alors je me suis mise à la lucarne. Et j'ai vu une dame qui était assise. Je lui ai parlé :

— Madame, vous êtes seule ? Comme vous avez une jolie *wawita* ! Moi aussi, j'ai ma *wawa* avec moi. Qu'est-ce que vous êtes donc venue faire ici ?

— Oh ! m'a-t-elle dit, on m'a tout volé dans ma maison, ma bicyclette, ma radio... Et je suis venue chercher ici, mais le bureau est fermé. J'attends. On m'a dit d'attendre ici jusqu'à deux heures. Et toi, qu'est-ce que tu as donc volé ? Pourquoi es-tu en prison ?

— Non, je n'ai rien volé, madame. Mais... Et ton mari ? Où est-ce qu'il travaille ?

— Mon mari est ouvrier.

— Ah !... Ecoute camarade, je suis de Siglo XX, on m'a mise en prison ici. Il faut que les travailleurs soient solidaires. Alors est-ce que tu ne peux pas transmettre un petit mot à ton mari ?

Je tenais prête une lettre écrite sur un papier à cigarettes. Comme ma petite fille pleurait beaucoup, les agents la faisaient sortir au soleil. Alors elle allait de bureau en bureau et, dans l'un d'eux, elle avait trouvé du papier à cigarettes. Elle avait aussi ramassé un vieux bout de crayon. J'avais donc écrit une lettre, où je disais que j'étais en prison et que j'avais probablement causé la mort de mes enfants dans un moment de désespoir. Et que l'unique délit que j'avais commis était celui d'avoir dénoncé le crime contre la classe ouvrière qu'avait été le massacre de la Saint-Jean. Et que, pour cette raison, mon mari se trouvait en prison à Puerto Rico, tandis que moi je me trouvais dans la prison de la D.I.C. à La Paz où je faisais la grève de la faim, car je n'avais plus aucune raison de vivre. Et je disais : « Je dénonce devant le peuple bolivien ce nouveau crime qui a été commis contre moi et contre mes quatre enfants. » Et j'avais signé à la fin.

J'ai raconté cela à la femme pour qu'elle soit au moins au courant, elle. Je lui ai demandé de faire passer cette lettre. Mais elle me disait :

— Non, non, ma fille. Tu vas me compromettre. Non, non.

— Ecoute, au nom de ton enfant fais-le. Moi aussi, j'ai mon enfant ici. Ecoute, porte ce bout de papier à ton mari. Si ton mari le fait publier, ce sera bien. Sinon, tant pis. Mais je veux que ton mari porte cette lettre à l'université, et qu'à l'université on sache que je suis en prison. Parce que personne n'est au courant.

J'ai supplié cette femme en pleurant. Aujourd'hui encore, je ne sais pas qui elle était, ni qui était son mari. Elle me demandait :

— Et si on me fouille ? Et si on me dénonce ?

— Mais non, je ne sais même pas qui tu es... Qui pourrait savoir que tu m'as sorti cette lettre ? S'il te plaît, ma petite fille !... Le bureau va ouvrir.

— Alors d'accord, donne-la-moi.

— Cache-la bien, elle est toute petite.

Elle l'a donc prise, de mauvaise grâce. Mais je crois que cette camarade a donné ma lettre à son mari et que celui-ci l'a portée à l'université. En tout cas, tout le monde a su que j'étais en prison.

Le vendredi, au début de la matinée, le chef de la D.I.C. est entré et il m'a dit en me donnant des coups de pied :

— Qui est-ce qui a fait passer la lettre ? Qui est-ce qui a écrit cette lettre ?

Et il m'a empoignée en me giflant. Moi, je lui ai répondu :

— Cherchez, enquêtez donc. C'est votre travail, non ? Votre travail c'est de chercher, d'enquêter. Je ne suis pas votre agent...

Là-dessus, il m'a attrapée par les cheveux et il m'a mise dans une autre cellule, une pièce très petite. Et je me suis trouvée isolée. La porte s'ouvrait avec un verrou de fer, mais de l'intérieur, vous comprenez ? Et quand ils ont refermé la porte, je n'ai plus ouvert à personne. Ma petite fille pleurait de faim, mais je ne leur ouvrais pas. « Pleure de faim, pleure de soif, ma fille... Nous allons mourir ici. »

Les agents m'appelaient du dehors :

— Madame, ne soyez pas cruelle. Donnez au moins à manger à votre petite fille. Ne la faites pas pleurer.

— Non. Est-ce que vous avez eu pitié de mes autres enfants ? Eh bien, moi, je n'aurai pas non plus pitié de ma fille. Et puis je vous aide dans votre besogne. Vous devriez me dire merci, je vous aide à terminer votre besogne.

Ils venaient, comme cela, frapper à ma porte. Ils disaient qu'ils allaient l'ouvrir de force. Mais ils ne pouvaient pas parce qu'elle était très solide, elle était en fer, c'était la seule comme ça. Et je l'avais très bien verrouillée du dedans. Je suis restée enfermée ainsi jusqu'au samedi.

Le samedi après-midi, les agents sont venus et ils m'ont dit :

— Ecoutez madame, nous avons l'ordre de vous libérer, vous et votre mari. Voilà l'ordre.

Alors ils m'ont passé un papier sous la porte. Et j'ai lu : « ... Par ordre du ministère de l'Intérieur, veuillez remettre en liberté Domitila de Chungara. » Et ainsi de suite.

Je ne pouvais pas y croire. En même temps, je voulais y croire. De plus, ma petite fille se trouvait au bord de l'agonie et je me disais : ta fille va mourir. Ils ne me disaient toujours pas si la mort de mes enfants était ou non un mensonge... Je pensais à tant de choses !

Finalement, je me suis dit : qu'est-ce que j'y perds ? J'ai au moins la possibilité de sauver ma fille. Mais, en même temps, mon cœur était plein de peine et je pensais : c'est peut-être un piège. J'ai ouvert. Les agents m'ont dit :

— Allez, habillez-vous. Qu'est-ce que vous emmenez ?

— Qu'est-ce que vous voulez que j'emmène ? Je n'ai rien.

— Bon, alors... A la camionnette !

Quand ils ont ouvert la porte de la prison... j'ai vu une foule de gens ! Et il y avait un garçon, tout près de la porte, qui criait :

— Où est-elle, la femme de la mine ? Où est-elle, assassins ? Les gens de la D.I.C., ils ne peuvent rien contre les hommes, c'est pour ça qu'ils s'attaquent aux enfants et aux femmes !

Et ils se sont mis à les injurier, *che* * *!*

— La voilà, la voilà, elle est libérée !

Alors le garçon m'a vue et il m'a dit :

— Madame, tout le peuple est avec vous, prenez, prenez !...

Et des papiers m'arrivaient de partout, une quantité de papiers. J'ai commencé à lire un de ces papiers. Et il disait que le gouvernement de Barrientos massacrait le peuple et qu'il massacrait les

* Interjection courante en Bolivie et en Argentine.

femmes. « Et nous reproduisons ci-dessous la lettre qu'une camarade a écrite de la prison. » Et il y avait ma lettre, polycopiée. Je ne sais pas de combien de gens j'ai reçu ce papier, je ne sais pas qui ils étaient. Mais il y en avait beaucoup de ces papiers, il y en avait beaucoup qui m'arrivaient. Il y avait des tracts du parti communiste, d'autres de l'université. Et encore beaucoup d'autres. Tous reproduisaient ma lettre.

Quand j'ai eu fini de lire tout ça, ils m'ont mise dans le camion de la D.I.C. Et ils m'ont pris tous les papiers.

Ils m'avaient fait sortir pour me mettre en liberté provisoire. Mais je n'étais pas sûre qu'ils me mettent vraiment en liberté. Je sortais de la D.I.C., mais je ne savais pas où ils m'emmenaient. Ils m'ont fait monter dans le camion et celui-ci s'est mis en marche. Et les gens de la manifestation criaient. Les agents m'ont d'abord demandé si j'avais un parent quelconque ou une connaissance chez qui je pourrais descendre. Je leur ai répondu que je vivais dans le district minier de Siglo XX et que c'était là qu'il fallait que j'aille. Alors ils m'ont dit :

— Vous pouvez partir.

— Et comment vais-je y aller ? ai-je demandé.

Je n'avais par d'argent.

Ils sont donc allés chercher de l'argent et, ensuite, ils m'ont emmenée acheter mon billet et ils m'ont embarquée pour Siglo XX avec un agent. Mais, avant le départ du camion *, ils m'ont dit que leur enquête avait prouvé que c'était l'organisation Lincoln-Murillo-Castro ** qui était coupable du massacre de la Saint-Jean. Que ce groupe de jeunes avait tué un grand nombre de lieutenants et de soldats, et qu'on avait la preuve de tout. Ils m'ont dit aussi que les travailleurs en étaient convaincus et qu'ils avaient réclamé la tête des principaux responsables. Et que j'en faisais partie. Que les travailleurs nous attendaient à Siglo XX pour nous pendre. Quelle peur affreuse, encore... Ils m'en ont tellement raconté ! Nous sommes arrivés à Oruro à minuit passé. Les passagers sont descendus. Il n'y avait pas de transport pour Siglo XX et nous devions donc dormir là.

---

* Les transports publics, en Bolivie, sont assurés par des camions équipés sommairement.

** Organisation de jeunes d'orientation marxiste, pour la formation politique, qui a fonctionné dans certains centres miniers.

On m'a demandé si j'avais quelqu'un à Oruro. J'ai dit que je ne connaissais personne. Je suis donc restée dans le camion. L'agent est allé au fond, il a étendu sa couverture et il s'est endormi. Moi, je suis restée sur mon siège.

Nous étions là comme ça depuis une heure quand une dame qui était restée aussi dans le camion est descendue. Alors, en voyant que l'agent ne bougeait pas, je suis descendue aussi. Comme j'avais seulement ma fille dans mes bras, je suis allée à la maison de mon père.

Je suis arrivée à la maison, j'ai frappé à la porte. Je pleurais, je pleurais. On m'a fait asseoir. Mon père n'était pas là. Il était allé à Siglo XX, parce qu'il avait appris par la presse qu'on m'avait arrêtée. Ma belle-mère m'a dit :

— La presse a publié ton nom, elle a dit que tu avais été arrêtée. Comme c'est bon de te voir.

Ce jour-là, je me suis reposée. Après le déjeuner, ma belle-mère m'a dit :

— Il vaut mieux que tu t'en ailles.

Elle non plus ne savait rien de mes enfants : elle les croyait perdus. Et nous pleurions toutes les deux. Je lui ai dit que les mineurs voulaient nous pendre parce qu'ils croyaient que nous étions les coupables du massacre de la Saint-Jean.

Je suis partie d'Oruro très préoccupée. Bien sûr, je commençais à avoir des doutes sur tout ce qu'on m'avait raconté. Mais je continuais à avoir très peur. Je me suis embarquée pour Llallagua et Siglo XX.

J'y suis arrivée à cinq heures de l'après-midi. Il neigeait un peu. En descendant du transport, j'avais peur. J'ai fait quelques pas. Et j'ai vu un village très calme, des gens qui bavardaient, comme d'habitude.

Une dame, une des travailleuses du terril, m'a reconnue :

— Domitila ! Tu es revenue !

Et elle m'a embrassée.

Autour, les gens se sont rendu compte que j'étais revenue et, en peu de temps, ils m'ont entourée l'un après l'autre.

— Comment vas-tu ? Que c'est bon de te revoir au milieu de nous !... Qu'est-ce qu'ils t'ont fait ?... Est-ce qu'ils t'ont battue ? Comment est-ce qu'ils t'ont traitée ?

Ouf ! Comme je me suis sentie tranquillisée. Ils étaient tous heureux et ils me disaient :

— Nous sommes en grève, nous n'avons pas travaillé jusqu'à maintenant. Cela fait des jours que nous ne travaillons pas.

C'est-à-dire que, depuis mon arrestation, ils n'avaient pas travaillé par solidarité pour tous ceux qui étaient en prison. Vous vous rendez compte ?

Comme je me sentais soulagée, comme je me félicitais de ne pas avoir signé le papier ! Je me sentais si heureuse !

Et j'étais dans un tel état d'excitation que je n'ai même pas demandé des nouvelles de mes enfants, rien, je pensais seulement à tout ce qui m'était arrivé, que je n'avais pas signé de papier, aucun papier.

En montant à Siglo XX, j'ai demandé :

— Et mes enfants ?

— Eh bien, je les ai vus l'autre jour, m'a dit une de mes compagnes.

Et nous marchions vers ma maison. Une énorme caravane m'accompagnait. Il y avait plus de cent personnes. Chaque personne dans la rue qui me voyait me rejoignait.

Quand nous sommes arrivés au coin de la maison, des gamins ont couru devant pour prévenir ma famille. Et j'ai vu la porte s'ouvrir et voilà que mes enfants sont sortis un par un.

Tu te rends compte de mon soulagement ! Quel soulagement !... Penser que je ne les avais pas perdus, qu'ils étaient là... Je me suis mise à pleurer de joie, à sauter, à les embrasser. Tu peux imaginer cet instant ? Quel grand moment !... C'était comme de ressusciter... C'était un moment si beau, plus rien n'existait que mes enfants, je criais, je les embrassais, je les étreignais, je les sentais tout contre moi... vivants ! C'était quelque chose, tu sais, *che... !* il n'y a pas de mots !...

Mon père est arrivé. Nous nous sommes embrassés. Les voisins sont arrivés et nous nous sommes mis à causer. Les femmes des prisonniers arrivaient une par une et me demandaient des nouvelles de leurs maris. J'ai passé la nuit à parler. Personne ne bougeait. Ils me parlaient d'eux et je leur parlais de moi. Et nous recommencions. Comme ça, toute la nuit. Au lever du jour, la maison était toujours pleine.

Les travailleurs m'ont dit qu'une assemblée du syndicat avait été convoquée et qu'il fallait que j'y aille. J'ai donc rendu compte aux travailleurs de tout ce qui s'était passé. Je n'ai pas omis un détail. Je leur ai dit aussi que j'avais peur et que l'agent qui m'avait accompagné jusqu'à Oruro m'avait dit :

— Ecoutez madame, il ne faudra dire à personne que nous vous avons mise en prison. Si vous voulez sauver votre mari, il faudra que vous disiez que vous êtes venue de votre propre volonté à la D.I.C. pour demander la libération de votre mari, et que nous vous avons logée dans les locaux de la D.I.C. parce que vous n'aviez aucun endroit où aller. Dites cela si vous voulez revoir votre mari vivant.

J'ai dit aux travailleurs comment on m'avait menacée, mais que cela ne comptait pas pour moi, parce que l'important c'était de dire la vérité au peuple, qu'il ne fallait pas lui mentir, non ?

Alors les travailleurs ont décidé de protester. Ils sont retournés au travail, mais ils ont rédigé un manifeste. Ils réclamaient la libération des autres prisonniers, puisque j'étais la seule à avoir été libérée.

Alors voilà que le jour suivant j'ai trouvé une note sur ma porte, qui disait que j'avais vingt-quatre heures pour quitter le district. Une note impérative. Elle était signée par le directeur de l'entreprise et par deux militaires.

Et ils ont fait la même chose aux autres femmes qui avaient leurs maris prisonniers : elles ont reçu une note qui leur donnait vingt-quatre heures pour quitter le district.

En même temps, un décret interne de l'entreprise a donné l'ordre de rendre leur livret scolaire à leurs enfants et de les mettre à la porte de l'école, comme cela, pour qu'il ne nous reste plus un seul prétexte pour rester, pas plus les enfants qu'autre chose : tout était liquidé...

Les femmes, très alarmées, sont venues me voir en pleurant : « Qu'allons-nous faire ? Qu'allons-nous faire ? » Elles se sont réunies chez moi, très nombreuses, et nous avons discuté de l'affaire.

En fin de compte, plusieurs camarades sont allées à la direction. Moi, je n'y suis pas allée. Et à la direction, d'après ce qu'elles m'ont rapporté, les colonels se sont mis à leur raconter des histoires. Ils ont dit qu'elles devaient partir, et ceci, et cela. Une jeune qui avait été à la réunion chez moi a dit aux femmes :

— Mais dites-leur donc ce qu'a dit Domitila.

Un agent l'a entendue.

— Voyons, a-t-il dit, cette demoiselle a quelque chose à dire. Quelqu'un lui a dit quelque chose. Quelqu'un lui a fait la leçon. Qu'est-ce que lui a dit son chef ?

Et ils ont fait pression sur la fille. Elle a eu très peur.

Ils m'ont immédiatement fait appeler en disant qu'ils voulaient me parler du problème de mon mari. J'ai donc été à la direction. J'y ai trouvé les militaires. Et nous avons eu une altercation, un échange très violent.

— Ah ! m'a dit le directeur, en voilà une surprise ! Vous n'avez pas été assez corrigée ? Vous cherchez une autre correction ?

Il m'a demandé ce que je voulais encore. Alors moi, je lui ai dit :

— Ecoutez, monsieur, ces dames sont venues chez moi et je leur ai donné mon avis personnel. Vous gardez mon mari prisonnier et vous avez dit que je quitte mon logement. Je ne le quitterai pas, parce que d'abord je suis une femme mariée et que c'est ici que m'a laissée mon mari, je ne peux pas aller ailleurs. Si je laisse ma maison et si mon mari revient et ne me retrouve pas, il m'assignera pour abandon de foyer. Et puis, si mon mari veut s'en aller à Oruro et que moi je vais à Cochabamba, qu'est-ce qui va se passer ? Tant que je suis seule, je ne peux rien décider. Autre chose : le problème de son travail et de ses indemnités. Est-ce que je sais, moi, combien vous lui devez comme indemnités ? Et si mon mari est d'accord ? Même si vous me donnez quelque chose, mon mari peut penser que j'ai dépensé le complément. Là non plus, je ne peux rien résoudre. Si vous voulez que je quitte mon logement et que je m'en aille, libérez mon mari. Je partirai avec lui. Voilà ce que j'ai dit à ces dames.

Alors ils se sont mis à m'injurier. Moi, de mon côté, je leur ai répondu avec des mots violents. Et, à un moment, je leur ai dit :

— Bon, eh bien, puisque vous ne voulez pas libérer mon mari, vous n'avez qu'à nous remettre en prison moi et mes enfants. Emmenez-nous à l'endroit où est mon mari en ce moment. Mon mari est malade, mettez-nous avec lui. Comme cela nous mourrons ou nous vivrons ensemble. Ou alors c'est vous qui allez vous charger de mes enfants, de leur nourriture, de leur éducation... ?

Alors ils m'ont répondu avec des mots très grossiers et ils m'ont dit que ce n'étaient pas eux qui avaient fait mes enfants. Et moi je leur ai répondu avec des mots encore plus grossiers qu'ils n'étaient pas assez *machos* pour ça. Les femmes qui étaient là se sont effrayées. Et elles m'ont crié :

— Mon Dieu, madame ! Comment pouvez-vous dire des mots aussi grossiers ? Vous êtes en train de condamner nos maris, et votre propre mari...

— Faites ce que vous voulez, humiliez-vous, léchez les bottes du colonel... Moi, non et non ! Pourquoi est-ce qu'il m'insulte ? Non et non !

Et je suis partie.

J'étais sûre qu'ils allaient me tirer dans le dos, ou qu'ils allaient me forcer à revenir : « Maintenant ils vont m'arrêter, tout de suite, tout de suite... », je me disais en moi-même. Mais j'ai marché, je me suis retournée... et rien. Il ne m'est rien arrivé. Ça a été une surprise.

Le jour même, ils sont allés chercher mon mari. Sept jours après mon retour à Siglo XX, ils l'ont ramené. Et le chef lui a dit :

— Ecoute ! Nous te licencions de l'entreprise par la faute de ta femme, parce que tu es un cocu qui ne sais pas attacher ton pantalon. Maintenant, tu vas apprendre à dresser ta femme. D'abord, ta femme a été en prison et, au lieu de se taire, elle est revenue pire qu'avant : elle continue à faire de l'agitation, elle continue à semer le désordre. Voilà pourquoi nous te licencions. Ce n'est pas ta faute, c'est celle de ta femme. Ensuite, écoute bien : qu'est-ce que tu as besoin d'une femme qui fait de la politique ? Renvoie-la d'ici... et moi je te rends ton travail. Une femme comme ça ne sert à rien. Par exemple, si demain, avec tes économies, tu te trouves une petite maison, tout le monde rêve d'une petite maison, non ? Alors tu t'en achètes une. Mais voilà, ta femme fait de la politique, et le lendemain le gouvernement va te la confisquer, ta maison, elle sera perdue pour toi. Est-ce que tu vas te ruiner éternellement avec cette femme ? Te voilà licencié et tu n'as personne pour te soutenir. Tu vas voir si ta femme est assez corrigée. Mais une femme comme ça, c'est vraiment trop ! Ce n'est même plus une femme, cette femme-là !

Et, vite, ils ont donné ses indemnités à mon mari. Alors moi, j'ai dit à mon mari :

— Je ne partirai pas.

Et, tous les deux, nous avons fait bloc.

Mais les agents sont venus la nuit et ils sont entrés chez nous de force. Ils sont entrés comme des démons. Ils se sont mis à jeter toutes nos affaires sur le camion de l'armée.

Et ils nous ont fait monter sur le camion. Mais les enfants ne voulaient pas, ils redescendaient, ils faisaient descendre nos affaires. Et les agents les faisaient remonter. Quelle bagarre ! Les soldats avaient été postés partout et ils ne laissaient passer personne, les gens pleuraient derrière eux sans rien pouvoir faire pour nous. Les voisins pleuraient et criaient :

— Pourquoi emmenez-vous cette dame ? Elle n'a jamais rien fait. Elle a toujours été une bonne voisine.

Les agents continuaient à charger nos affaires. Ma fille aînée s'est accrochée à la porte. Elle ne voulait pas s'en aller et elle disait :

— Je ne veux pas partir ! Je ne veux pas partir !

Les agents tiraient ma fille et elle ne les laissait pas faire, elle leur mordait les mains. Et ils faisaient monter mon fils dans l'obscurité, et mon fils redescendait en reprenant des affaires. Finalement, j'ai parlé rudement à mes enfants :

— Les maîtres nous chassent. Nous sommes des pauvres, et c'est comme cela qu'on chasse les pauvres. La maison n'est pas à nous. Est-ce que vous ne vous étiez pas rendu compte que la maison est à l'entreprise et que l'entreprise ne la prête que tant que votre père peut travailler ? Aujourd'hui, les patrons n'ont plus besoin de nos services et c'est pour ça qu'ils nous chassent, ma fille. Malheureusement, l'armée les aide. C'est pour ça, mon fils, que quand tu seras à la caserne, il ne faudra pas que tu agisses ainsi contre ton peuple. Nous, nous avons notre dignité. On nous chasse, nous n'avons pas à réclamer, nous n'avons pas à rester, voilà !

Et je me suis assise dans le camion en appelant :

— Viens María, monte !

Alors mes enfants sont montés dans le camion en pleurant,

l'un après l'autre. Et le camion est parti. Je me suis reprise et j'ai demandé à mes enfants :

— Pourquoi pleurez-vous ?

Et j'ai rentré toutes mes larmes en voyant pleurer mes enfants. Dans notre propre pays, expulsés de notre propre village... où pouvions-nous aller ? Nous étions nés là, nous y avions grandi, nous y avions vécu. On dit que la terre est à celui qui la travaille. Cette terre de la mine, ce sont nos pères qui l'ont travaillée et c'est tout ce que nous avons pour vivre. Nous étions des étrangers dans notre propre pays.

Ils nous ont conduits jusqu'à Oruro. Là, ils nous ont laissés sur une place avec toutes nos affaires. Et ils sont repartis. Nous n'avions aucun endroit où aller, pas de maison où mettre nos affaires. Nous étions jetés à la rue, sans avoir même de quoi préparer à manger...

Que faire ? Je suis allée chercher mon père. Lui aussi était très pauvre. Il vivait dans un petit logement de deux pièces. Il a vidé l'une d'elles pour nous, pour que j'y laisse nos affaires.

Fabiola, ma deuxième fille, était en classe préparatoire et elle était restée à Siglo XX. La maîtresse avait dit que les parents pouvaient bien être « diaboliques », mais qu'on ne pouvait pas refuser l'éducation aux enfants ; qu'elle avait fait le serment de faire la classe à tous les enfants, sans discrimination ; et qu'elle n'acceptait pas l'ingérence de la direction.

— Madame, m'a-t-elle dit, si vous n'avez personne à qui laisser votre fille, laissez-la-moi. Elle habitera chez moi et terminera son année scolaire. Prévenez-moi de l'endroit où vous vous installerez, et à la fin de l'année je vous la ramènerai.

Et ma fille est restée avec la maîtresse. Mais mes autres enfants n'ont pas pu continuer la classe. Ils pleuraient jour et nuit en se rappelant Siglo XX, la maison, la nourriture, et ceci, et cela.

Alors, j'ai décidé de rentrer à Siglo XX. C'était à la fin de juillet. A sept heures du soir, je suis partie avec les enfants et je suis allée à la maison de ma sœur. Elle travaillait au terril et avait un petit logement. Je suis restée là, pratiquement sans sortir, avec tous mes enfants. J'avais laissé presque tout l'argent à mon compagnon qui était resté à Oruro, car je savais que s'ils m'attrapaient, ils me prendraient tout. J'avais seulement pris 500 pesos pour acheter de quoi manger. Et j'étais grosse, j'attendais un autre enfant.

Mon mari m'a dit :

— Je vais travailler, je vais chercher un autre travail.

Mais la malchance voulait qu'il ait été mis sur la liste noire, et personne, nulle part, n'acceptait de lui donner du travail. C'était un ordre du ministère de l'Intérieur. Alors il a commencé à boire et à dépenser tout l'argent de ses indemnités. Et moi je ne savais rien de tout cela.

Le 15 septembre, mon père est arrivé et il m'a mise au courant :

— Ma fille, ton mari ne fait que tourner en rond. Pourquoi lui as-tu donné tout l'argent ? Il le dépense à pleines mains. Je l'ai un peu rappelé à l'ordre mais il m'a dit : c'est ça mon travail, maintenant. Dis à ton compagnon de ne pas dépenser comme ça, il faut que vous pensiez à l'avenir de vos enfants. Il faudrait voir si vous pouvez faire un petit commerce où si vous pouvez quitter la mine. Si vous aviez la possibilité de partir, ce serait bien de pouvoir vous habituer à la vie de la ville, pour l'avenir des enfants.

— D'accord, lui ai-je dit.

L'argent me manquait déjà, je n'avais plus de vivres, plus rien à manger. Alors, ce même jour, le 15 septembre, je suis allée à Oruro.

A Oruro, j'ai trouvé mon compagnon. Il avait vraiment beaucoup bu. Quand il m'a vue, il m'a dit méchamment :

— Pourquoi n'as-tu pas amené les enfants ?

Et ceci, et cela. Manifestement, il avait dans la tête que c'était moi la coupable s'il ne pouvait trouver aucun travail. Bref, nous avons eu une crise entre nous. Finalement, j'ai attendu qu'il ne soit plus ivre et, après, j'ai recommencé à lui parler :

— Ecoute, puisque nous avons l'occasion de quitter Siglo XX, c'est mieux que nous restions ici, à la ville, jusqu'à ce que j'aie mon enfant. Nous pouvons travailler ici.

Mon mari m'a vite expliqué qu'il avait trouvé deux fois du travail, mais que le ministère de l'Intérieur le faisait chasser à chaque fois parce qu'il était sur la liste noire. Où aller ? Il était très découragé et la chose ne lui paraissait pas si simple.

Alors moi, je lui ai dit :

— Je crois que ce sera plus facile quand je serai ici. Moi

aussi, je vais travailler. Mais ne bois plus comme ça. Je vais revenir avec les enfants.

J'ai pris les 1 000 pesos, j'ai acheté de la flanelle et d'autres choses pour le trousseau du bébé qui allait naître. J'ai acheté d'autres choses pour les enfants ; il fallait que je les chausse tous. Le peu d'argent qui restait, je l'ai confié à mon père. Et je suis retournée à Siglo XX.

13. Retour en prison

En arrivant le soir à Playa Verde, sur la place, j'ai été arrêtée. Un capitaine est sorti et il m'a dit :

— Ecoutez madame, je ne veux pas avoir de problème avec vous. Il vaut mieux que vous partiez. Il y a un mandat d'arrêt contre vous. Vous connaissiez Norberta de Aguilar, oui ? Elle a été arrêtée parce qu'on a dit qu'elle faisait la liaison avec la guérilla et elle vous a dénoncée... Qui peut savoir pourquoi ?... Enfin, il y a un mandat d'arrêt contre vous. Mais vous êtes enceinte, alors partez, disparaissez. Parce que, vous comprenez, si je vous arrête, je ne veux pas charger ma conscience. C'est trop grave. Il vaut mieux que vous partiez.

— Mais, monsieur, je veux rejoindre mes enfants. Je vous promets que je reviendrai.

— Non, madame. Si c'est tellement urgent, envoyez votre mari chercher vos enfants. Il n'y a pas de mandat d'arrêt contre lui. Contre vous, oui. Partez, cela vaut mieux.

Et il a fait descendre mes affaires du transport et il m'a embarquée sur un autre qui m'a ramenée à Oruro. Là, à Oruro, j'ai retrouvé mon mari qui buvait, qui buvait de plus en plus. Quand je lui ai demandé : « Pourquoi est-ce que tu bois ? » Oh la la ! Mal m'en a pris. Il m'a dit que c'était de ma faute s'il était sans travail, que c'était de ma faute s'il buvait, comme ça, et que ce que je lui racontais ne l'intéressait absolument pas.

Enfin, il a récupéré et, le lendemain, nous avons parlé :

— Ecoute, ils ne me laissent pas entrer à Siglo XX. Les enfants se trouvent sans personne, sans rien.

— Je n'irai pas, m'a-t-il dit. Pourquoi est-ce que j'irais ?

J'étais complètement désespérée.

Alors mon père m'a dit :

— Ecoute, petite fille, pourquoi te désoler ? Pourquoi pleurer, est-ce que tu es vraiment stupide ? A quoi ça te sert que je t'aie appris à lire, à quoi ça te sert de t'être occupée des problèmes syndicaux, politiques et tout, si tu ne sais pas les choses élémentaires ? Tu ne vas quand même pas y retourner avec la même apparence, avec la même allure ? Il faut te transformer, ma petite, et passer clandestinement.

Et il m'a donné plein de conseils.

Bon, moi je n'étais ni gourde ni paresseuse, et puis il y avait la peur, le temps qui pressait ; je me suis fait couper les cheveux, je me suis fait teindre et coiffer autrement, je me suis acheté une autre robe. Je pensais que je pourrais passer comme ça. Mais tout a été inutile.

Quand nous sommes arrivés au poste de Playa Verde, il y a un type qui a crié :

— Un instant, s'il vous plaît !

Et vlan ! il est entré dans la bicoque. Il est revenu au camion avec deux agents et il a dit :

— Arrêtez cette femme, s'il vous plaît.

Pour la première fois, j'étais terrorisée. Mes genoux tremblaient, ils s'entrechoquaient. A cet instant, j'aurais voulu disparaître. Sincèrement, on aurait dit que mon corps devinait ce qui allait se passer. Je tremblais... c'était comme si mon cœur se trouvait pris dans une main de fer.

Ils ont dit :

— Cette femme descend ici.

— Non, non, je leur disais. Pourquoi veulent-ils me faire descendre ? Je me sens mal...

— Rien à faire. Si cette femme ne descend pas, le camion ne repart pas.

Et ils ne le laissaient pas repartir. Les gens disaient :

— Pourquoi ne réglez-vous pas rapidement vos problèmes ? Il faut que nous partions. Vite ! Faites-la descendre.

Et ceci, et cela. Alors le chauffeur s'est approché et m'a dit :

— Madame, est-ce que vous voulez que nous avisions votre famille ?

Je n'ai pas eu le temps de répondre, l'agent qui était derrière moi ne m'a pas laissée parler. Il m'a attrapée et m'a fait descendre. Et ils ont descendu toutes mes affaires.

Ils m'ont fouillée, centimètre par centimètre. Il y avait trois agents et ils m'ont fouillée tous les trois. Mes cheveux aussi, ils m'ont toute dépeignée. Les cicatrices que j'ai sur les jambes, ils voulaient savoir d'où elles venaient, ce que j'avais fait, pourquoi je l'avais fait. Ils ont tout fouillé, absolument tout fouillé. Cela s'est passé le 20 septembre.

Ils m'ont mise dans un endroit isolé et je suis restée là. L'après-midi, un sergent est venu et il m'a demandé :

— Comment vous appelez-vous ?

J'ai répondu :

— Vous devez bien savoir qui je suis. Ou bien est-ce que vous m'avez arrêtée au hasard ?

C'est tout ce que j'ai trouvé à dire sur le moment. Alors il a crié :

— Merde ! Tu veux te moquer de moi ? Ici, c'est moi qui pose les questions !

Il m'a demandé mon nom, d'où je venais, où j'allais, où se trouvait mon mari, quelle était ma mission à Siglo XX. Alors je lui ai tout dit.

Ils m'ont laissée seule, enfermée. J'entendais seulement les pas de quelqu'un qui marchait comme ça : un, deux, trois... un, deux, trois... J'essayais de me distraire en les comptant. J'essayais d'oublier ce que je vivais. Je me levais, je me rasseyais. J'avais froid, mon ventre me faisait mal, j'avais soif, j'avais peur.

Un type est entré dans la cellule. J'ai su par la suite qu'il était le fils d'un colonel. Je ne sais pas si c'était la nuit ou le jour, parce que ma cellule était toujours dans l'obscurité.

Il m'a dit qu'il venait pour m'interroger et pour me forcer à parler. Et, avec beaucoup d'arrogance, il a commencé à me poser des questions sur la guérilla ; est-ce que je la connaissais, est-ce que j'y participais ?

Mais son but principal, c'était de se moquer de moi. Je l'ai compris dès le début. Et comme il avait vu que j'attendais un enfant, il me demandait si je savais à quoi servent les femmes.

Et pourquoi nous nous cassions la tête, nous les femmes, puisque la femme n'est faite que pour donner du plaisir à l'homme. Et il m'insultait. Et il a fini par dire que mon mari ne m'avait certainement jamais donné de plaisir, sans ça je n'aurais pas voulu faire quelque chose de plus grand, de plus... Et qu'eux ils allaient me forcer, oui. Que si je ne voulais pas que tout cela m'arrive, il fallait que je dise tout. Qu'ils savaient très bien, eux, que j'étais une liaison de la guérilla et que j'avais reçu des quantités d'argent, et que c'était de l'argent que les guérilleros avaient volé au peuple.

Je me taisais, je me taisais, et je ne voulais rien entendre. Alors il a commencé à se faire plus violent, à hurler, j'étais affolée. Il s'est mis à me battre, à me donner des gifles, il voulait m'attraper. Mais je ne le laissais pas faire, je ne le laissais pas. Il m'a craché au visage. Ensuite, il m'a donné un coup de pied. Je n'ai pas pu résister et je lui ai donné une gifle. Il m'a rendu un coup de poing. Je lui ai griffé la figure. Alors il s'est mis à m'empoigner en me rouant de coups. Moi, je me suis défendue autant que j'ai pu. Et lui, il me frappait, il me frappait et il disait :

— Et Norberta ? Norberta de Aguilar, elle a déclaré que vous avez reçu 120 millions de pesos, sur instructions d'Inti Peredo *, et que vous faites la liaison avec la guérilla et que vous vous êtes engagée à recruter des gens.

Moi, je répondais :

— C'est faux ! Bien sûr, je connais Norberta. Mais je ne suis pas une liaison. C'est faux, c'est faux...

— C'est vrai ! C'est vrai ! Vous ne pouvez pas le nier. Vous voulez la preuve ? Allons-y !... (Il a appelé la sentinelle.) Apporte-moi les lettres que nous avons comme preuves contre cette salope.

Et ils ont apporté une lettre avec une belle écriture, une belle orthographe... Mais justement parce que Norberta est mon amie, je savais comment elle écrivait, et ça n'était pas du tout ce que je voyais sur la lettre. Il y était dit qu'elle, Norberta de Aguilar, sous la pression que le gouvernement avait exercée contre ses enfants, déclarait que, sur instructions que lui avait données Inti,

---

*** Compagnon du Che, son successeur comme chef de l'Armée de libération nationale (E.L.N.), mort à La Paz en 1969.**

elle m'avait remis 120 millions pour recruter des gens dans les mines et les envoyer à la guérilla. Et que je m'étais engagée à envoyer cinquante hommes à la guérilla avant la fin de l'année. Et qu'elle déclarait tout cela pour sauver la vie de ses enfants. « Puisse la patrie comprendre et vous me pardonner », disait-elle. Et elle signait à la fin : « Norberta, veuve Aguilar ».

— C'est écrit là, c'est écrit là ! disait le militaire. C'est ton amie qui t'a dénoncée !

— Mais c'est justement parce que c'est mon amie que je ne reconnais ni son écriture ni sa signature.

Il s'est mis en rage :

— Tu vas encore nier ? Nous avons les preuves. Tu en veux d'autres ?

Alors ils m'ont fait entendre un enregistrement où une étudiante de l'université disait qu'elle m'avait remis une somme de 150 millions, sur instructions d'un certain Negrón.

J'ai fait mes comptes, ils voulaient m'extorquer 270 millions de pesos !

— Où as-tu mis l'argent ? Salope ! où l'as-tu mis ? criait le type.

Et il me frappait en me disant de parler, de parler. Il me frappait sans pitié, moi qui étais enceinte de huit mois...

Le petit soldat qui était à côté de moi regardait avec tristesse le type me battre. Et le type lui disait de ne pas avoir de pitié pour ces créatures, pour ces communistes qui n'ont pas de morale, qui sont pire que des bêtes... Et il continuait à me battre sans aucune pitié.

Moi, autant que j'ai pu, je me suis défendue. Et plus je me défendais, plus le type devenait enragé, parce qu'il avait un peu bu en plus, vous comprenez, et il me frappait de plus en plus furieux.

A un moment donné, il m'a mis son genou sur le ventre. Il m'a serré le cou, il commençait à m'étrangler. Moi je criais, je criais... J'avais l'impression qu'il allait me faire éclater le ventre... J'ai senti qu'il m'étranglait de plus en plus... La respiration me manquait déjà. Alors, avec mes deux mains, de toutes mes forces, je lui ai ôté les mains. Je ne sais plus comment, mais je lui ai attrapé un poing et je l'ai mordu, mordu... J'étais tellement folle de rage, tellement à bout de nerfs, que je ne me suis pas rendu compte que je le mordais, n'est-ce pas ? Vraiment, je ne m'en suis pas rendu compte. J'étais dans un tel désespoir !

Quand, tout à coup, j'ai senti un liquide chaud et salé dans ma bouche... je l'ai lâché... et j'ai vu : la chair pendait de sa main, comme ça, arrachée. Ça m'a fait un choc terrible de sentir son sang dans ma bouche... Pouah ! je lui ai craché son sang sur tout le visage.

Alors ça a été la fin pour moi. La fin !...

Le type a crié, un hurlement terrible. Il me rouait de coups de pied. Il criait. Il a appelé les soldats et il m'a fait attraper par quatre d'entre eux. Il avait une grosse bague carrée. Je ne sais pas ce qu'il a fait avec la main, mais il m'a battue, il m'a battue, il m'a fait crier. Et pendant que je criais, il m'a donné un coup de poing dans la figure. Après, je ne me rappelle plus... Tout ce que je me rappelle, c'est que j'ai senti comme si ma tête éclatait... J'ai vu comme du feu qui tombait tout autour de moi. C'est tout.

Quand je me suis réveillée, j'étais en train d'avaler un morceau de dent. Je l'ai senti dans ma gorge. Alors je me suis rendu compte que le type m'avait cassé six dents. Mon sang coulait et je ne pouvais pas ouvrir les yeux ni respirer par le nez. Mes yeux étaient complètement fermés.

Je me suis évanouie de nouveau.

Brusquement, je suis revenue à moi... Ils me jetaient de l'eau. J'étais trempée.

D'autres militaires étaient là. Et ils m'ont dit que cette fois... j'avais fait mal au fils d'un colonel, et que cela allait me coûter cher.

— Mettez-moi cette merde à l'intérieur ! a crié l'un d'eux.

Et en me frappant, en m'empoignant, ils m'ont mise dans une autre cellule. Elle était encore plus obscure que la première. Beaucoup plus obscure. On ne pouvait presque rien distinguer.

Après un long moment, j'ai distingué une ombre... une ombre qui approchait de l'autre côté. Ah ! quelle peur j'ai eue ! J'avais envie de hurler. J'étais désespérée, je me rappelais cet homme éhonté qui avait essayé de me prendre et de faire de moi ce qu'il voulait. Et j'ai pensé qu'on m'avait mise seule en face d'une personne encore plus mauvaise. J'étais dans un état de nerfs terrible. J'ai reculé, j'ai reculé, j'ai reculé... Finalement, je me suis heurtée au mur. Et la forme avançait, avançait... Avec difficulté, en s'accrochant au mur, elle avançait vers moi.

Je me demandais : « Qu'est-ce que c'est ? Qu'est-ce que c'est ? » Je pensais que c'en était encore un autre qui venait me maltraiter.

Mais non... Il devait s'agir d'un camarade qui avait dû être torturé lui aussi. Je pense que c'était cela, à cause de la difficulté qu'il avait à se mouvoir.

Quand je n'ai plus pu reculer davantage, il m'a posé la main sur mon bras et m'a dit :

— Courage, compagnon... Notre lutte est grande... si grande !... Il ne faut pas lâcher. Il faut croire dans notre avenir.

Et il s'est mis à chanter tout bas une chanson révolutionnaire très connue à Siglo XX. J'étais déjà presque évanouie de peur et je n'avais pas la force de parler. Alors la seule chose que j'ai pu faire, c'est de lui prendre la main. Nous sommes restés longtemps comme cela, à nous tenir la main. Et je n'ai pas osé lui dire qui j'étais, même pas que j'étais une femme, rien.

Il continuait à me parler :

— Il faut être courageux, il faut être confiants... Il faut nous communiquer notre force l'un à l'autre. Nous ne sommes pas seuls, compagnon... Ce que nous faisons, ce n'est pas pour nous... Notre cause est très grande et il ne faut pas mourir...

Et il me disait comme cela des paroles qui sont restées gravées pour toujours dans ma mémoire. Quel soulagement dans ce moment de si grand désespoir... Aujourd'hui encore, je ne sais pas qui était cette personne.

Je ne sais pas combien d'heures ont passé, quatre types sont entrés avec des lanternes. Ils m'ont emmenée. Mon compagnon de cellule a seulement pu dire :

— Courage... courage...

Ils m'ont ramenée dans la cellule où j'avais été avant. Un homme en civil se trouvait là, il était fou de rage. Il m'a tout de suite donné une gifle et il m'a dit :

— C'est ça la chienne qui a mordu mon fils ? C'est ça la chienne qui a marqué la figure de mon fils ?

Et il m'a jetée par terre.

Alors il s'est mis à me piétiner les mains, comme ça, ses pieds sur mes mains, et il disait :

— Ces deux mains, elles ne toucheront plus jamais la figure

de mon fils ! Même sa mère, même moi, nous ne l'avons jamais touchée ! Et cette chienne affamée... Qu'est-ce que tu voulais ? Manger mon fils ? Chienne !...

Et il me cognait dessus avec rage. Et puis il m'a dit :

— Parfait ! Tu attends un enfant. Nous allons nous venger sur lui.

Et il a sorti un couteau et il s'est mis à l'affûter devant moi... Et il me disait qu'il avait tout le temps d'attendre la naissance de mon enfant et qu'avec ce couteau il en ferait du hachis.

J'étais vraiment terrorisée. J'ai pensé : « Comment est-ce possible qu'il fasse ça à mon fils ? » Et j'ai dit au colonel :

— Ecoutez monsieur. Vous êtes père... Comprenez-moi ! Votre fils piétinait mon enfant sans défense dans mon ventre, il l'écrasait à coups de pied... C'est pour cette raison que je me suis défendue comme j'ai pu, j'ai osé défendre mon enfant comme une mère. Comprenez-moi, monsieur ! On m'a calomniée en m'accusant d'un tas de choses que je n'ai pas faites. Je ne suis pas une liaison, je ne suis rien de tout cela. Oui, j'ai été au comité des ménagères. Mais si vous me libérez, je ne me mêlerai plus de rien. Mais s'il vous plaît, monsieur, libérez-moi ! Libérez-moi !... Je n'ai rien fait d'injuste. Une mère a toujours le devoir de défendre l'être qu'elle porte dans ses entrailles... Et votre fils était très en colère, il m'a piétiné le ventre. C'est pour ça que je me suis défendue. Je suis sûre que toutes les mères auraient fait pareil. Votre propre mère, elle aurait fait ce que j'ai fait si elle avait été dans ma situation. Monsieur... je vous en prie !...

L'autre continuait à affûter son couteau et se moquait de moi :

— Regardez ça, ce sont les bourreaux qui demandent pitié !...

Et il m'a dit qu'il n'était pas pressé. Et que plus longue serait mon agonie, meilleure serait sa vengeance.

Et il est sorti de la cellule en se moquant de moi.

Et, comme si c'était la fatalité du destin, le travail de l'accouchement a commencé. J'ai commencé à avoir des douleurs, des douleurs et des douleurs. J'étais tellement nerveuse... J'écoutais les pas du soldat, j'essayais de me retenir. Je ne voulais pas qu'il naisse ! Je me disais en moi-même : « S'il naît, je préférerais qu'il naisse mort... Je ne veux pas que le colonel le tue !...

Pourvu que mon enfant ne naisse pas vivant ! » Je suis réellement passée par une épreuve terrible...

Finalement, je n'ai pas pu résister. Et j'ai été me fourrer dans un coin. Je me suis adossée et je me suis cachée la tête, je n'avais plus la force de rien faire. La tête me faisait mal comme si elle allait éclater. Je ne me rappelle pas si mon enfant est né vivant... ou s'il est né mort... je ne sais rien. Tout ce que je me rappelle, c'est que je m'étais rencoignée là et que je m'étais caché la tête parce que je n'en pouvais plus. Il forçait, il forçait... Je me suis rendu compte que la tête était en train de passer... et à ce moment-là je me suis évanouie.

Je ne sais pas combien de temps s'est écoulé, j'ai eu l'impression que je me réveillais d'un rêve et que j'étais dans mon lit. Je cherchais à me couvrir... Je voulais sentir mes pieds, les bouger, mais je ne les sentais pas. Il me semblait que je n'avais pas de pieds... Il me semblait que je n'avais plus qu'un bras, l'autre je ne le sentais pas non plus. Et je cherchais à me couvrir... Et il n'y avait pas de couvertures.

« Où suis-je ? Où suis-je ? » J'ai essayé de réagir et j'ai entendu les pas du soldat. Alors je me suis rappelée la réalité : « Ah ! oui, je suis en prison. Qu'est-ce qui s'est passé ? »

Je me suis rappelée tout le reste et j'ai pensé : « Où est le bébé ? »

Et j'ai voulu me lever. Mais mon corps était tout engourdi, peut-être que je m'étais gelée à même le sol. J'étais trempée. Tout le sang et le liquide qui sort pendant l'accouchement m'avaient entièrement mouillée. Même mes cheveux étaient trempés d'eau et de sang.

Alors j'ai fait un effort et j'ai réussi à trouver le cordon de la *wawa*. Et à partir du cordon, en tirant sur le cordon... j'ai trouvé la *wawa*... complètement froide, gelée, là sur le sol.

Maintenant, je ne sais pas. Est-ce que le bébé est mort dans mon ventre ? Est-ce qu'il est mort après être né parce qu'il a manqué de soins ?... Je ne sais pas.

Quelle douleur de perdre un enfant comme cela ! Comme j'ai souffert pour ce petit que j'ai perdu !... Comme je l'ai pleuré en le cherchant !... Mon pauvre petit, qui a payé la rage de ces gens qui étaient tellement en colère contre moi !...

A la fin, j'ai réussi à prendre la *wawa* et j'ai essayé de lui donner de la chaleur avec mon corps. Je l'ai prise et je l'ai enveloppée dans mes vêtements. Je la gardais sur mon ventre en la couvrant, en la couvrant pour lui donner de la chaleur, même un tout petit peu. Sa tête résonnait comme une coquille d'œuf. J'ai touché tout son corps et je me suis rendu compte que c'était un garçon.

Et je me suis à nouveau évanouie.

Un soldat est venu m'appeler. Mais j'étais en train de rêver que mon fils était là, à rire et à pleurer en même temps. Le soldat m'a réveillée :

— Madame, madame...

— Petit soldat, s'il vous plaît, lui ai-je dit, ma *wawita* pleure. Prenez-moi ma *wawita*...

Le soldat s'est affolé et il est parti en courant :

— Mon colonel ! Mon colonel ! Cette femme a accouché ! Elle a accouché !

Le colonel a crié :

— Quoi ? Elle a accouché ?

Et il est entré.

— Lève-toi, garce !

Et il m'a donné un coup de pied. Je n'ai pas senti grand-chose, car j'étais à moitié gelée. Au-dessous de la ceinture, je ne sentais rien. Et comme le placenta n'était pas sorti, l'hémorragie était très forte. Ma vue était brouillée.

Le colonel m'a éclairée avec une lanterne, et alors j'ai pu voir mon petit. Le colonel l'a attrapé par ses petites mains, l'a soulevé et me l'a rejeté avec dégoût. Il s'était sali, la *wawa* était encore sale. Il a crié :

— Salope ! cochonne !

Et, ensuite, il a dit :

— Apportez de l'eau.

Alors ils ont apporté deux baquets pleins d'eau froide et ils me l'ont jetée dessus. Brusquement, j'ai pu réagir, j'ai pu bouger et je me suis rendu compte que j'avais encore des pieds. Parce que j'avais l'impression qu'on m'avait coupée à la ceinture.

Alors est entré un sergent qui avait été carabinier et il a dit :

— Excusez-moi, mon colonel. Cette femme va mourir d'un instant à l'autre.

Il a pris mon pouls et il a dit :

— J'ai un peu d'expérience. Cette femme va mourir et nous ne pourrons pas l'interroger. Il vaudrait mieux l'aider. Elle semble faire de la rétention de placenta...

Il m'a regardée et m'a demandé :

— Vous avez rendu le placenta ?

— Je ne sais pas, ai-je dit, je ne sais pas.

Le sergent m'a observée et il a dit que je ne l'avais pas rendu. Il a dit qu'il allait se charger de moi un moment et qu'ensuite le colonel pourrait m'interroger. Mais qu'on ne pouvait plus continuer comme cela, parce que j'allais mourir.

Le colonel est parti à contrecœur. Et le sergent a commandé :

— Allez me chercher de l'eau tiède ! De l'eau chaude !

Et il a envoyé un autre soldat chercher deux vieilles couvertures. Alors il m'a dit :

— Maintenant je vais vous aider. Vous pouvez m'aider, vous aussi. Voyons ça.

Et il a essayé de faire sortir le placenta, et m'en a retiré, mais seulement la moitié.

Après, il m'a fait asseoir et il s'est mis à grogner :

— Mais qu'est-ce que tu as fabriqué, ma fille ? Tu étais enceinte, tu ne pouvais pas rester tranquille ? Pourquoi as-tu fait ça au fils du colonel ? Qu'est-ce que tu as fabriqué ? Pourquoi les femmes sont-elles rebelles comme ça ?

Les soldats ont apporté de l'eau dans deux baquets et le sergent m'a dit de me lever. Alors j'ai réussi à m'asseoir un peu. J'ai enlevé ma robe, je me suis lavé un peu les cheveux. Le sergent m'a enveloppée dans une écharpe qu'il avait, il m'a recouverte d'une vieille couverture comme vêtement il m'a mis l'autre couverture sur la tête.

Je ne pouvais pas me mettre debout. Alors je me suis couchée là et j'ai dit :

— Mon fils est mort ici, je vais mourir aussi ici... Dites-moi, pourquoi voulez-vous m'aider ? Je veux mourir ! Parce que si je ne meurs pas... si je ne meurs pas... Vous m'avez fait tellement souffrir que vous vous en repentirez. Vous vous en repentirez. Vous dites tout le temps que je suis une communiste, que je suis ceci et cela... Si je sors vivante, je vais vite l'être pour de bon, parce que maintenant j'ai pour vous une haine beaucoup plus grande et plus profonde. S'il vous plaît, pourquoi ne voulez-vous pas me tuer ?

— Bon, a dit le sergent, il faut rester calme, il faut garder la foi... Vous avez oublié Dieu...

Et il est parti.

Je suis restée toute seule dans la cellule. J'entendais les pas du soldat... Après, je ne me rappelle plus ce qui s'est passé. Je n'ai plus rien vu.

Je suis tombée dans un profond sommeil... Je voyais un sommet très élevé. Je tombais dans un grand ravin... Je me voyais tomber, me déchirer en morceaux de chair, de cervelle... Tout s'éparpillait sur ces rochers noirs... tout s'éparpillait... jusqu'à ce que je tombe au fond. Et je tombais... et je me relevais. J'avais une espèce de chemise blanche très longue, attachée avec une épingle, et j'allais moi-même ramasser ma chair, morceau par morceau, avec beaucoup de difficulté... En râclant... en râclant les rochers, je montais, je montais... et la moindre goutte de sang que je rencontrais, je la nettoyais avec une épingle de cette chemise, je nettoyais tout. Et je me disais dans mon rêve : il faut absolument que j'arrive au sommet. Quand je serai arrivée à la lumière, je serai sauvée. Et je montais, je montais en ramassant et en nettoyant, sans arrêt... J'arrivais à la lumière. Et là je voyais des visages déformés, moitié blancs, moitié bleus, ils venaient à ma rencontre, au-dessus de moi, ils me regardaient... Et je retombais. Je ne sais pas combien de temps j'ai été comme ça, je ne sais pas.

Enfin j'ai repris connaissance... J'étais dans une clinique. Les figures déformées que je voyais se sont peu à peu éclaircies : c'était le docteur et les infirmières avec leurs coiffes et leurs masques, ils me regardaient et me soignaient. Et la lumière que je voyais sur le sommet, c'était l'éclairage très fort de la salle d'opération.

Dans mon rêve, j'entendais aussi un ricanement qui se moquait de moi. Je l'entendais chaque fois que je retombais au fond. J'entendais qu'on riait de moi... Je me suis rendu compte par la suite que le rire était celui des agents qui me gardaient en jouant aux dés ou à d'autres jeux, tout près. Parce qu'il y avait des agents qui me gardaient. Et ils jouaient, ils riaient. Peu à peu, j'ai récupéré... et tout s'est éclairci.

J'avais très mal à la tête, mon corps me faisait horriblement mal. Et les agents étaient toujours là, à côté de mon lit. Aussi, quand le docteur venait me soigner, je voyais toujours ces visages qui m'observaient des pieds à la tête... Je les voyais rire... Je les voyais avec leurs mitraillettes posées à côté de moi, et il me venait une terreur, une peur, une honte... Je n'arrivais pas à supporter qu'on m'observe. Je ne voulais pas, je ne voulais pas. Je me recouvrais, je m'agrippais au lit... Il me semblait parfois qu'ils voulaient me pousser dans ce ravin... Et je perdais de nouveau connaissance.

Je ne sais pas combien de temps a passé comme ça. Je ne sais pas combien de jours ont passé. J'avais des attaques d'hystérie et alors je criais sans arrêt. C'était à cause de mon enfant, non ? Parce que j'avais toujours cette idée qu'ils le faisaient tomber et que je le cherchais et que je ne trouvais pas. Et je voyais une espèce de gorille qui attrapait mon enfant, il le prenait par ses petites jambes, il le déchirait, il le mangeait. Et moi je criais sans pouvoir l'atteindre. Tout cela, ça se passait dans ma tête, mais c'était comme dans la réalité, non ? Alors je regardais le docteur dans sa blouse blanche et il me semblait que c'était un gorille qui mangeait la petite jambe de mon enfant et je me mettais à crier : « Rendez-moi mon enfant ! Mon enfant ! Ne le mangez pas ! » C'étaient des crises terribles. Il fallait qu'ils me fassent dormir tout le temps pour pouvoir me soigner. Ils me faisaient une injection de force et, une fois endormie, ils pouvaient me soigner. Le problème, c'est que tant que j'étais consciente, je ne laissais personne me toucher.

Finalement, le docteur m'a prise sous sa protection. Et il a dit aux agents de la police de s'en aller. Parce que, quand le docteur arrivait et que je voyais les agents avec leurs faces ricanantes, je leur disais :

— Allez-vous-en ! Je ne veux pas que vous me regardiez ! Je ne veux pas que vous vous moquiez de moi ! Je ne veux pas...

Et je criais, je criais... Parce que, quand je les voyais rire, il me semblait que leurs bouches se mettaient à grandir et devenaient immenses. Et je me désespérais à entendre leurs éclats de rire.

C'est pour cela que le médecin, préoccupé, a dit aux agents :

— Ecoutez, vous cassez la vaisselle et après vous me l'apportez pour que je la répare. Si vous n'avez pas confiance en moi, il ne fallait pas me l'amener ici. S'il vous plaît, chaque fois que je viendrai la soigner, levez-vous et sortez.

Après, il m'a dit qu'il avait fait serment, comme médecin, de sauver les vies humaines, et que si j'étais dans sa clinique, c'était seulement pour être sauvée, pour être soignée, pas pour être torturée. Que je devais avoir confiance en lui. Et que si j'avais perdu un enfant, je devais me rappeler que j'avais d'autres petits et que ces autres enfants m'attendaient... Que j'étais mère et que je devais avoir du courage pour affronter toutes ces choses.

Ainsi, petit à petit, il m'a convaincue. Il me disait : « Prends-moi comme ami, je veux l'être. » Et, finalement, il m'a dit qu'il voulait m'aider, mais que les agents ne le laissaient pas faire.

Quand le docteur avait fini les soins, les agents revenaient. Et ils étaient toujours là, à me regarder. Ils ne me laissaient pas seule. Mais c'était devenu différent parce qu'ils n'étaient plus dans la chambre quand le docteur me voyait.

Et puis quelqu'un, à l'hôpital, m'a reconnue et s'est mis en contact avec ma famille.

Pendant tout cela, qu'était devenue ma famille ?

Mon père pensait que j'étais à Siglo XX depuis le jour où j'avais quitté sa maison, c'est-à-dire depuis le 20. Mes sœurs et mes enfants pensaient que je me trouvais à Oruro. Aussi personne ne s'était préoccupé de me chercher. Mais, le 30, mon père s'est rendu à Siglo XX et, à son arrivée, mes enfants lui ont demandé :

— Grand-père, mais maman, où est-elle ?

— Comment, où est-elle ? Mais elle est partie le 20... Cela fait dix jours qu'elle devrait être ici !

Ils se sont mis immédiatement à me chercher. Quel désespoir ! Ils ont commencé par retrouver le camion dans lequel j'avais voyagé le 20, et là on leur a dit que j'avais été arrêtée ce jour-là et qu'ils ne savaient pas qui j'étais, et que j'étais restée à Playa Verde.

Ils ont été à Playa Verde et on leur a dit que je n'étais pas là et que tous les prisonniers avaient été transférés à La Paz, à Oruro et à Cochabamba.

Mon mari est allé à La Paz, et là on lui a dit :

— Mais qui est-ce votre femme ?... C'est cette communiste ?... Ah !... Et, bien sûr, elle est partie avec tout votre argent... Mais oui, bien sûr, elle est partie avec son amant, ta femme. Et toi, tu es resté seul avec les enfants, sans argent. Elles sont comme ça, les communistes... Elles n'ont pas de morale...

Et ceci, et cela. Et mon mari est revenu avec ce doute en plus. Mais quand il en a parlé à mon père, celui-ci lui a précisé :

— C'est à moi qu'elle a laissé l'argent. Je l'ai ici. Il est arrivé quelque chose à ma fille.

Ils en étaient là quand un garçon est venu leur dire qu'il y avait quelqu'un qui pouvait les renseigner. Et à Oruro, on a avisé mon père que j'étais dans une clinique, que j'étais à moitié morte et qu'il fallait faire l'impossible pour me tirer de là. Car on me réclamait déjà à La Paz, il était déjà venu une commission de la D.I.C. pour me reprendre et m'emmener de nouveau à La Paz pour m'y interroger.

Alors mon père et mon mari ont commencé à faire des démarches. Ils sont allés à l'université, ils ont dénoncé la situation où je me trouvais, ils ont remué ciel et terre.

Ils sont allés à la D.I.C. d'Oruro et là, d'après ce qu'on m'a dit, mon père s'est mis à crier :

— Comment est-ce possible ? C'est injuste ! Moi qui ai fait la guerre... Moi qui ai servi si longtemps la patrie... Je suis un ancien combattant... Ce n'est pas juste de faire ça à ma fille... Si ma fille est comme ça, c'est parce que je l'ai faite comme ça, moi... Alors fusillez-moi... Parce que ses idées, c'est moi qui les lui ai données.

Et on raconte que mon père est sorti de la D.I.C. en criant comme ça, comme un fou. Et, à la porte, il s'est heurté à un monsieur qui nous avait connus à Pulacayo, du temps où mon père était tailleur dans la police de la mine. A Pulacayo, ce monsieur était commissaire, et maintenant il était colonel et il faisait partie de la commission qui était venue me chercher. Bref, mon père s'est heurté à lui et il l'a vu. Et l'autre l'a reconnu, lui aussi, et lui a dit :

— Qu'est-ce que tu fais ici, Barrios ?

Et ils se sont embrassés. Alors mon père lui a dit :

— Je ne sais pas qui leur a raconté des histoires sur ma fille... On l'a calomniée, on a dit qu'elle est une liaison de la guérilla, et ceci, et cela... On l'a confondue avec quelqu'un d'autre...

Et ce monsieur, comme il avait beaucoup d'estime pour mon

père, a essayé de l'aider. Il a dit que la seule solution était de m'envoyer à Los Yungas pour que je ne parle pas. Los Yungas est une région tropicale, chaude, où l'on cultive du café, des oranges, des bananes, toutes sortes de fruits. C'est une région très différente de l'Altiplano, qui est haut et froid et où il y a surtout du minerai.

Les gens de la D.I.C. sont venus à l'hôpital et ils m'ont menacée au cas où je reviendrais à la ville et où je dénoncerais ce qu'ils m'avaient fait ; alors ce colonel qui me donnait la liberté, eh bien ! il irait prendre son pistolet, il en lâcherait trois coups sur mon père. Le colonel m'a d'abord dit qu'il n'était pas très convaincu de mon innocence. Ensuite, il m'a expliqué :

— Je vais faire le nécessaire pour qu'on te mette en liberté provisoire à cause de l'estime que j'ai pour ton père, parce que je l'ai vu tellement souffrir, le pauvre homme, pour vous élever, orphelins, à cause de toute l'amitié que je lui porte. Mais écoute : je joue ma peau, je joue mon prestige, je joue ma situation en vous donnant ta liberté. Mais si tu quittes l'endroit où nous t'envoyons, si tu viens à la ville et si tu parles, la seule chose qu'il me restera à faire, c'est de prendre mon revolver et de le vider dans le corps de ton père. Trois coups dans la tête, et il n'en restera rien... sache-le bien...

Alors ils m'ont prise et ils m'ont fait monter dans un camion. Mon père et mon mari l'avaient loué pour m'emmener. On avait préparé un lit dans le camion et on m'a couchée dedans.

Le docteur m'a donné une petite caisse de médicaments et il m'a dit :

— Bonne chance... Prends ces cachets, c'est contre le mal de cœur. Bonne chance.

Et il m'a dit qu'il y avait toutes les indications pour les médicaments dans la caisse.

Aujourd'hui encore, je ne sais pas dans quel hôpital j'ai été. Je sais seulement que c'était à Oruro. Mon père m'a dit :

— Qu'est-ce que tu as besoin de savoir ? Contente-toi ma fille, de savoir qu'il y a eu une personne bonne qui a voulu t'aider, au milieu de tant de mauvaises.

14. A Los Yungas « pour que je ne parle pas »

Je ne savais pas que nous partions en exil. Le camion a démarré et je me suis endormie.

Je me suis réveillée au lever du jour. Je sentais une grande chaleur et j'entendais le chant des oiseaux. J'ai regardé en l'air et j'ai vu des arbres. J'ai crié :

— Où sommes-nous ?

Alors mon mari a dit :

— Calme-toi, ma fille. Tu es en sécurité...

Et il s'est mis à me parler en me rassurant.

Je l'ai regardé et, tout d'un coup, j'ai reconnu mon mari. Je lui ai demandé :

— Où sommes-nous ? Qu'est-ce que nous faisons ?

— Nous allons dans un endroit où tu pourras te soigner, où tu pourras retrouver la santé. Calme-toi.

Je me suis mise à crier :

— Où est-ce qu'on m'emmène ?

Alors mon mari a fait arrêter le camion. Mon père, qui était dans la cabine, à l'avant, est descendu. Il est venu me voir, il m'a embrassée en pleurant et il a dit :

— La seule chose qui compte, c'est de te sauver la vie, ma fille. C'est ça qui compte.

Et comme il est religieux et qu'il voit tout de cette façon-là, comme l'œuvre de Dieu, il me disait :

— Dieu est grand et il a permis que tu restes en vie. Et il va permettre que tu guérisses. Nous allons dans un paradis où tu ne connaîtras plus le martyre que tu as souffert. Tu vas connaître Los Yungas, c'est là que nous allons vivre. Quand tu seras remise, nous retournerons ensemble à Siglo XX.

Et nous sommes arrivés à Los Yungas. Avec le peu d'argent qui nous restait, nous avons acheté une petite maison et un peu de terrain à cultiver. Ensuite, mon mari est allé à Siglo XX pour ramener les enfants.

Alors j'ai appris que je devais me présenter chaque jour, oui chaque jour, à la D.I.C. locale pour signer un registre de présence qui prouvait que je n'étais pas sortie du village : c'est-à-dire que j'étais, on peut dire le mot, déportée avec toute ma famille. Je n'avais pas le droit de quitter cet endroit.

Il n'existait aucune assistance médicale. Pas même une personne capable de faire les piqûres d'antibiotiques que le docteur m'avait prescrites. Et avec cette chaleur que je n'avais jamais connue sur l'Altiplano, avec ces bêtes que je n'avais jamais vues... avec tout cela et avec les plaies que j'avais, j'ai commencé à me pourrir. Les plaies se sont terriblement infectées. Mon organisme avait des bouffées de mauvaises odeurs... J'avais l'impression d'être au bord de la mort. J'avais des frissons violents. Et je me sentais si mal, si mal, qu'à la fin, dans mon désespoir, j'ai même fini par vider les ampoules injectables dans mon thé. Je me baignais tout le temps dans l'eau froide. Je me mettais des compresses humides. Ç'a été de justesse, oui vraiment de justesse si j'ai pu m'en sortir. Qu'est-ce que j'ai souffert longtemps !

Et puis, dans mes rêves, la *wawa* ne me quittait pas. Et quand mon mari est retourné à la mine pour chercher les autres enfants, je sortais la nuit de la maison en criant. Je voyais la *wawa*... C'était une chose épouvantable... J'avais quelque chose qui m'oppressait... Je voyais les visages de mes bourreaux... J'entendais leurs rires... Je les voyais qui mangeaient la *wawa*...

J'étais sur le point de redevenir folle... folle ! Parfois, l'envie me prenait de me jeter du haut du rocher le plus élevé et d'en finir. Les bêtes me piquaient... Tout me désespérait. Si je n'avais pas eu très forte en moi cette idée que j'allais revoir mes enfants... je crois que, cette fois, je me serais tuée parce que j'étais détruite, détruite. Je ne voulais pas souffrir davantage. Mes blessures me faisaient mal, je ne pouvais pas me reposer. Et quand je dormais, c'était pour rêver de choses horribles. C'était une chose... Oh !

Mon mari est arrivé, mes *wawas* sont arrivées et je me suis sentie un peu soulagée. Il m'a rapporté des médicaments, des pansements. J'ai pu réussir ainsi à me soigner. Mais avec quel mal ! Qu'est-ce que ç'a été dur !

A Los Yungas, tout était différent. Sur l'Altiplano, mous mangions de la viande, du pain, du sucre. A Los Yungas, nous n'avions que du manioc, des bananes à cuire, des choses auxquelles nous n'étions pas habitués.

Mon mari était très abattu par tous ces problèmes. Et il me disait que j'étais la coupable de tout cela ; qu'à la mine il pouvait au moins avoir un bon déjeuner avec de la viande. Et quand nous manquions de vêtements pour les petits, il me disait d'aller les demander au comité des ménagères, d'aller les demander au syndicat : lui aussi, il souffrait, il se sentait mal, non ?

Mes enfants collaboraient avec leur père sans le vouloir. Ils pleuraient en réclamant un morceau de viande, en réclamant du chocolat le dimanche, un bol de lait le dimanche...

Tout cela me causait une souffrance terrible, car je n'étais pas aussi consciente qu'aujourd'hui et j'avais parfois des doutes sur tout ce que j'avais fait. J'en arrivais presque à me renier.

Alors je partais dans la campagne à la recherche d'un travail. Et je travaillais jusqu'à ce que mes mains saignent, pour oublier mes drames, pour m'abrutir de travail et aussi pour gagner quelques centimes. Je revenais à la fin de la journée complètement défaite.

Je me sentais une criminelle... Dans les cellules de la D.I.C., ils avaient si bien réussi à me convaincre que c'était moi la grande coupable que je vivais avec un énorme sentiment de culpabilité. Je me repentais de m'être mêlée à toutes ces histoires du comité. Je me demandais en moi-même : « Pourquoi avoir parlé ? Pourquoi avoir protesté ? Pourquoi m'être engagée ? » Et je me désespérais. Parfois, je regrettais de ne pas avoir une cartouche de dynamite pour me faire sauter avec mes enfants et en finir avec tout ça. C'était tellement douloureux !...

Nous étions à Los Yungas depuis six mois quand mon père est venu nous rendre visite. Il était heureux de me retrouver en meilleure santé, avec du travail et des amis.

Les gens de Los Yungas étaient bons avec moi. Ils s'étonnaient de me voir travailler dans les champs comme eux. Ils savaient que, súr l'Altiplano, nous ne travaillons pas de la même manière qu'eux. Et cela les préoccupait de voir une femme travailler tellement. Ils m'aidaient en me donnant ce qu'ils avaient. Ils étaient très aimables. Et moi j'essayais d'être bonne avec eux. J'essayais de les aider avec les médicaments que j'avais. J'essayais de soigner des blessures. Et le peuple a commencé à m'aimer.

La visite de mon père a été très importante. J'ai pu parler. Quand mon père m'a demandé comme cela allait avec mon compagnon et mes enfants, je me suis mise à pleurer.

— Papa, toi qui as de l'expérience... toi qui as été militant politique... Pourquoi ne m'as-tu pas dit que tout cela avait des conséquences ? Pourquoi ne m'as-tu pas prévenue que tout ce que je faisais était mal ?

Et j'ai dit à mon père tout ce que je pensais dans mon angoisse.

Alors mon père m'a dit que, quand il était militant politique et qu'il voyait qu'il n'avait que trois filles, il se désespérait de ne pas avoir de garçon. Car il désirait avoir un fils, justement, pour poursuivre son idéal, continuer son travail, combattre jusqu'à la libération du peuple, jusqu'à la prise du pouvoir par la classe travailleuse. Et en voyant que j'avais suivi le même chemin, que j'avais son caractère, il se sentait heureux et fier de moi. Comment était-ce possible que je lui dise cela maintenant ?

— Non ma fille !... Ce que tu as fait est grand !... Voyons donc ce que tu as fait : tu as seulement protesté contre les injustices que le gouvernement a commises contre le peuple ! Ce n'est pas un crime cela, ma fille ! Au contraire, c'est une grande vérité. Et le peuple t'aime à cause de ton courage, il s'inquiète de toi. Je suis retourné à Siglo XX et tout le monde t'attend. Un jour, le gouvernement va tomber : il n'est pas éternel. Et alors tu vas rentrer et tu pourras être fière. Mais il faut que tu t'y prépares... Il ne faut pas rentrer dans l'état où tu es... Il faut que tu t'instruises davantage. Il faut que tu puisses répondre à cette confiance que le peuple a mise en toi. Etre dirigeante, cela ne signifie pas seulement accepter une charge, c'est une très grande responsabilité. Il faut que tu te prépares, ma fille.

— Non papa, non, c'est fini !... Après tout ce qui m'est arrivé, si j'en sors vivante, si ce régime change, si j'ai la possibilité de rentrer, je ne mêlerai plus jamais de rien ! Jamais ! Après tout ce que j'ai souffert !

— Bien...

Mon père m'a dit qu'il reviendrait dans une semaine. Il avait beaucoup de peine. Mon père est allé à l'université de La Paz, il est allé à l'université d'Oruro, il s'est rendu chez les dirigeants. Il leur a raconté toute mon histoire et il leur a dit que j'avais besoin de me préparer pour l'avenir. Et que j'avais besoin d'une aide morale plus que d'une aide matérielle pour me retrouver moi-même et pour comprendre que ma cause était juste. Et il leur a demandé de m'aider à prendre conscience de la situation.

Mon père est revenu et il m'a donné des livres à lire. C'était des livres sur l'histoire de la Bolivie et sur le socialisme. Et une assistante de l'université d'Oruro avait mis pour moi des commentaires dans les marges. Ces commentaires m'ont servi pour m'orienter dans ma lecture. Par exemple, s'il s'agissait de l'histoire d'un autre peuple, il y avait une note comme celle-ci : « Domitila, est-ce que tu ne penses pas que ce problème existe aussi en Bolivie ? Qu'est-ce qui s'est passé avec la réforme agraire ? Quand il y a une révolution socialiste, le paysan a tout ce qui est décrit ici : tu ne vois pas qu'en Bolivie la réforme agraire a été trahie ? »

Ces lectures m'ont beaucoup servi. En même temps, je me retrouvais devant quelque chose qui m'avait fait rêver depuis que j'étais petite : un monde sans pauvres, où tous avaient de quoi manger et s'habiller. J'ai vu que les idées que j'avais se trouvaient reflétées dans ces livres : l'exploitation de l'homme par l'homme, c'était fini. Tous ceux qui travaillaient avaient le droit de manger et de s'habiller convenablement. Et l'Etat devait prendre soin des vieux, des invalides, de tout. Cela m'a paru très beau. C'était comme si quelqu'un avait recueilli ce que je pensais quand j'étais petite et l'avait écrit dans un livre. C'est-à-dire que je me suis complètement identifiée à ce que j'ai lu dans le marxisme.

Cela m'a encouragée à continuer à lutter. J'ai pensé que si j'avais rêvé tout cela depuis que j'étais petite, il était nécessaire de travailler avec cette doctrine, de me baser sur cette doctrine pour marcher plus avant.

Et puis, avec tout ce que j'avais souffert, les arrestations, la prison, Los Yungas, j'avais acquis une conscience politique. C'est-à-dire que je me suis retrouvée moi-même.

Cette expérience de me retrouver au milieu des paysans m'a aussi beaucoup servi. Car si mes parents étaient d'origine paysanne, toute ma formation s'était faite chez les mineurs. A Los Yungas, j'ai pu me rendre compte pour la première fois de l'autre réalité vivante de mon pays, la réalité de la campagne.

J'ai pu me rendre compte que les ouvriers, les mineurs étaient déjà très organisés par rapport à ceux de la campagne qui étaient encore sous la domination du gouvernement.

Par exemple, j'ai pu voir comment se font les écoles à la campagne. Nous en avons fait une. C'est le peuple qui en a conçu le plan. Nous nous sommes tous réunis, entre voisins, nous avons discuté et nous avons décidé : « Il faut faire notre petite école. »

Nous nous sommes tous mis au travail : brique par brique, hommes et femmes, nous avons travaillé en *faenas* *. Et nous avons tout fait, jusqu'à la toiture.

Mais il nous manquait encore les tôles et la peinture. Alors le gouvernement a appris la situation. Un monsieur est venu et a dit :

— *Caray !* J'ai parlé avec un ministre des Affaires paysannes et il a dit qu'il allait nous aider, il va nous donner les tôles, il va nous donner la peinture.

— Bravo, c'est formidable ! a dit tout le monde.

Les tôles et la peinture sont arrivées. Nous avons même cloué les tôles, nous les avons clouées, nous avons nous-mêmes appliqué la peinture. Et l'école a été finie.

Et voilà que le jour de l'inauguration il nous arrive le ministre, des journalistes, et on inaugure l'école à coups de grosse caisse... « C'est une nouvelle réalisation du gouvernement. » Et les discours n'ont pas manqué : « Le gouvernement remplit ses engagements vis-à-vis du peuple. Le gouvernement de Barrientos pense avant tout au paysan et le paysan bolivien ne doit plus être l'ignorant d'autrefois. En voici la preuve : l'école du peuple !... »

Et tout le monde les a reçus à bras ouverts, on les a embrassés, on a tout accepté. Et, pourtant, c'est nous qui avions presque tout fait !

Et même les tôles et la peinture que le gouvernement nous

* Travail collectif, corvées.

avait envoyées, elles étaient le fruit du travail du peuple, non ? Parce que chaque produit qui sort de Los Yungas, un quintal de café, un tonneau de coca, un sac de charbon, il faut payer l'impôt dessus. Et c'est cet impôt que nous payons qui donne l'argent pour les travaux publics, non ? En voilà une façon de rouler les gens !

Un autre exemple de la manière dont le paysan est exploité et que j'ai pu constater est celui de la « prestation routière ». Il y a en Bolivie un décret qui dit que tous les citoyens doivent payer une certaine somme par an pour utiliser les chemins. En échange de ce paiement, on leur donne un papier qui s'appelle la prestation routière. Comme les paysans, bien souvent, n'ont pas d'argent pour payer le papier, on les fait payer en corvées, en *faenas*. Parfois, ce sont les autorités mêmes de l'endroit qui les font travailler sur leurs terres, elles les envoient arranger les chemins, gratuitement, en leur faisant faire des journées de *faenas*. Après le travail, elles leur donnent quelquefois le papier, mais souvent elles ne le leur donnent même pas.

Quand les paysans arrivent à la ville pour vendre leurs produits, l'administration les attend : « La prestation routière ?... Vous ne l'avez pas ? »

Et s'ils ne l'ont pas, ils leur saisissent leur chargement jusqu'à ce qu'ils paient. Et encore il faut qu'ils paient une amende en plus. C'est une manière affreuse de rouler les paysans. Mais il y en a beaucoup d'autres.

Tout cela, j'ai pu le voir à Los Yungas et ça m'a servi à apprendre beaucoup de choses, ça m'a ouvert des horizons nouveaux sur la réalité de la Bolivie. Aujourd'hui, je me rends compte que beaucoup de personnes, même chez les révolutionnaires et y compris ceux qui ont dû quitter le pays pour des raisons politiques, ont cette idée totalement erronée que la libération de notre pays ne se fera seulement qu'à partir de la classe ouvrière. Mais ces gens-là ne sont jamais sortis de la ville, ils n'ont jamais vécu à la campagne.

Depuis que j'ai vécu à Los Yungas, ce problème des paysans est devenu pour moi une question fondamentale. Je me suis même battue avec certains camarades, à mon retour à la mine, à propos de ce manque de solidarité qui existe chez nous par rapport aux paysans. Et cela me rend furieuse de voir que nous crions contre notre exploitation et que nous sommes pourtant capables, à notre tour, d'exploiter les paysans.

Dans certaines maisons de mineurs, par exemple, j'ai vu que quand un paysan, un Indien, vient vendre ses pommes de terre, on ne lui propose pas de dormir là, on ne le sert pas dans les mêmes plats, on ne lui donne pas la même nourriture que celle de la famille. Et quand un paysan vient faire un travail dans le foyer, on le paie presque rien et on ne le traite pas comme on devrait.

J'ai vu aussi comment, à l'époque de la récolte, les mineurs vont à la campagne pour échanger des vivres, mais d'une manière injuste et toujours au détriment du paysan. Je me suis dit souvent : comment nous faire un allié du paysan si nous le traitons ainsi? Et en continuant de cette manière, s'il arrive que les paysans se libèrent avant nous, ce sera certainement contre nous. Et, surtout, est-ce que nous ne sommes pas tous d'origine paysanne ?

A Los Yungas, j'ai eu aussi le temps de repenser à tout ce que j'avais entendu et souffert des militaires qui me qualifiaient de communiste, de subversive, d'agent de liaison et de tant d'autres choses. Et cela m'a conduite à cette idée claire qu'il fallait vraiment faire quelque chose contre ces gouvernements qui étaient si injustes avec la classe travailleuse. Au début, je désirais pouvoir me retrouver un jour face à mes bourreaux pour les liquider, mais par la suite j'ai vu que la meilleure manière de les combattre et même aussi de me venger, c'était de mieux nous organiser, de faire prendre conscience aux gens et de lutter pour libérer définitivement notre pays du joug impérialiste. C'est la seule manière de résoudre nos problèmes.

Ainsi l'expérience que j'ai eue à Los Yungas, en revoyant tout ce que j'avais vécu auparavant à Siglo XX et ce que j'avais souffert en prison, m'a permis de me rendre compte de toutes ces choses. J'avais acquis une conscience politique.

J'avais donc désormais une certaine préparation, et pourtant beaucoup de gens disent que celle-ci ne peut être produite que par un parti. Pour moi, elle a été le fruit de l'expérience du peuple, de mes propres expériences et des quelques livres que j'ai pu lire. Je veux insister là-dessus parce qu'il y a des gens qui prétendent que j'ai été façonnée par eux, par leur parti.

Toute ma conscience et toute ma préparation, je ne les dois qu'aux cris, aux souffrances et à l'expérience du peuple. Cela, je veux le dire : nous avons beaucoup à apprendre des partis, mais nous ne devons pas tout attendre d'eux, notre formation doit venir de notre propre conviction.

Je ne veux pas dire par là, bien sûr, que je suis antiparti et apolitique. Mais, pour diverses raisons, j'ai dû travailler comme je l'ai fait jusqu'à maintenant, même si nous avons collaboré avec les dirigeants de plusieurs partis.

D'abord, je pense que le comité des ménagères s'est organisé comme le syndicat et qu'il s'est constitué pour être, comme lui, avec les travailleurs. Et il ne me paraît pas bon, en tant que dirigeante, d'embarquer le comité sous les consignes d'un parti. Car il est arrivé parfois, même avec les travailleurs, que les partis les mettent à leur service. Et je ne suis pas d'accord.

De plus, toute cette division entre partis qui existe en Bolivie est pour moi un grand problème. Quelle confusion, tous ces partis !

Bien sûr, les gens se répartissent déjà d'eux-mêmes, non ? Il y a la droite et la gauche. A droite, ce sont les gens riches, influents, ceux qui exploitent et qui massacrent les pauvres. A gauche, nous, tous les autres, qui voulons que le peuple se libère du système capitaliste. Mais, des deux côtés, il y a encore d'autres divisions.

A droite, il y a la Phalange socialiste bolivienne, la F.S.B. ; il y a le Mouvement national révolutionnaire, le M.N.R., qui a trahi la révolution que le peuple avait faite en 1952 ; le gouvernement de Barrientos avait son propre parti, qui s'appelait le Mouvement populaire chrétien et qui a tué beaucoup de monde au nom du Christ ; il y a la Démocratie chrétienne, qui comprend un groupe de droite et un groupe de gauche ; il y a le Parti révolutionnaire authentique, qui est une scission du M.N.R. Et beaucoup d'autres.

A gauche, il y a le P.R.I.N., Parti révolutionnaire de la gauche nationaliste, qui est aussi une scission du M.N.R. ; il y a les deux partis communistes, celui qui suit la ligne de Moscou et celui qui suit la ligne de Pékin. Il y a les trotskystes organisés dans le P.O.R., Parti ouvrier révolutionnaire ; il y a l'Armée de libération nationale, l'E.L.N., où sont ceux qui ont fait la guérilla. La gauche est donc divisée en beaucoup de groupes.

Et le pire, c'est qu'il arrive qu'ils s'opposent. Je pense que les partis causent ainsi un grand tort au peuple. Et cela, l'ennemi s'en sert très bien. On peut dire que si nous, la gauche, nous ne sommes pas encore au pouvoir, c'est aussi en partie pour cela, non ?

J'ai passé un an et demi à Los Yungas. En 1969, Barrientos est mort et je suis retournée à Oruro. Le climat de Los Yungas ne me réussissait pas et j'attendais un enfant. A Oruro est née ma fille Rina. Quand j'ai été rétablie, je me suis mise à travailler. Je faisais des choses à manger pour les vendre dans la rue. Au début, cela a été difficile, les gens ne me connaissaient pas. Peu à peu, je me suis fait des amis et, après quelques mois, nous avions de quoi vivre un peu mieux. Mon mari était retourné travailler à Los Yungas.

15. Retour à la mine

Au bout de quelques mois passés à Oruro, nous avons pu revenir à Siglo XX.

Voilà comment c'est arrivé : après la mort de Barrientos, c'est Siles Salinas, son vice-président, qui a gouverné la Bolivie. Mais seulement pour quelques mois car, cette même année, le général Ovando a fait un coup d'Etat qui l'a éliminé du gouvernement.

Alors les mineurs qui avaient été licenciés en 1965 par Barrientos ont demandé à Ovando de leur rendre leur travail. Ovando ne les a pas écoutés. Du coup a éclaté une importante grève de la faim à laquelle les licenciés ont participé avec leur famille. Cette grève a abouti à ce que beaucoup obtiennent leur retour. Nous aussi. J'ai lu dans le journal d'Oruro le nom de mon mari sur la liste de ceux qui étaient autorisés à retourner travailler et je l'ai fait prévenir à Los Yungas. Et c'est ainsi que nous sommes revenus à Siglo XX. Ce fut un événement très important pour nous.

Ovando avait collaboré avec Barrientos. Il a même été pendant un temps son coprésident. Quand il est arrivé au pouvoir, il s'est mis un masque d'homme de gauche et il a appelé son gouvernement « nationaliste révolutionnaire ». Il a pris certaines mesures. Il a même décrété la nationalisation de la Gulf *. Mais il conti-

* Bolivian Gulf Oil Co, filiale de l'entreprise américaine Gulf Oil Co ; la principale société concessionnaire des gisements de pétrole en Bolivie.

nuait à être celui qu'il avait été avant et certains de ses ministres ont même quitté le gouvernement pour cette raison.

Donc nous sommes revenus à Siglo XX, et là mon compagnon m'a dit que je ne devais plus participer à rien, que notre retour à la mine nous avait coûté trop de souffrances et trop de sacrifices et que mon devoir était de rester avec les petits et de m'occuper du foyer. Mais j'avais désormais une autre mentalité. Je voulais organiser mieux, participer mieux, être dans tout ce qui se passait, aux côtés des travailleurs.

Et peu de temps après mon arrivée s'est tenu le congrès des mineurs de Siglo XX qui avait été convoqué par la fédération.

Mes camarades du comité des ménagères avaient déjà élu leur direction. Mais je restais secrétaire générale. J'ai donc participé au congrès. Mais, après, mon compagnon m'a dit de façon définitive qu'il ne me permettrait pas de continuer à participer ; si je n'étais pas d'accord, je n'avais qu'à m'en aller. Comme ça.

Alors je lui ai dit que je ne participais au comité que pour mieux collaborer au foyer, parce que je comprenais que tous les sacrifices qu'il faisait, à la mine, ne suffisaient pas à nos besoins ; que je me privais même de beaucoup de choses pour ne pas l'ennuyer ; que le travail que je faisais au comité, c'était pour revendiquer avec lui une situation meilleure, pour obtenir un changement, une vie plus juste et plus heureuse ; et qu'en fin de compte, si j'allais au comité, c'était parce que cela me plaisait d'y discuter, de la même manière que cela lui plaisait de prendre un verre avec ses amis, d'aller au cinéma et de se promener. Et je lui ai dit que s'il me donnait toutes les choses dont j'avais besoin pour le foyer, je quitterais immédiatement le comité. Et nous sommes arrivés à un accord : je laissais le comité, il laissait ses distractions.

Mais il avait besoin de sortir avec ses amis et d'aller au cinéma. Le contrat n'a pas duré longtemps. Alors, moi aussi, je suis retournée à la réunion du comité. Et quand il m'a demandé pourquoi, je lui ai répondu : « Et toi ? » Et je lui ai dit que, puisqu'il n'avait pas rempli sa part du contrat, je pouvais, moi aussi, ne pas respecter ce qu'il m'avait demandé. Et mon compagnon a compris finalement que je devais poursuivre ce que je faisais. Autrefois, quand ses chefs le critiquaient et lui disaient que sa femme était ceci ou cela, il souffrait et il ne pouvait pas leur répondre. Aujourd'hui, il n'écoute plus leurs commentaires et il dit : « Ça, c'est la vie de ma femme. Et vous n'avez pas à vous en mêler. » Nous avons donc fait beaucoup de progrès, non ?

En 1970, il y a eu une autre guérilla en Bolivie, celle de Teoponte. Beaucoup de jeunes universitaires y ont été, environ soixante-dix, je crois. Ils ont été battus, fatalement.

Nous n'avons pas participé à cette deuxième guérilla. Nous avons appris par la presse qu'il y avait une guérilla, mais ils ne nous ont absolument pas fait participer.

Bien sûr, je ne discute pas leur courage. Quand on part à la montagne pour donner sa vie de cette manière, en sachant que ça peut arriver à chaque instant, on est digne de respect et d'admiration. Ce que nous répétons tout le temps en paroles, nous n'avons pas le courage de le faire. Oui, pour cela, je leur dois beaucoup de respect.

Mais il faut bien aussi que nous sachions que nous n'obtiendrons rien en prenant simplement le maquis sans compter sur l'appui du peuple. C'est cela le plus important.

Il me semble que ces guérilleros ont commis l'erreur de nc pas faire suffisamment participer le peuple. Personne ne peut rien obtenir s'il n'est pas lié au peuple. C'est fondamental. Nous ne devons jamais oublier que nous sommes, nous la classe ouvrière, les paysans, les deux piliers sur lesquels on édifiera le socialisme, non ?

Je ne suis pas *foquista* *, je pense qu'on ne peut rien improviser. L'être humain commence par marcher à quatre pattes, il apprend à se tenir sur ses pieds, il fait ses premiers pas, il avance petit à petit et il finit par faire des courses de marathon. De la même manière, un mouvement révolutionnaire ne se fait pas du jour au lendemain. C'est pour cette raison que les mouvements isolés ne servent à rien. Je pense que c'est le peuple qui doit se libérer.

La guérilla de Teoponte a servi en tout cas à démasquer Ovando qui voulait passer pour un homme de gauche mais qui a fait liquider ces garçons sans pitié, comme il l'avait fait avant pour ceux de Ñancahuazu **.

---

* De *foco,* « foyer » ; partisan du foyer de guérilla.
** La guérilla de Che Guevara.

16. Le peuple et l'armée

En 1970, il y a eu un nouveau coup d'Etat. Les forces aériennes, la marine et l'armée de terre voulaient établir un triumvirat pour gouverner le pays. Mais le peuple ne l'a pas accepté. Une grève nationale a été déclenchée. Alors des représentants de la Centrale ouvrière bolivienne sont allés sur l'Alto, le plateau de La Paz, où se trouvent les forces aériennes, pour soutenir le général Torres. Et celui-ci a accepté de prendre le gouvernement.

Torres voulait faire quelque chose pour le peuple. Et il a fait quelque chose, bien qu'il n'ait été au pouvoir que quelques mois. Par exemple, il a expulsé les Peace Corps de Bolivie. Il a aussi nationalisé la mine Mathilde *. Les ouvriers ont demandé à Torres de revenir au niveau des salaires d'avant la baisse forcée de Barrientos en 1965 et il a accepté. Et il paraît même qu'il avait fait réduire les salaires des gérants et du personnel technique de la Comibol et des Y.P.F.C. **. C'étaient des milliers de dollars, des millions de pesos, plus que le salaire du président lui-même. Il a décrété la diminution de tous les salaires de ces gens-là. Et cet argent a servi à être remis dans le salaire des ouvriers. Il a donc eu ce mérite-là.

Le général Torres est venu lui-même dans les mines pour annoncer le réajustement des salaires et dialoguer avec le peuple.

---

* Complexe minier important (zinc, argent, plomb, cadmium) exploité par la Minerals and Chemicals Phillips Co. et l'United Steel Co.

** *Yacimientos petrolíferos fiscales bolivianos* : les gisements de pétrole boliviens.

Les mineurs ont voulu le porter sur leurs épaules, ce qui est le plus grand honneur que la classe travailleuse peut exprimer à quelqu'un qu'elle admire. Mais le général n'a pas voulu. Et il disait :

— Comment est-ce que je pourrais accepter que les travailleurs me portent sur leurs épaules ? C'est plutôt moi qui voudrais porter les travailleurs sur les miennes.

Cette fois-là, on lui a offert un banquet à Catavi. Et il nous a envoyé une invitation pour les camarades du comité des ménagères. Je ne voulais pas y aller, j'avais encore du ressentiment contre les militaires qui m'avaient fait tellement souffrir en prison. Mais mes camarades m'ont forcée à y aller en compagnie de plusieurs autres.

Nous sommes donc allées au banquet. Les camarades avaient préparé une gerbe de fleurs avec une rose au milieu. En arrivant à la direction, nous avons vu une queue immense, des dames avec des bouquets qui voulaient voir le général, et les militaires ne les laissaient pas entrer. Moi, je pensais : « Ils ne vont pas nous laisser passer. » Mais nous avons montré la carte et ils nous ont fait entrer tout de suite.

Nous sommes arrivées à la table et un dirigeant nous a présentées :

— Voici les représentantes du comité des ménagères de Siglo XX.

Le général nous a saluées et il nous a fait asseoir en face de lui.

Alors je l'ai salué et je lui ai parlé. Je lui ai dit qu'il était le bienvenu, que nous lui étions reconnaissants d'avoir mis tant d'obstination à réajuster nos salaires.

— Vous avez démontré que vous voulez être avec nous. Il y a donc des gens bien dans l'armée, mais il est très probable qu'il y reste aussi des gens mal. Et si vous êtes notre ami désormais, alors prouvez-le en armant notre peuple. Nous n'en pouvons plus de voir nos maris se faire tuer dans la rue ; ce n'est pas parce qu'ils sont lâches, mais ils n'ont pas d'armes pour se défendre. Vous dites que vous êtes l'ami du peuple, armez-nous, nous pourrons défendre le peuple avec vous. Parce que, depuis toujours, l'armée sert d'instrument de répression aux gorilles * de

* Nom donné aux dictateurs militaires en Amérique latine.

service. Aujourd'hui, vous êtes notre ami et l'armée peut être avec nous. Mais quand vous ne serez plus au pouvoir, ou quand vous ne serez plus notre ami, alors l'armée va se retourner une fois de plus contre nous. Et, pour que vous vous souveniez de ce que je vous ai dit, je vous remets ce bouquet, avec au milieu une fleur rouge qui représente le sang versé par les nôtres dans tous les massacres commis ici par l'armée.

Et je lui ai donné le bouquet. Alors le général s'est levé et il m'a dit :

— Dans ces paroles de la camarade, il y a beaucoup de douleur. Nous sommes certains qu'elle a beaucoup souffert. Mais je veux que les massacres entre Boliviens soient finis pour toujours. Jamais plus l'armée ne dirigera ses armes contre vous. Jamais plus l'armée n'aura la mentalité qu'elle a eue jusqu'à maintenant. Nous allons changer complètement la mentalité de l'armée. Et vous allez nous aider. Nous voulons que les militaires viennent vivre avec vous, partager deux ou trois mois de votre existence pour qu'ils voient votre situation véritable et qu'ils sachent qui a raison.

Mais c'est bien là qu'a été l'erreur, non ? Faire confiance aux militaires et ne pas armer le peuple... Nous savons, nous, que notre armée est composée de gens manipulés, formés par le Pentagone, avec des idées bourgeoises, des idées de domination. Et penser que ces gens, formés de cette manière et parfois déjà vendus, peuvent changer de mentalité, c'est vraiment une illusion, non ?

C'est aussi cette année-là qu'un groupe de professeurs de l'université est venu à Siglo XX pour donner des conférences et passer des films sur le syndicalisme et un peu sur l'économie. Il y avait également avec eux des journalistes et des cinéastes qui formaient le groupe Ukhamau. Ils nous ont projeté les films *Ukhamau* et *Yawarmallku* *. Après a eu lieu une espèce de table ronde où on a discuté des films. L'un d'eux nous a raconté que ces films étaient faits à partir de la vie réelle, parce que ce groupe ne s'était pas constitué dans un but commercial : ils étaient des hommes qui avaient une vraie conscience révolutionnaire et leur mission était

* Projeté en France sous le titre *Le Sang du condor* (réalisé par Jorge Sanjines).

de se mettre au service du peuple. Ils nous ont demandé de les aider dans leur travail en demandant au gouvernement de diminuer les impôts sur leurs films.

Nous leur avons dit que nous voulions bien les aider, mais seulement tant que leurs films ne dégénéreraient pas. Parce que, une fois qu'ils auraient obtenu le visa et toutes les autorisations, ils pourraient sortir des films et les faire comme les autres, en dégénérant en films purement commerciaux, « nouvelle vague » comme nous disons vulgairement. Notre manière de parler leur a plu.

Et puis voilà, nous leur avons proposé de faire un film sur Siglo XX. Alors le metteur en scène a dit oui. Cinq mois plus tard à peine, ils sont revenus à Siglo XX pour filmer. Et ils ont fait le film qui s'appelle *Le Courage du peuple.* Nous avions déjà convenu avec eux de le projeter pour la première fois dans cinq endroits différents le même jour. Mais le coup d'Etat de Banzer a eu lieu et nous nous sommes perdus de vue. Jusqu'à présent, personne n'a pu voir ce film en Bolivie. Je l'ai vu pour la première fois à Mexico et je suis d'acord avec, parce que là au moins sont exposées un certain nombre d'accusations qu'il était important de faire. Et tout ce que je peux souhaiter, c'est que ce groupe d'artistes continue avec l'appui du peuple.

C'est également pendant le gouvernement de Torres que s'est tenue l'Assemblée populaire qui est restée très célèbre, y compris à l'étranger.

On disait que l'Assemblée populaire signifiait que les ouvriers étaient arrivés au pouvoir. Toutes les fédérations affiliées à la Centrale ouvrière bolivienne y participaient : ouvriers d'usines, mineurs, ouvriers du bâtiment, paysans, universitaires. Les partis politiques y participaient également.

J'ai suivi les commentaires qu'on a faits sur l'Assemblée ; mais le comité des ménagères n'a pas été invité à y participer, aussi je n'y ai pas assisté.

Je crois que l'Assemblée du peuple a aidé à poser certains problèmes : par exemple, les mineurs ont exposé leurs revendications. Mais, d'après ce qu'on m'a dit, il y avait trop de différences entre les participants. Il y avait aussi des gens qui voulaient faire prévaloir leur idéologie et ils étaient très divisés, surtout entre partis politiques.

Je ne connais pas bien l'histoire de l'organisation de l'Assemblée populaire, mais je crois que si nous avions été vraiment au pouvoir, nous aurions dû avoir un appareil qui puisse servir d'appui à ce pouvoir populaire. Nous avons plusieurs exemples pour nous le démontrer. Le Vietnam l'a prouvé, et aussi le peuple cubain qui est armé jusqu'aux dents, hommes et femmes, pour se faire respecter du colosse qui est à quelques pas de lui. Nous ne pouvons plus pécher par naïveté. Nous savons que l'ennemi est très fort, non ? Nous avons maintenant l'expérience amère du peuple chilien. C'est pour cela que je dis : si un peuple est au pouvoir, il doit garantir ce pouvoir, n'est-ce pas évident ?

De même, si nous avions été au pouvoir, les ministres et les autres collaborateurs du président auraient dû être des ouvriers, des paysans. Mais il n'en a pas été ainsi, au contraire ; les ministres de Juan José Torres continuaient à être des bourgeois, à la rigueur des sympathisants avec la cause du peuple.

Mais le pouvoir n'était pas entre nos mains. Et la preuve, c'est que Torres est tout de suite tombé. Le 21 août 1971, le général Banzer et ses militaires se sont emparés du pouvoir.

17. La force des travailleurs

Le général Banzer n'est pas arrivé au pouvoir par la volonté du peuple, mais par la force, en mitraillant les universités, en tuant et en arrêtant beaucoup de monde. Et, une fois bien établi, il a commencé à prendre beaucoup de mesures contre nous : d'abord la dévaluation monétaire, puis le « paquet économique * », ensuite la fermeture de nos émetteurs de radio dans les mines...

Les syndicats ont été dissous, un décret a mis fin à leur existence en Bolivie ; la fédération des travailleurs de la mine et la Centrale ouvrière bolivienne, c'est-à-dire les organismes les plus importants du mouvement ouvrier bolivien, tout a été supprimé. Ils pensaient pouvoir faire de cette manière ce qu'ils voulaient en Bolivie.

Mais ils avaient oublié que les travailleurs sont unis et organisés et que la classe travailleuse est un front très vaste, parce que non seulement les hommes, mais aussi leurs femmes, leurs enfants y participent. Et le mouvement de la classe ouvrière n'est pas mort, il ne s'est pas arrêté. Evidemment, nous ne pouvons plus faire les choses aussi ouvertement. Mais nous continuons malgré la répression.

Par exemple, au moment du décret sur la dévaluation monétaire, le dollar valait 12 pesos boliviens et voilà que du jour au

* Ensemble de mesures économiques, parmi lesquelles figurait l'augmentation de 100 % du prix des articles de première nécessité (pain, riz, sucre, huile, pâtes).

lendemain il est passé à 20 pesos. Après une telle mesure, les magasins sont restés fermés et il n'y avait plus rien à acheter pour les enfants. Le gouvernement prétendait nous donner une prime le 150 pesos par mois ou de 5 pesos par jour, quelque chose comme ça, une misère par rapport à l'augmentation des prix.

Alors, en voyant cela, au comité des ménagères nous avons d'abord revendiqué l'augmentation du « coupon » à la *pulpería*. Mais, à la *pulpería*, ils ne voulaient rien savoir. Aussi j'ai dû appeler les camarades à une manifestation. J'ai lancé un appel à la radio en disant que nous allions faire une manifestation de protestation et que toutes les camarades qui n'étaient pas d'accord avec les mesures du gouvernement y étaient invitées.

Le sous-préfet s'est emparé de la radio et il nous a insultées :

— Il n'y aura que les prostituées, les putains, les oisives, celles qui n'ont rien à faire, qui participeront à cette manifestation.

En l'écoutant, je me suis dit : « C'est sûr que le sous-préfet a raison, personne ne viendra. » Je suis sortie toute triste de la maison. Et, dans la rue, j'ai rencontré une voisine qui m'a demandé :

— Vous avez entendu la déclaration du sous-préfet, madame ?

— Oui. Et je crois que, cette fois, nous allons échouer.

— Comment échouer ? Mais allons-y, à la manifestation !

Et les gens sont venus avec beaucoup plus d'enthousiasme encore, et, en plus, ils avaient envie de pendre cet individu qui nous avait insultées à la radio.

La manifestation a été silencieuse. Mais, en arrivant à la mairie de Llallagua, nous avons trouvé là des *mañasas*, des femmes qui vendent de la viande dans la rue ; elles affûtaient leur couteau et disaient aux gens qu'elles ne voulaient pas vendre, qu'elles ne vendraient pas, qu'il n'y aurait pas de viande, si on ne les payait pas 50 pesos le kilo. Il faut dire qu'au moment de la dévaluation monétaire ce sont les boucheries qui ont augmenté les prix les premières en faisant passer le prix du kilo de 9 à 50 et même à 60 pesos. Et, depuis, elles ne vendaient qu'à leurs habitués qui acceptaient de payer ce prix. C'est-à-dire que seuls ceux qui avaient beaucoup d'argent pouvaient encore manger de la viande.

Les gens ont attaqué la boucherie. Les agents de la D.I.C. sont arrivés. Quand nous nous sommes retrouvés à Siglo XX sur la place du Mineur, il y avait une grande concentration de monde et les gens étaient sur le point d'entonner l'hymne national, comme nous le faisons toujours dans ces cas-là.

Nous sommes montées au balcon du syndicat pour parler, mais les agents ont lancé des gaz et la manifestation s'est disloquée.

Je me suis dit que nous avions échoué. Mais quelques minutes plus tard, quand on a pu de nouveau y voir clair, tout le monde était de nouveau là. Et le groupe des manifestants était très difficile à calmer.

La manifestation a été très réussie et elle a eu au moins pour résultat de stopper la hausse folle du prix de certains produits.

Avec les ménagères, nous avons fait une autre manifestation importante pour exiger l'augmentation du coupon à la suite du « paquet économique ». Les prix des articles de première nécessité avaient tellement monté que notre argent ne nous permettait plus de rien acheter.

Nous savons qu'il sort chaque mois 300 à 400 tonnes d'étain de Siglo XX : c'est la mine qui produit le plus de minerai. Nous pensons donc que notre coupon, à la *pulpería,* devrait être fixé en conséquence. Dans d'autres mines il est plus élevé, et il y a même des entreprises où le coupon est fixé en fonction du nombre de personnes qui composent chaque famille. Mais chez nous à Siglo XX, ce n'est pas comme ça. Le coupon de la *pulpería* est le même pour toutes les familles.

Alors, au comité, nous avons écrit une lettre au directeur de la Comibol pour lui dire que nous demandions que notre coupon soit aligné sur le niveau le plus haut pratiqué dans la société, attendu que c'étaient nos compagnons les meilleurs producteurs de minerai. Et nous lui avons fixé un délai pour la réponse. Mais nous n'en avons pas eue. Nous sommes allées à la direction, nous lui avons encore donné quarante-huit heures, mais le directeur ne nous a même pas répondu.

Alors nous avons réuni les femmes. Puisque nous avions approuvé en assemblée de revendiquer l'augmentation du coupon, il fallait bien une assemblée pour leur annoncer que le directeur n'avait même pas daigné me recevoir, qu'il ne voulait même pas nous répondre parce que, d'après lui, il n'avait rien à nous dire. Puisqu'il ne voulait pas me recevoir, il ne nous restait plus qu'à aller toutes ensemble chercher la réponse. Nous avons décidé d'aller à Catavi et nous y sommes allées massivement, à pied. C'était une très grande manifestation.

A notre arrivée à Catavi, le directeur n'était pas là. Il était parti. Alors nous avons demandé aux dirigeants, aux secrétaires de l'entreprise et des syndicats qui étaient à La Paz, de nous mettre en liaison par radio avec le directeur de la Comibol à La Paz pour que nous puissions parler directement avec lui.

Cela faisait un mois qu'il n'y avait plus de viande à Siglo XX : c'est la base de la nourriture pour nos compagnons, ils en ont besoin pour tenir le coup à la mine. Nous voulions aussi parler de ça.

La radio de Catavi s'est mise en liaison avec La Paz et nous avons établi le dialogue avec le directeur de la Comibol. Nous avons parlé avec lui, nous lui avons fait voir notre point de vue. Et nous lui avons demandé une réponse rapide.

Le général nous a dit qu'il fallait faire ces choses-là dans le calme et par la voie légale. Il a essayé de manœuvrer. Mais nous n'étions pas d'accord et, à la fin, nous nous sommes mises en colère et nous lui avons dit :

— Ecoutez, monsieur le colonel, on voit bien que vous êtes un militaire et que vous ne connaissez rien aux problèmes qui peuvent exister dans les mines. Vous vous y connaissez peut-être pour la discipline des casernes, pour le commandement des troupes, pour toutes ces choses-là. Mais ce que ça veut dire que de travailler dans la mine, extraire le minerai et se trouver dans une condition physique épouvantable, vous ne pouvez pas le savoir.

Et nous lui avons dit qu'il devait se dépêcher de comprendre notre situation et nous envoyer rapidement de quoi manger pour nos compagnons et réajuster le coupon. C'était surtout ça que nous voulions, non ?

Il a coupé la communication. Mais, de notre côté, nous n'avons pas bougé.

Alors ils nous ont remises de nouveau en contact avec ce monsieur. Mais lui nous a dit :

— Il n'y a aucune loi qui m'oblige à discuter avec des femmes. Et moi je ne veux pas parler avec vous.

Nous avons pris ça comme une plaisanterie et nous lui avons dit :

— Comme ça doit être triste pour vous, colonel, d'avoir besoin d'une loi pour discuter avec votre femme... !

Et puis la discussion s'est échauffée et il a de nouveau coupé la communication. J'étais exaspérée et, comme je n'y connais rien dans tous ces grades, tous ces titres, j'oubliais le grade exact du directeur de la Comibol ; il y avait des fois où je l'appelais général, d'autres fois où je l'appelais colonel, d'autres fois monsieur. Les travailleurs rigolaient de ces dégradations successives.

Et puis voilà qu'ils ont voulu que nous formions une commission pour aller discuter le problème à La Paz. Mais nous leur avons dit que nous n'avions ni l'argent ni le temps pour faire des voyages comme ça. Et que c'était à eux de venir à la mine discuter avec nous.

Alors les dirigeants ont discuté encore avec lui par la radio et, finalement, ils ont dit qu'ils acceptaient d'étudier la question et de nous donner une réponse.

Nous n'avons pas obtenu une augmentation du coupon qui le réajuste complètement sur celui des autres mines ; la discrimination subsiste toujours. Mais enfin le coupon a quand même été augmenté. Pas comme nous le demandions, mais quand même dans une bonne proportion. Ils nous ont accordé 30 kilos de viande de plus par mois, 20 kilos de sucre, 8 kilos de riz, 80 pains.

Le lendemain, nous avons trouvé un moyen de contrôler celles qui assistaient à la manifestation et celles qui n'y assistaient pas. Car nous revendiquions pour tout le monde, mais beaucoup de femmes étaient restées bien tranquilles chez elles à laver et à repasser... et elles s'étaient moquées de nous en apprenant que nous allions faire cette manifestation : « Vous n'obtiendrez rien du tout », disaient-elles. Elles ont même été raconter que nous étions des oisives, que nous n'avions vraiment rien à faire pour pouvoir perdre notre temps de cette manière et qu'elles, elles avaient leur foyer à tenir. Et nous, nous avions fait la manifestation, nous étions restées jusqu'à dix heures du soir à attendre une réponse positive malgré tous les problèmes qu'on nous faisait puisqu'ils nous avaient même coupé la communication, oui, pour nous empêcher de continuer à discuter...

Nous étions bien quatre mille femmes. Nous étions nombreuses, oui, nombreuses. Je peux le dire, parce que la tête de la manifestation était déjà à Catavi, tout près de la direction, quand la queue était encore au cimetière de Siglo XX. Il y a à peu près deux kilomètres entre les deux.

C'est pour ça que nous avons décidé de tamponner le bras de toutes celles qui avaient été à la manifestation. Nous leur avons mis deux tampons : celui du syndicat et celui du comité. Et seules celles qui avaient été tamponnées ont eu droit à l'augmentation du coupon que nous avions obtenue.

A partir de 1973, nous avons aussi essayé au comité de nous mettre en contact avec les femmes paysannes. Car nous nous rendions compte de ce problème que l'union ouvriers-paysans, qui est indispensable pour faire une force révolutionnaire, n'existe toujours pas. Le « pacte ouvriers-paysans » a bien été signé par les hommes, mais les femmes n'y ont pratiquement pas participé. Nous avons donc fait quelque chose, nous avons tâché de nous rapprocher des paysannes, de parler avec elles de nos problèmes communs. Nous n'avons pas pu arriver à une organisation parce que tout est très contrôlé et il est difficile de faire plus, et pourtant c'est très, très important. Si ce n'était pas vrai, le gouvernement actuel ne travaillerait pas tellement à isoler toutes les organisations paysannes et à les garder dans son camp, non ?

Pourtant, à certaines occasions, le gouvernement s'est retourné brutalement contre les paysans. En janvier 1974, par exemple, l'armée a tué des centaines de paysans à Tolata, dans la vallée de Cochabamba. Ils étaient là des centaines de paysans à barrer les routes. Et pourquoi ? Toujours pour la même raison, ils protestaient contre les mesures économiques du gouvernement, et particulièrement contre le « paquet économique » qui les touchait durement. Les paysans réclamaient une solution parce qu'ils n'arrivaient plus à suivre la hausse des prix des produits de première nécessité. Mais le gouvernement a répondu en envoyant l'armée. Et ce sont des centaines de paysans qui sont morts dans le massacre de cette vallée.

En Bolivie, les paysans n'ont pas encore la force qui permet à la classe travailleuse de faire entendre sa voix. Ils ont cependant plusieurs organisations et deux fronts qui sont séparés de la Confédération nationale des paysans contrôlée par le gouvernement. Ces deux fronts sont la Fédération des paysans indépendants et la Fédération des colons.

Ces colons sont pour la plupart des anciens mineurs qui ont accepté d'aller dans des régions dépeuplées et qui ont commencé à coloniser ces parties de la forêt qui se trouvent surtout dans les départements de Santa Cruz, du Pando et du Beni. La Fédération des paysans indépendants rassemble des paysans de tout le pays. Au nord de Potosí, par exemple, elle groupe les paysans de cinq provinces. Ce sont eux qui en 1974, au congrès minier de Siglo XX, ont signé avec nous le « pacte ouvriers-paysans », par opposition au « pacte militaires-paysans ». Beaucoup de leurs dirigeants ont été emprisonnés, battus, déportés, en même temps que les dirigeants ouvriers et universitaires.

Il faut bien que je dise clairement que le gouvernement actuel a essayé de trouver une tactique pour changer l'image de la Bolivie, célèbre par les luttes, les répressions, les massacres contre la classe travailleuse. Dans les premières années de son gouvernement, le général Banzer ne s'est pas heurté aux mineurs de la même manière que ses prédécesseurs. Il a même essayé de nous gagner à lui. Par exemple, ils savent bien au gouvernement (parce que tout leur passe entre les mains) que mon mari arrive à peine à gagner 1 500 pesos par mois, y compris les primes diverses. C'est-à-dire environ 70 dollars. Ils m'ont donc dit :

— Madame, nous vous admirons, vous défendez fidèlement votre classe et nous, les militaires, nous voulons être à vos côtés. Alors écoutez, nous n'y mettons aucune condition, c'est seulement parce que nous vous admirons, mais nous considérons que vous devriez vous former davantage et nous avons pensé que nous pouvions vous aider.

Et ils m'ont expliqué qu'ils pourraient donner un autre travail à mon mari, par exemple magasinier dans les entrepôts de la Comibol à La Paz avec un salaire de 3 000 pesos. Ils donneraient des bourses à mes enfants, et à moi aussi pour que je puisse me former, m'instruire davantage.

Ils se sont livrés à ce genre de manœuvres sur beaucoup de camarades. Mais j'ai tout refusé. Mon compagnon en a été très triste et il m'a dit :

— Tu dis que tu nous aimes, mais tu refuses tout, tu ne penses jamais... Tu aurais pu me sauver de la mine, elle est si terrible, la mine. Et toi, de ton côté, tu ne fais que recevoir des coups, toujours des coups, on te dit n'importe quoi et c'est tout juste si on reconnaît que tu agis sincèrement. Alors pourquoi n'as-tu pas accepté ?

Alors moi, je lui ai répondu :

— Non, je suis conséquente, si je fais ce que je fais, c'est parce que j'ai une conscience, une conviction, je me suis fixé un chemin. Je suis convaincue qu'il est nécessaire de collaborer à la libération du peuple et qu'il faut souffrir pour cela. Et alors, aujourd'hui, on voudrait que j'aille m'allier à ces individus qui ont massacré notre peuple, qui ont fait couler son sang dans les rues, qui m'ont même coûté un enfant, parce qu'ils te donnent un travail ? Non. Ça serait trahir mes principes, trahir le sang de nos ancêtres qui sont morts pour tout cela. Je ne me ferai pas leurs complices. Nous ne pouvons pas obéir à toutes leurs volontés. Nous ne pouvons pas nous vendre.

Il faut être intègre, non ? Je ne vais pas aujourd'hui, pour améliorer ma situation, détruire pour toujours ce que j'ai fait avec le peuple, non ? Je suis dirigeante et j'ai des responsabilités. Collaborer avec ceux qui travaillent contre le peuple, ce serait impardonnable, impensable. Je ne pourrais pas le faire.

J'ai discuté de tout cela avec mon mari et il a été d'accord que j'avais raison.

Il y en a qui disent que si j'avais accepté de travailler pour le ministère de l'Intérieur, j'aurais pu mieux me rendre compte des méthodes du gouvernement et que cela m'aurait permis ensuite de mieux savoir m'y prendre pour tout changer. Mais je pense qu'on ne peut faire cela que quand on est, disons, mandaté par les travailleurs, quand c'est un rôle qui vous a été fixé.

Mais dans mon cas, c'est différent. Les gens connaissent ma position, beaucoup me font confiance et ce serait une déception pour eux de me voir au ministère de l'Intérieur. Je représente une ligne. Cela ne me correspond pas de jouer un rôle comme celui-là. C'est bien pour quelqu'un qui n'est pas connu. Parce que les gens sont comme ça : ils ont un leader, ils font confiance à un leader. Et, le jour où il fait une faute, ils lui retirent leur confiance.

Et ce n'est pas seulement à moi qu'ils retireraient leur confiance, mais à toutes les autres camarades et au comité. Ils diraient : « Cette organisation, elle disait qu'elle était au service du peuple, mais elle nous a trahis... Il ne faut plus faire confiance aux femmes. » Si au moins ils pouvaient dire : « Ne lui faisons plus confiance, à elle... » Mais non : « Ne faisons plus confiance aux femmes, ne faisons plus confiance au comité. C'est là qu'il y avait cette Domitila qui a tellement souffert et qui a finalement trahi. Laisse donc tomber le comité. » C'est comme ça que ça se passe, non ?

La fin de l'année 1974 a été marquée par un grave événement. Le 9 novembre, le gouvernement Banzer publiait un décret qui proclamait la dictature ; il supprimait tous les partis politiques, tous les syndicats, il ne reconnaissait plus aucune institution collective et déclarait, en plus, qu'il n'y aurait pas d'élections avant 1980. Toute la loi nationale était ainsi annulée d'un trait de plume. Et, immédiatement, il a établi de la même manière la loi sur le service civil obligatoire pour tous les citoyens.

Les travailleurs ont immédiatement protesté contre ces décrets. A Siglo XX, ils ont fait une manifestation et un arrêt de travail pour refuser ces mesures. A Huanuni, ils ont fait la même chose et ils ont demandé la participation des camarades de Siglo XX. Et nos dirigeants ont été à Huanuni. Mais, en revenant à Siglo XX, Coca, le dirigeant de la fédération des mineurs, et Bernal, le dirigeant du syndicat de Siglo XX, ont été arrêtés. Bernal est resté plusieurs mois en prison. Quant à Coca, il a été exilé au Paraguay dans un endroit malsain et complètement isolé. Et sa famille est restée dans la misère à Siglo XX, sans personne pour lui gagner le pain quotidien.

C'est toujours la même situation pour tous les prisonniers : on met nos compagnons en prison, en sachant bien qu'ils sont l'unique soutien de leurs familles, et celles-ci se trouvent condamnées à la ruine et à la misère. C'est-à-dire que la répression que le gouvernement bolivien exerce contre un homme affecte toute la famille sur le plan économique, sur celui de la santé. A partir du moment où un mineur est en prison, il est considéré comme licencié de l'entreprise et sa famille n'a plus droit à l'assistance médicale, elle n'a plus aucun droit, plus rien. C'est-à-dire que la répression ne frappe pas que lui, elle frappe tous les membres de sa famille.

Et puis il y a le problème très important des enfants. Ils sont habitués à leur papa, à leur maman. Du jour au lendemain, leur père, leur mère disparaissent. C'est une terrible souffrance morale qui crée chez les enfants des traumatismes ; ils deviennent sauvages, haineux. La répression est donc très durable.

En novembre 1974, dès la publication des décrets qui annulaient la constitution, le gouvernement a procédé à la désignation de gens à son service. Il leur a donné le nom de « coordinateurs de base ». Le rôle de ces coordinateurs est celui d'intermédiaires entre le patron et le travailleur ; mais il doit surtout voir quel est le travailleur qui revendique le plus, quel est celui qui pose le plus de problèmes, et il doit le dénoncer. C'est ça le rôle du coordinateur de base.

Dès que cette mesure a été prise, les travailleurs ont refusé énergiquement les coordinateurs, ils ont dit qu'ils ne les accepteraient pas. Et ils ont décidé d'élire leurs représentants de base, qu'ils ont décidé d'appeler les « commissions de base ». A Siglo XX, quatre représentants ont ainsi été élus. Au début, le gouvernement n'a pas voulu les reconnaître et la direction de la Comibol ne les a pas acceptés. Quand nous allions leur demander quelque chose, ils répondaient qu'ils ne nous connaissaient pas, qu'ils connaissaient seulement les coordinateurs. La lutte a donc été très dure jusqu'à ce que l'entreprise soit obligée de reconnaître sous la pression des travailleurs ces camarades que nous avions choisis et qui fonctionnaient sous le nom de commissions de base. Mais la bataille n'est pas terminée.

La grande force des travailleurs, c'est leur unité. Et, actuellement, l'unité et la grève sont pratiquement les seules armes que possède la classe travailleuse pour répondre à la répression. Evidemment, nous essayons toujours de faire connaître d'abord nos revendications par des manifestations, des protestations. Ce n'est qu'ensuite, si l'on ne nous écoute pas, que nous recourons à la grève.

Je sais qu'il y a des pays où cette méthode n'a plus de sens. Les ouvriers font la grève et personne ne s'en préoccupe. Mais, en Bolivie, l'étain est à la base de l'économie du pays. Et le gouvernement qui a signé des accords avec les capitalistes étrangers, il est obligé de leur livrer un quota déterminé d'étain et d'autres minerais. En cas de grève, nous perdons le salaire des jours où nous ne travaillons pas. Mais le gouvernement perd lui aussi, et bien davantage, parce que les industries étrangères attendent le minerai et il est lié par les accords qu'il a signés. Voilà pourquoi la grève est une forme de riposte à tout ce pillage qui existe dans notre pays.

Evidemment, le gouvernement a des alliés très forts et il aura dans l'avenir la possibilité de prendre d'autres mesures contre les travailleurs. Par exemple, nous n'avons pas de fonds et il peut nous vaincre par la faim. Je ne sais pas, en vérité, combien de temps nous pourrons continuer comme ça. Mais, aujourd'hui, les armes dont disposent les travailleurs sont bien celles-là : l'unité et la grève.

18. « Qui, parmi vous, peut me répondre ? »

Les travailleurs des mines ont trois émetteurs radio ; ils nous appartiennent totalement : ce sont « La Voix du mineur » à Siglo XX, le « 21 décembre » à Catavi et la radio de Llallagua. C'est nous qui les avons acquis par nos efforts et par nos sacrifices, et c'est nous qui les entretenons. Les speakers sont de chez nous, ils parlent un langage bien à nous et ils nous tiennent au courant de tout ce qui se passe dans le pays. C'est notre manière de nous tenir informés et de communiquer entre nous.

C'est la raison pour laquelle nous veillons avec tellement de soins sur nos émetteurs. Ils sont le bien de la classe travailleuse de la mine. Et ils sont très importants pour nous tenir prêts à chaque événement. Et puis, pour nous, ils sont distrayants et éducatifs.

Chaque fois qu'il y a un problème, nous faisons l'impossible pour défendre nos radios, pour que la communication entre nous ne soit pas coupée. Et, à chaque fois que l'armée entre dans les mines, la première chose qu'ils attaquent ce sont nos émetteurs et nous luttons jusqu'à ce qu'ils nous les rendent.

Il y a aussi Radio-Pie XII, qui appartient aux pères oblats. Au début, elle était entre les mains de gens qui avaient une « mission spéciale », c'est-à-dire de curés qui avaient une formation bien particulière, et elle ne jouait pas son rôle. Du temps de Pie XII, le Vatican avait donné l'ordre de combattre le communisme dans le monde entier et tous les prêtres qui venaient ne faisaient rien d'autre que de livrer ouvertement bataille contre le communisme. Et comme à Siglo XX nous avions des dirigeants qui se déclaraient ouvertement communistes, c'était constamment la bataille contre les dirigeants, contre les syndicats.

Aujourd'hui, tout est changé et depuis plusieurs années Radio-Pie XII travaille pour nous. Et si autrefois ils ne touchaient pas aux curés, aujourd'hui ils les traitent comme nous, ils les battent, ils les envoient en prison, ils les expulsent du pays.

Jusqu'en 1974, à la mine, nous connaissions la radio mais nous n'avions jamais eu la télévision et beaucoup d'entre nous ne savaient pas ce que c'était.

Mais voilà que cette année-là, « par la grâce » du gouvernement Banzer, on a vu arriver à Siglo XX 5 000 postés de télévision. Ils les ont distribués dans tous les foyers, comme des petits pains. Ils les ont tirés au sort, ou alors ils ont donné des postes à crédit, c'est-à-dire que c'est la Comibol qui les a achetés et elle les retient sur le salaire mensuel des ouvriers. Voilà.

Mais ce qu'il y a, c'est que les chaînes de la télévision bolivienne ne passent que des programmes contrôlés par le gouvernement, qui montrent que « le gouvernement actuel est très bon », et surtout des programmes de pénétration étrangère, de pénétration impérialiste.

Mon fils, par exemple, il va chez la voisine et il regarde la télévision, il voit un programme où on lui montre un monde merveilleux, avec des souris qui parlent, des jardins magnifiques, et tout. Ça, c'est le monde de Disneyland. Et mon petit garçon, il revient à la maison tout triste et il me dit :

— Maman, si je suis sage, est-ce que tu m'enverras à Disneyland ? Je veux jouer avec le petit ours, avec le raton laveur. Tu m'enverras à Disneyland, s'il te plaît ? Et puis je voudrais aussi le petit train,. maman...

Et le voilà parti pour toute la semaine. Il ne voulait plus jouer avec ses jouets en boîtes de sardines ou en boîtes de lait. Il voulait partir, il voulait aller à Disneyland. Mon garçon ne rêvait plus que de Disneyland :

— Je veux aller au jardin des enfants, je veux des ballons.

Et je veux ceci, et je veux cela... Alors, bien sûr, je me faisais du souci et je lui disais :

— Ne vas plus voir la télévision. Ici, à la mine, il n'y a rien de tout ça.

Deux ou trois jours plus tard, je rencontre mes camarades à la *pulpería.*

— Vous avez vu la télévision, madame ?

— Non, je n'ai pas la télévision.

— Ah ! il y a eu hier soir un défilé de mode... Comme c'était beau ! Quand on pense que nous travaillons dès quatre heures du matin à laver, à repasser, à faire la cuisine, à nous occuper des enfants, à aller à la *pulpería*... jamais on ne pourra arriver à avoir des robes comme ça, des coiffures comme ça, des bijoux comme on en voit à la télévision... Quel malheur d'être mariées à un mineur !

Vous vous rendez compte !... Et moi j'ai pensé : cette télévision, elle fait du mal à mon peuple ! Nos enfants ne veulent plus de leurs jouets. Les femmes commencent déjà à se lamenter sur leur situation... Mais, voyons, ce n'est pas sur ces choses-là qu'elles doivent se lamenter !... La télévision nous fait du tort, oui du tort.

Que fait la télévision pour la classe travailleuse ? Le gouvernement y passe les programmes qu'il veut, quand il le veut, il se sert de la télévision pour nous insulter, il nous traite d'agitateurs, il dit que les gens de Siglo XX sont des extrémistes, des ceci, des cela. Il nous démolit complètement et nous ne pouvons même pas répondre puisque nous n'avons pas de télévision du peuple.

Bien sûr, il nous reste nos radios. Et justement, pour que nous ne puissions pas répondre à ce que dit le gouvernement, un matin de janvier 1975, l'armée a pris nos émetteurs et les a détruits. Ils ont tout cassé, ils ont tout mis en miettes. Ils n'ont pas laissé un clou en place.

Et ils ont tout emmené : les radios, les appareils, les disques, les trésors de la musique folklorique, la musique ancienne, la musique d'aujourd'hui, les enregistrements de nos dirigeants... ils ont tout pris.

En même temps, ils ont arrêté beaucoup de monde : des travailleurs de la radio, des dirigeants ouvriers et d'autres encore.

L'armée a commis tous ces méfaits ce matin-là et elle pensait que nous allions rester muets, que nous ne dirions rien, parce que nous n'avions plus d'organisation syndicale reconnue officiellement et que notre dirigeant syndical était en prison.

Mais, en réalité, que s'est-il passé ? Les travailleurs se sont arrêtés comme un seul homme et ils ont dit : « Nous ne retournerons pas travailler tant qu'on ne nous aura pas rendu nos radios. » Et ils ont déclaré la grève.

Et comme aucune réponse n'arrivait du gouvernement, on a déclaré la grève illimitée. Et les cinq syndicats les plus forts de la région ont formé un comité de grève unique.

Cette unité, ils ont essayé de la rompre. Par exemple, le syndicat 20 octobre, qui est le syndicat des « locataires » *, réclamait depuis un an une extension de sa zone, d'autres emplacements de travail, car il n'y a plus de minerai à l'endroit où ils travaillent actuellement. L'extension, cela veut dire que l'entreprise leur indique d'autres endroits où il y a du minerai et leur permette d'y travailler. Et l'entreprise refusait de leur accorder cette extension. Mais quand les syndicats ont commencé la grève, voilà que les camarades du 20 octobre ont vu arriver un émissaire qui leur a dit que le gouvernement allait leur accorder une extension pour plus d'un an, mais seulement s'ils reprenaient le travail et arrêtaient la grève. Alors, bien sûr, il y a eu une certaine hésitation chez les camarades. Et ils disaient : « Ça fait tellement longtemps que nous attendions ça... Il vaudrait mieux retourner au travail. »

Mais il a été difficile de rompre le critère révolutionnaire et l'unité de la classe travailleuse. Puisque nos premières revendications, c'étaient la restitution de nos émetteurs et la libération des prisonniers politiques, du coup nous avons rajouté un point : l'extension des zones de travail pour les travailleurs du 20 octobre, qui ont continué la grève avec l'appui des cinq syndicats.

Ils ont aussi essayé d'acheter les gens en leur offrant de meilleurs salàires et des bourses et autres avantages. Et ils ont réussi à organiser une centaine d'individus qui ont repris le travail. Mais on écrivait leur nom sur un tableau noir avec un commentaire : « Le travailleur untel est un traître à sa classe pour s'être prêté à cette manœuvre. » Et les travailleurs, furieux, allaient les chercher. Et ils abandonnaient leur travail parce qu'ils

---

* Voir p. 17.

ne voulaient pas être déconsidérés. Très peu nombreux sont ceux qui sont vraiment vendus au gouvernement, qui ont « carte blanche » pour faire n'importe quoi.

Face à la fermeté des travailleurs, ils ont dit, au gouvernement :

— Très bien. Nous allons les affamer.

Et l'armée nous a encerclés. Ils ne laissaient personne entrer ou sortir. Ils pensaient qu'ils nous étoufferaient comme ça, en nous assiégeant. Ils ne laissaient rien entrer, ni légumes ni vivres. Rien. Ils empêchaient aussi toute espèce de communication, puisqu'ils avaient les radios.

Mais un garçon qui avait perdu son père dans le massacre quelques années auparavant (et je le dis parce que ça montre l'importance de la participation de la jeunesse) est venu me demander :

— Madame, j'ai étudié la situation. Il y a un soldat tous les cinq mètres, mais la nuit il y a des moments où ils dorment. Je les ai vus. Et je crois que je pourrai sortir pendant qu'ils dorment. Je pourrai sortir en rampant.

— Ne dis pas de bêtises, lui ai-je dit. Comment feras-tu ?

Le garçon ne m'a pas répondu, mais j'ai su depuis qu'il était sorti avec trois autres jeunes. Ils sont allés prendre contact à l'extérieur et ils ont dit :

— A Siglo XX, voilà ce qui se passe. Ils nous ont encerclés...

Alors, dans le reste du pays, l'opinion publique a été mise au courant. Et les universitaires, les ouvriers des usines et des autres mines ont commencé à nous soutenir. Et la grève est devenue nationale.

Du coup, le gouvernement, qui ne cessait de proclamer que même si on lui mettait le couteau sur la gorge, il ne nous rendrait jamais nos émetteurs, a dû envoyer immédiatement une commission « pour entamer le dialogue, parce qu'il fallait bien régler cette affaire ».

Et la commission s'est présentée. Les agents de la D.I.C. leur avaient expliqué que nous n'étions qu'une cinquantaine d'individus à faire de l'agitation. La commission n'a donc voulu parler qu'avec ces cinquante individus.

Les travailleurs présents ont dit clairement ce qu'ils pensaient. L'un d'eux leur a dit :

— Vous avez fait taire nos émetteurs qui sont tellement

importants pour nous. Vous voulez nous faire retourner à des siècles en arrière, quand on ne connaissait pas la radio ni rien. Vous voulez nous maintenir dans l'ignorance.

Alors un membre de la commission lui a répondu :

— Oh ! camarade ! Mais voyons, vous avez la télévision ! Nous vous avons donné le matériel le plus moderne ! Nous allons bientôt avoir plusieurs chaînes en Bolivie et vous pourrez choisir le programme que vous voudrez. Toutes ces choses, les radios, les tourne-disques, elles vont disparaître avec le temps, de nouvelles inventions vont les remplacer. Il faut que vous compreniez que c'est pour votre bien qu'on a fait venir la télévision.

Et ils voulaient que nous soyions d'accord avec ça, vous comprenez ? Et ils ont dit aussi :

— Il faut bien admettre que vous exagérez les choses. Il y a ici une psychose antimilitariste, une maladie antimilitariste. D'accord, dans le passé l'armée a pris quelquefois des mesures draconiennes contre la classe travailleuse. Mais aujourd'hui nous voulons dialoguer, nous voulons discuter, nous voulons le progrès du pays.

Ils nous ont dressé ainsi tout un tableau qui faisait de nous les uniques coupables de la fermeture des émetteurs, parce que nous avions osé dire que nous n'étions pas d'accord avec la manière dont le gouvernement Banzer bradait le pays, et particulièrement la livraison du pétrole et du fer d'El Mutún au Brésil.

Le comité des ménagères participait également à cette assemblée. J'avais des revendications concrètes à exposer. J'ai donc dû prendre la parole. Je leur ai dit :

— Si on me donne la parole...

— Mais oui, bien sûr, a dit l'un d'eux en riant. Dans un moment comme celui-là, peut-être que les idées des femmes peuvent apporter un peu de lumière...

Ils avaient fait d'abord ce qu'ils font toujours dans ces cas-là, ils avaient sorti des chiffres : le pays était en crise, le déficit était de tant, il manquait tant de recettes, et si nous ne pouvions couvrir la différence le pays irait à la faillite, et si nous continuions la grève il arriverait ceci et cela, et nous avions déjà perdu tant avec cette grève... et ainsi de suite.

Alors moi, j'ai dit :

« Je représente le comité des ménagères de Siglo XX qui groupe la majorité des femmes des travailleurs.

« Comme les travailleurs, nous condamnons l'attentat contre la culture que vous avez commis. Vous avez détruit quatre de nos émetteurs. Vous êtes entrés ici par la force, comme des malfaiteurs, et tout ce que vous avez détruit nous appartenait. Nous ne sommes pas d'accord avec ce coup de force. Nous le condamnons et nous exigeons qu'on nous rende immédiatement ce qui est notre bien et qui nous a coûté si cher.

« Je vais d'abord parler de ce que vous avez dit. Vous nous dites, par exemple, avec ces chiffres que vous lisez sur votre livre, que le gouvernement Banzer marche à merveille et que c'est nous qui gâchons tout. Mais je vais vous dire, nous ne vivons pas de chiffres. Non vraiment, monsieur, nous ne vivons pas de chiffres, nous vivons de la réalité.

« Puisque vous trouvez tout ce que fait ce gouvernement si bien, j'aimerais, s'il vous plaît, que vous m'aidiez à comprendre en quoi les mesures qu'il a adoptées sont si bonnes pour nous.

« D'abord, le général Banzer a pris le gouvernement d'un pays où personne ne l'a élu. Il l'a pris par la force des armes, il a tué un tas de gens et, parmi eux, nos enfants et nos compagnons. Il a mitraillé l'université, il a réprimé et il continue à réprimer. Il brade nos richesses aux étrangers, et particulièrement au Brésil.

« Alors moi, je vous demande : quelle mesure a-t-il prise en faveur de la classe travailleuse ? D'abord il a décrété la dévaluation monétaire. Ensuite le “ paquet économique ”. Il est intervenu à l'université. Il a interrompu l'année scolaire. Il a massacré les paysans à Tolata. Il a dissous les syndicats et les partis politiques. Et maintenant il occupe les locaux syndicaux pour faire taire les émetteurs.

« J'aimerais donc, s'il vous plaît, que vous me répondiez : une seule de ces mesures prises par le gouvernement est-elle en faveur de la classe ouvrière ? Qui, parmi vous, peut me répondre ? »

Ils se taisaient tous.

« Maintenant, continuons. Vous avez dit que nous faisons

une psychose antimilitariste, une maladie contre les militaires. Ça aussi, c'est faux. Vous ne savez pas apprécier à sa juste mesure ce que vaut le peuple, ce que sait le peuple.

« Pour vous montrer que votre théorie est fausse, je vais vous donner un seul exemple : un gouvernement militaire, de type fasciste, a supprimé les salaires de la classe ouvrière, c'est celui de Barrientos. Un autre gouvernement, également militaire, nous les a rendus, c'est celui de Juan José Torres. Pour ce gouvernement-là, nos maris étaient prêts à donner leur vie. Et ils en ont fourni la preuve. Chaque fois qu'il y avait une menace de coup d'Etat contre Torres, les mineurs laissaient femmes et enfants, ils allaient en masse à La Paz en camion. Ils n'avaient pas d'armes. Un couteau, une machette, de la dynamite, et ils partaient pour La Paz défendre le gouvernement du général Torres, et pourtant c'était aussi un militaire, non ? Alors vous voyez bien que les travailleurs ne font pas de maladie antimilitariste. Torres avait fait un geste en faveur de la classe travailleuse et les mineurs étaient prêts à donner leur vie pour lui. Il faut être juste avec le peuple.

« Aujourd'hui, vous avez distribué 5 000 postes de télévision. Nous ne sommes pas contre le progrès. Au contraire, nous voulons le progrès pour notre pays. Mais c'est quoi cette télévision ? A quoi nous sert-elle en ce moment ? La télévision est faite par l'Etat. Et l'Etat s'en sert pour nous accabler. Il parle des mineurs : " ces fous, ces irresponsables, ces rouges ", et ainsi de suite. Et nous, nous n'avons pas de chaîne télévisée pour répondre. Nous n'avions que nos radios. Et pour faire taire cette seule voix qui nous restait, vous l'avez mise en pièces.

« Mais dites-moi, qu'est-ce qui se passe chez ceux qui ont la télévision ? En quoi la télévision les aide-t-elle ? Nos radios, elles avaient un langage simple, " sauvage " comme vous dites, mais elles nous parlaient de nous, de nos problèmes, de notre situation. Tandis que cette télévision que vous nous offrez, elle nous parle de choses, elle nous montre des mondes qui ne sont pas les nôtres, auxquels nous n'aurons jamais droit... Alors à quoi sert-elle cette télévision ? Elle ne fait que nous rendre plus malheureux.

« Bien sûr, c'est joli la télévision, on voit d'autres pays et plein de choses... Mais comme c'est dur de voir qu'il existe des pays qui ne produisent pas d'étain et qui se sont pourtant enrichis grâce à lui, et qui ont des luna-parks pour leurs enfants, alors que, nous, nous n'avons rien ! Comme c'est dur de voir que nos maris ne sont là, à cracher leurs poumons dans les mines, que pour enrichir l'étranger ! Et comme c'est pénible, pour nous les femmes, de rester là à faire la cuisine, la lessive, à nous occuper des enfants et de tout le reste, sans jamais arriver à rien avoir de ce confort qu'on nous montre à la télévision ! Est-ce que nous sommes différentes des femmes que nous y voyons ? Est-ce que nous travaillons moins qu'elles ? Et elles, elles jouissent de tout ça, pendant que nous sommes là à crever de misère !

« Alors finalement la télévision, elle sert à quoi ? Au lieu d'être là pour notre éducation, notre distraction, elle ne sert qu'à nous rendre plus malheureux. Ce n'est pas que nous soyons contre la civilisation. Comme ce serait beau d'avoir une chaîne de télévision à nous ! Oui, nous aimerions avoir une chaîne de télévision, mais pour qu'elle parle de notre situation, de nos problèmes, pour qu'elle serve à notre éducation. Comme ce serait magnifique pour les mineurs d'avoir, à la place de nos radios, une chaîne de télévision transmettant à travers tout le pays la réalité de la mine ! Tout le monde comprendrait qui nous sommes, car il y a beaucoup de gens qui ne se rendent pas compte parce qu'ils ne nous connaissent pas. Il y a beaucoup de Boliviens qui en sont encore à dire : " Vous ne connaissez pas les *khoyas* fous, les ' fous de la mine ' ? Vous ne savez donc pas qu'ils mâchent de la coca, qu'ils sont drogués, que ça ne sert à rien de les soutenir ? " Et pourtant, pour nous, les *khoyas* fous ne sont pas des irresponsables ; au contraire, ce sont les hommes qui font vivre l'économie du pays. »

Je leur ai dit tout cela. Et je leur ai demandé de me répondre. Mais aucun d'entre eux n'a voulu le faire.

Et tout ce qu'ils ont dit, c'est que nous n'étions que des agitateurs et qu'ils voulaient parler avec les masses. Les masses, ils les ont rencontrées dans la soirée. Mais la rencontre a été dure ! Les travailleurs les ont traités violemment. Ils leur ont fait comprendre que ce qu'ils voulaient avant toute autre chose, c'était leurs émetteurs. Et que le gouvernement n'était qu'un ramassis de brutes qui démolissaient tout comme des sauvages.

Les gens de la commission se sont levés et il sont partis. Ils étaient épouvantés. Et, le 1er mai, on nous a rendu nos émetteurs. Mais Radio-Pie XII est restée silencieuse plusieurs mois encore. Et ils ont continué à distribuer des postes de télévision dans les mines.

19. « Un accident regrettable... »

En Bolivie, tous les garçons doivent aller à la caserne à dix-huit ans ; certains y vont dès dix-sept ans. Pourquoi cela ? Parce qu'ils ne peuvent trouver du travail que s'ils présentent leur livret militaire. Et s'ils refusent d'aller à la caserne, on les brime, on les persécute et même on les tue.

Et quand les enfants partent pour la caserne, les parents n'ont qu'à se taire. Il arrive qu'à l'armée on les force à tuer des gens de leur propre village. C'est arrivé plus d'une fois en Bolivie. Par exemple, lors du massacre de la Saint-Jean en 1967, plus de dix jeunes sont morts parce qu'ils n'avaient pas voulu tirer. Ils n'avaient pas voulu tirer parce que Siglo XX, c'était le pays de leurs parents, de leurs frères, de leurs familles. Et les chefs leur ont dit : « Ceux qui sont de Siglo XX, de Catavi, avancez ! » Les garçons n'ont pas voulu tirer et ils les ont exécutés sur place.

En mai 1975, il est arrivé quelque chose qu'aujourd'hui encore nous n'arrivons pas à comprendre. Il s'agit du massacre de plusieurs petits soldats du contingent.

Près de Siglo XX, à Uncía, il y a une baignade où nous allions souvent le samedi et le dimanche passer quelques moments de détente pour faire prendre aux enfants l'air de la campagne, pour nous baigner. Aujourd'hui, tout cela est fini, les militaires se sont appropriés cet endroit. Ils y ont fait une caserne. Ils viennent de là, la nuit, à Catavi et à Siglo XX, ils vont dans les cafés et, si quelqu'un les contredit, ils le prennent et ils le battent. Le jour, ils viennent dans nos rues, ils marchent en bousculant les gens en toute impunité, en roulant des épaules avec leurs deux pistolets comme des cow-boys. Ils ne se prennent pas pour rien.

Donc, tout ce que nous savons, c'est qu'en mai 1975 un contingent de recrues est arrivé dans cette caserne. Ils s'étaient présentés à La Paz et de là, une trentaine ou une quarantaine, ils avaient été envoyés à Uncía.

On nous a expliqué que dès leur arrivée ils les ont soumis à un « chocolat * » qui a duré plus de six heures, avant même de leur donner un uniforme, on leur avait juste tondu les cheveux. Après quoi ils les ont envoyés dans la piscine, et là les pauvres enfants ont été pris d'une « crampe collective » et ils se sont noyés. C'est le major Adolfo, qui travaillait là, qui a dit :

— Ces Indiens, ils ne savent même pas ce que c'est qu'un bain... Ces imbéciles ont pris peur et ils se sont noyés.

Vous vous rendez compte ? Une « crampe collective »... Est-ce que ça existe ? Comme s'ils avaient tous reçu en même temps une décharge électrique... Ce n'est pas possible, parce que la piscine n'est pas assez profonde, on ne peut pas vraiment y perdre pied. En tout cas, ce qui est sûr c'est que neuf soldats sont morts comme cela aux bains d'Uncía.

Alors le syndicat nous a appelées et il nous a dit :

— Il faut aller voir, mesdames, il faut vérifier si ces garçons se sont vraiment noyés.

Nous nous sommes donc rendues à la caserne d'Uncía et nous avons demandé à être reçues. Et le colonel Ramallo nous a dit :

— *Caramba,* mesdames ! Entrez donc. Quel malheur ! Un accident regrettable ! Ces garçons ont eu une crampe collective. C'est que c'étaient des Indiens, ils ne savaient pas nager, ils ne savaient pas ce que c'est qu'un bain, alors ils ont pris peur et ils sont morts bêtement. Mais maintenant ça va nous créer des problèmes, les extrémistes vont exploiter l'affaire.

Nous, nous essayions plus ou moins de croire un peu à son histoire et nous lui avons dit :

— Ça s'est peut-être passé comme ça... Est-ce que nous ne pourrions pas voir les cadavres ?

---

* Brimade de l'armée : une course ininterrompue de plusieurs heures.

— Comme c'est dommage, mesdames ! Nous venons justement de les envoyer à Catavi, à l'hôpital, pour qu'on fasse une autopsie, pour éviter les commentaires fantaisistes.

— Eh bien alors, allons là-bas, avons-nous dit.

Et nous sommes allées immédiatement à Catavi pour voir si les garçons s'étaient réellement noyés.

En arrivant à Catavi, nous avons demandé aux médecins si les corps se trouvaient là.

— Non, on ne nous a apporté aucun mort. Il y a bien un blessé qui est ici depuis trois jours. Il a reçu une balle, mais c'est un gradé de là-bas, ils lui ont fait une transfusion et il est gardé par les militaires. Mais des morts par noyade, nous n'en avons pas.

Nous nous sommes rendues immédiatement à Siglo XX et nous avons rendu compte au secrétaire général du syndicat. Le dirigeant est descendu à l'hôpital de Catavi et il a demandé à trois médecins de l'accompagner à la caserne d'Uncía pour faire l'autopsie. Mais le chef de l'hôpital lui a dit :

— Je suis désolé, camarade. Nous avons reçu une note de la direction des mines de Catavi qui nous dit de ne pas nous mêler de cette affaire d'autopsie. Allez à Llallagua et prenez le médecin privé. Mais le médecin de Llallagua a dit à son tour :

— Et qui est-ce qui va me garantir ma sécurité personnelle ? Je ne peux pas aller faire cette autopsie.

Du coup, nous étions sûrs désormais qu'il s'était passé quelque chose qu'il fallait éclaircir.

Le secrétaire général du syndicat a décidé d'écrire à La Paz pour demander la venue d'une commission spéciale de la faculté de médecine, de la commission Justice et Paix et de la presse.

Trois jours ont passé. Les militaires avaient déjà enterré les cadavres. Quand ils ont appris la venue d'une commission de La Paz, ils ont décidé d'enlever les cadavres du cimetière d'Uncía et de les faire disparaître. Vers onze heures du soir, vingt soldats bien armés ont chargé les cadavres dans deux camions. Dans l'un ils en ont mis quatre, et dans l'autre cinq.

Mais les habitants veillaient. Ils ont vu de la lumière dans le cimetière. Ils ont donné l'alarme. Et des femmes y sont allées et elles ont entouré les soldats. Mais elles ont si bien manœuvré que les soldats, pris par surprise, n'ont eu le temps de rien faire. Ils n'ont même pas pu tirer.

Donc les soldats se sont mis à engueuler les femmes, à leur demander ce qu'elles faisaient là, est-ce qu'elles ne pouvaient pas laisser les morts tranquilles, enfin des choses comme ça, non ?

Le camion qui portait quatre cercueils est parti immédiatement ; mais l'autre, celui dans lequel il y avait cinq cercueils, n'a pas pu partir, le chauffeur n'était pas dans la cabine. Et pendant qu'un groupe de femmes faisait face aux soldats, les autres déchargeaient les cadavres. Les camarades ont étendu leurs couvertures, elles ont mis les cercueils dessus et elles ont porté ainsi les cercueils à l'église d'Uncía.

Une camarade nous a tout de suite téléphoné en nous disant :

— Nous demandons de l'aide aux hommes de Siglo XX. On était en train d'emmener les cadavres des soldats et nous avons récupéré les cercueils. S'il vous plaît, venez.

Les mineurs se sont mobilisés et ils sont allés à l'église. Là, avec les habitants, ils sont restés toute la nuit à monter la garde. Et tout le monde a bien pu voir que, quand on appuyait sur le ventre des petits soldats morts, il n'en sortait pas de l'eau mais bien du sang, du sang qui sortait par la bouche et le nez. Ils avaient des fractures du crâne, du sternum. Ces enfants, ils avaient été vraiment malmenés, ce n'était pas du tout un problème de noyade.

Et puis ils étaient presque nus, avec des vêtements très misérables. Alors le syndicat a acheté des vêtements pour ces garçons. Ils me les ont confiés en nous disant d'aller à Uncía habiller nos camarades soldats, parce que la pauvreté de leurs vêtements atteignait un tel degré qu'ils avaient le pantalon complètement déchiré et le chandail aussi. Nous avons même pu observer qu'un de ces garçons avait sur la tête un vieux caleçon très sale, comme pour une farce.

Malgré cela, l'armée a fait une déclaration à la radio pour dire qu'ils avaient été enterrés avec les honneurs militaires. Nous avons donc pu voir en quoi consistaient les « honneurs militaires » pour le fils d'un ouvrier ou d'un paysan.

Tout cela a beaucoup indigné la population.

Maintenant, qu'est-ce que la patrie a gagné à la mort de ces petits soldats d'Uncía ? Pourquoi les a-t-on tués ? Pour nous, cela reste un mystère. Mais, ça oui, nous avons bien vu comme leur bouche saignait, ces garçons du contingent.

Mais il y a tant d'autres choses que nous ne voyons pas !... Qu'est-ce qui se passe dans le reste du pays ? La radio, la presse, la télévision, tout est contrôlé par le gouvernement et les nouvelles qui nous parviennent sont déformées. Nous savons pourtant bien qu'il y a actuellement, même dans l'armée bolivienne, des divisions, qu'il y a des gens conscients qui critiquent le régime militaire que nous avons et qui montrent leur mécontentement d'une manière ou d'une autre. Alors ceux-là, l'armée les fait disparaître clandestinement, les déporte. On entend souvent parler de militaires portés disparus, emprisonnés, déportés. C'est vrai.

20. La tribune de l'année de la femme

En 1976, une cinéaste brésilienne envoyée par les Nations unies est venue en Bolivie. Elle parcourait l'Amérique latine, elle cherchait des leaders féminines, elle recueillait l'opinion des femmes sur leur condition, elle voyait dans quelle mesure et de quelle manière elles participaient à la promotion de la femme.

En Bolivie, le « front des ménagères » avait attiré son attention, elle en avait entendu parler à l'étranger, et puis elle avait vu les femmes de Siglo XX jouer dans *Le Courage du peuple*. Elle a donc obtenu une autorisation du gouvernement pour venir dans les mines. Et elle m'a rendu visite. La discussion qu'elle a eue avec moi lui a plu et elle m'a dit que tout ce que je savais, il fallait que je le fasse connaître au reste du monde. Elle m'a demandé si je pouvais voyager. Je lui ai dit que non, que je n'avais même pas d'argent pour me déplacer dans mon propre pays.

Alors elle m'a demandé si j'accepterais de participer à un congrès de la femme qui allait se tenir à Mexico, au cas où elle pourrait m'obtenir de l'argent. J'ai appris à ce moment-là qu'il y avait une Année internationale de la femme.

Je n'y croyais pas beaucoup, mais je lui ai quand même répondu oui. Mais j'ai pensé que ce n'était qu'une promesse de plus et je n'y ai pas attaché d'importance.

J'ai été plutôt surprise et déconcertée quand j'ai reçu le télégramme qui disait que j'étais invitée par les Nations unies. J'ai convoqué une réunion du comité et elles ont toutes été d'accord que ça serait bien que je fasse le voyage avec une autre camarade. Mais le manque d'argent ne nous a pas permis d'être deux. Le lendemain, je suis allée à une réunion des dirigeants du syndicat et des délégués de base, je lui ai fait mon rapport et ils ont tous approuvé ma participation à cet événement, ils m'ont même aidée économiquement pour je puisse commencer les démarches.

Alors je suis allée à La Paz avec d'autres camarades, et là nous avons tout vérifié et je suis restée seule pour faire les démarches. J'y ai passé plusieurs jours. Et j'étais sur le point de renoncer au voyage, parce qu'on ne voulait pas me donner le visa.

Là-dessus, plusieurs dirigeants de Siglo XX sont arrivés à La Paz et se sont étonnés de me trouver toujours là. Alors ils sont allés avec moi au secrétariat du ministère de l'Intérieur et ils ont demandé :

— Qu'est-ce qui se passe ? Pourquoi la camarade n'est-elle pas à Mexico ? C'est aujourd'hui qu'on inaugure la conférence de l'Année internationale de la femme. Est-ce que nos épouses ont le droit de participer à cette conférence, ou bien est-ce qu'il n'y a que vos femmes qui peuvent y aller ?

Et à moi, ils m'ont dit :

— Eh bien, camarade, puisqu'ils ne veulent pas vous laisser y aller, allons-nous-en. Vous aviez une invitation des Nations unies et, malgré ça, ils ne veulent pas vous laisser y aller. Dans ces conditions, nous, nous allons nous plaindre aux Nations unies. Et puis nous allons aussi faire une grève de protestation. Allons-nous-en, camarade.

Et ils m'emmenaient déjà, mais voilà que les gens du ministère ont réagi :

— Mais il fallait commencer par là ! Un instant, un instant, il ne faut pas vous mettre dans cet état-là. Si la dame a une invitation des Nations unies, il fallait commencer par là. Où est-elle cette invitation ?

L'invitation ! Pendant toutes ces journées, chaque fois que je leur en donnais une copie, ils la perdaient. Mais les camarades mineurs ont de l'expérience, ils me l'avaient fait photocopier. Alors, bien sûr, quand ils en perdaient une, j'en sortais une autre, et ainsi de suite. Et l'original, c'étaient les dirigeants eux-mêmes qui le gardaient pour qu'au cas où les premières copies seraient épuisées ils puissent en tirer d'autres.

Je leur ai donné une copie de plus et, à peu près une heure plus tard, ils m'ont donné mes papiers. L'avion partait le lendemain à neuf heures du matin.

Au moment où je montais dans l'avion, une demoiselle du ministère de l'Intérieur m'a abordée. Je l'avais vue plusieurs fois au ministère, elle était toujours derrière ses papiers. Elle m'a dit :

— Alors, madame, vous avez eu votre passeport ? Comme je suis contente ! Vous le méritez tant ! Comme je vous félicite ! Et comme j'aimerais me faire toute petite pour aller à Mexico avec vous ! Je vous félicite.

Mais, ensuite, elle a pris un ton très mystérieux :

— Seulement, madame, votre retour au pays dépendra beaucoup de ce que vous allez dire là-bas. Alors il faut faire attention à ne pas dire n'importe quoi... Il faut bien réfléchir. Vous devez penser avant tout à vos enfants que vous laissez ici. C'est un conseil que je vous donne. Bonne chance.

Je pensais à mes responsabilités de mère et de dirigeante et, après ce que m'avait dit cette demoiselle, mon rôle à Mexico m'apparaissait très difficile. Je me sentais prise entre la croix et l'épée, entre l'enclume et le marteau. Mais j'étais décidée à remplir la mission que m'avaient confiée mes compagnons et mes compagnes.

Nous sommes allés de La Paz à Lima, puis de là à Bogota et enfin à Mexico.

Pendant le voyage, je pensais... je pensais que je n'avais jamais pensé que je voyagerais un jour en avion et surtout pas pour aller dans un pays aussi lointain que le Mexique. Non, jamais, car nous étions si pauvres que parfois nous n'avions presque pas de quoi manger et que nous ne pouvions même pas aller voir notre propre pays. Je pensais que j'avais toujours rêvé de connaître mon pays, chaque coin l'un après l'autre... et puis voilà. J'étais partie, beaucoup plus loin. Cela me causait une émotion agréable et triste en même temps. Comme j'aurais voulu que d'autres camarades aient la même possibilité !

Dans l'avion, tout le monde parlait des langues étrangères, ils discutaient, ils riaient, ils buvaient, ils jouaient. Je ne pouvais parler à personne. C'était comme si je n'étais pas là. Quand nous avons fait le transit à Bogota, j'ai rencontré une Uruguayenne qui allait également à Mexico pour participer à la tribune et j'ai donc eu quelqu'un avec qui parler.

En arrivant à Mexico, j'ai été impressionnée par la quantité de jeunes qui étaient là pour recevoir les gens qui débarquaient, ils parlaient toutes les langues. Et ils demandaient qui étaient les personnes qui venaient pour la conférence de l'Année internationale de la femme. Ils nous ont aidées à passer la douane. Ensuite, j'ai été dans un hôtel qu'on m'a indiqué.

J'avais lu dans les journaux boliviens que, pour l'Année internationale de la femme, il y avait deux endroits : le premier, la « conférence », pour les représentants officiels de tous les pays. L'autre, la « tribune », pour les représentants des organismes non gouvernementaux.

Le gouvernement avait envoyé ses déléguées à la conférence. Elles étaient venues pour expliquer à coups de grosses caisses et de cymbales qu'en Bolivie la femme avait atteint l'égalité avec le mâle plus que dans aucun pays du monde. Moi j'étais la seule Bolivienne invitée à la tribune. J'ai rencontré des camarades boliviennes, mais elles habitaient Mexico.

Donc je m'imaginais qu'il y avait deux groupes : le premier, au niveau gouvernemental, avec les dames de la classe supérieure ; et l'autre, au niveau non gouvernemental, avec des personnes comme moi, ayant les mêmes problèmes, des personnes comme ça, humbles. Je me faisais vraiment des illusions. Je me disais : « *Caramba !* Je vais rencontrer des ouvrières et des paysannes du monde entier. Elles vont être toutes comme nous, des femmes opprimées et persécutées. »

C'est ce que j'avais vu dans le journal, non ?

A l'hôtel, j'ai fait connaissance avec une Équatorienne et je suis allée avec elle au siège de la tribune. Mais je n'ai pu y aller que le lundi. Les séances avaient commencé depuis le vendredi.

Nous sommes entrées dans un très grand salon où se trouvaient quatre ou cinq cents femmes. L'Équatorienne m'a dit :

— Venez, venez camarade. C'est ici qu'on traite les problèmes les plus brûlants de la femme. C'est donc ici que nous devons faire entendre notre voix.

Il n'y avait plus de sièges. Alors nous nous sommes assises

sur une marche. Nous étions pleines d'enthousiasme. Nous avions déjà perdu une journée de la tribune et nous voulions récupérer et participer à tout ce qui se passait. Nous voulions savoir ce que pensaient toutes ces femmes, ce qu'elles disaient de l'Année internationale de la femme, quelles étaient leurs préoccupations les plus urgentes.

C'était ma première expérience et je m'imaginais que j'allais entendre des choses qui pourraient me faire progresser dans la vie, dans la lutte, dans mon travail, vous comprenez ?

Alors, bon, voilà qu'une *gringa* a pris le micro, avec ses cheveux bien blonds, des tas de choses autour du cou et ailleurs, les mains dans les poches. Et elle a dit à l'assemblée :

— Si j'ai demandé le micro, c'est simplement pour vous parler de mon expérience et vous dire que les hommes nous doivent mille et une médailles, à nous les prostituées, parce que nous avons le courage de coucher avec tellement d'hommes.

— Bravo !... et les voilà qui applaudissent.

Ma camarade et moi, nous sommes sorties de cet endroit. En réalité, c'était une réunion de centaines de prostituées qui traitaient de leurs problèmes. Et nous sommes allées dans un autre endroit. Là, c'étaient les lesbiennes. Et, là aussi, leur discussion c'était qu'elles se sentaient heureuses et fières d'aimer une autre femme, qu'elles devaient lutter pour leurs droits... Comme ça !

Ce n'était pas cela qui m'intéressait. Et je ne comprenais pas du tout qu'on dépense tellement d'argent pour discuter de ces choses-là à la tribune. Parce que, moi, j'avais laissé mon compagnon avec nos sept enfants et son travail quotidien à la mine. J'avais quitté mon pays pour faire connaître la réalité de ma patrie, ses souffrances, pour dire qu'en Bolivie la Charte des des Nations unies n'est pas appliquée. Je voulais faire connaître tout cela et écouter ce qu'on me dirait des autres pays exploités et des autres groupes qui s'étaient déjà libérés. Et voilà que c'est sur ces problèmes-là que je tombais... Je me sentais plutôt perdue. Dans d'autres salons encore, il y en avait qui se levaient et qui disaient :

— Le bourreau c'est l'homme... C'est l'homme qui fait les guerres, c'est l'homme qui fait les armes nucléaires, c'est l'homme qui bat la femme... Et alors quelle est la première bataille à mener pour obtenir l'égalité des droits pour la femme ? C'est d'abord de faire la guerre au mâle. Si le mâle a dix femmes comme maîtresses, eh bien, la femme n'a qu'à avoir dix hommes comme amants elle aussi ; si l'homme dépense tout son argent au café à perdre son temps, la femme n'a qu'à faire la même chose. Et quand nous aurons atteint ce niveau, alors l'homme et la femme pourront se prendre par la main et se mettre à lutter pour la libération de leur pays, pour l'amélioration des conditions de vie dans leur pays.

Telle était la mentalité, la préoccupation de beaucoup de groupes, et pour moi ç'a été un choc très violent. Nous parlions des langages complètement différents, non ? Et ça rendait le travail à la tribune très difficile. Et, en plus, les micros étaient très contrôlés.

Alors nous avons formé un groupe de Latino-Américaines et nous avons renversé tout ça. Nous avons fait entendre ce qu'étaient nos problèmes communs, en quoi consistait pour nous notre promotion, comment vit la majorité des femmes. Et nous avons dit aussi que, pour nous, le premier, le principal travail ne consiste pas à nous battre contre nos compagnons, mais à changer avec eux le système dans lequel nous vivons pour un autre où hommes et femmes auront droit à la vie, au travail, à l'organisation.

Au début, on ne remarquait pas tellement le contrôle qui était exercé sur la tribune. Mais, à mesure que se précisaient les prises de position et les revendications, les choses ont commencé à changer. Par exemple, ces femmes qui défendaient la prostitution, le contrôle des naissances, elles voulaient en faire les problèmes primordiaux à discuter à la tribune. Pour nous, c'étaient des problèmes réels, mais pas fondamentaux.

Par exemple, quand elles parlaient du contrôle des naissances, elles nous disaient que nous ne pouvions pas faire autant d'enfants en vivant dans une telle misère, puisque nous n'avons même pas de quoi nous nourrir. Et elles voyaient dans le contrôle des naissances la solution de tous les problèmes de la faim et de la dénutrition.

Mais, en réalité, le contrôle des naissances tel qu'elles le concevaient ne peut pas s'appliquer à mon pays. Nous autres, Boliviens, nous sommes déjà tellement peu nombreux que si on limite encore la natalité, la Bolivie va finir par rester sans habitants. Et alors les richesses de notre pays vont rester en cadeau à ceux qui veulent nous contrôler complètement, non ? Mais il n'y a aucune justification non plus à ce que nous vivions ainsi dans la misère. Tout pourrait être différent, car la Bolivie est un pays très privilégié sur le plan des richesses naturelles. Mais notre gouvernement préfère voir les choses comme ça, pour justifier le bas niveau de vie du peuple bolivien et les salaires très bas qu'il donne aux travailleurs. Et c'est pour cela qu'il recourt au contrôle des naissances.

On a essayé de plusieurs manières de détourner la tribune avec des problèmes qui n'étaient pas les problèmes fondamentaux. Il a donc fallu que nous fassions connaître à tout le monde ce qui était primordial pour nous dans tout ça. Pour moi, je suis intervenue plusieurs fois personnellement. C'étaient de petites interventions parce que nous ne pouvions pas garder le micro plus de deux minutes.

Le film *La Double Journée,* tourné par la camarade brésilienne qui m'avait invitée à la tribune, a servi à orienter les participantes qui n'avaient aucune idée de ce qu'est la vie de la femme paysanne ou ouvrière en Amérique latine. *La Double Journée* montre le système de vie de la femme, et particulièrement en ce qui concerne son travail. On y voit comment vit la femme aux Etats-Unis, au Mexique, en Argentine. Cela fait un grand contraste. Mais il est encore plus grand quand on présente la Bolivie, parce que la camarade a interviewé une travailleuse de Las Lamas qui attend un enfant. Elle lui demande dans l'interview : « Vous allez bientôt avoir votre enfant, alors pourquoi ne restez-vous pas à vous reposer comme il faut ? » La travailleuse répond qu'elle ne peut pas, parce qu'elle doit gagner le pain de ses enfants et aussi celui de son mari qui est pensionné *, et la pension est très faible. « Et les indemnités ? », demande la Brésilienne. Alors la femme explique que son mari est parti de la mine complètement détruit et que tout l'argent des indemnités a été dépensé à essayer de le soigner. Et c'est pour ça qu'elle est obligée maintenant de travailler, ainsi que ses enfants, pour entretenir aussi son mari.

* C'est-à-dire à la retraite pour cause de maladie ou d'invalidité. Chez les mineurs, il s'agit presque toujours de la silicose.

Bien sûr, c'était très violent, c'était dramatique. Et les compagnes de la tribune se sont rendu compte que je n'avais pas menti en parlant de notre situation dans la mine.

Après la projection, comme j'avais moi aussi participé au film, on m'a donné la parole. Alors j'ai dit que cette situation était due au fait qu'aucun gouvernement ne s'était préoccupé de créer des sources de travail pour les femmes pauvres. J'ai dit que l'unique travail que l'on reconnaît aux femmes c'est le travail domestique, et celui-là il est gratuit. Moi, par exemple, on me donne 14 pesos par mois, c'est-à-dire deux tiers de dollar ; c'est le montant de l'allocation familiale qui est ajoutée au salaire de mon mari. Combien font 14 pesos boliviens ? Avec ça, je peux m'acheter deux mesures de lait ou la moitié d'un paquet de thé...

— C'est pour cela, leur ai-je dit, que vous devez comprendre que nous ne voyons aucune solution à nos problèmes tant qu'on ne changera pas le système capitaliste dans lequel nous vivons.

Beaucoup de femmes m'ont dit qu'elles commençaient tout à coup à me comprendre. Il y en avait qui pleuraient.

Le jour que les femmes ont parlé contre l'impérialisme, j'ai parlé moi aussi. Et j'ai montré comment nous vivions dans une dépendance complète des étrangers pour tout, comment ils nous imposent toutes leurs volontés du point de vue économique ou du point de vue culturel.

J'ai aussi beaucoup appris à la tribune. Et, d'abord, j'ai appris à mieux valoriser la sagesse de mon peuple. Toutes celles qui se présentaient au micro disaient : « Je suis diplômée, je représente telle organisation... » Et bla bla bla, elles sortaient leur intervention. « Je suis professeur, je suis avocate, je suis journaliste... » Et bla bla bla, elles se mettaient à donner leur opinion.

Alors moi, je me disais : « Voilà des diplômées, des avocates, des professeurs, des journalistes... Et moi ? Comment me présenter ? » Je me sentais un peu complexée, intimidée. Je finissais par ne pas oser prendre la parole. La première fois que je me suis trouvée devant le micro, face à tous ces titres, je me suis présentée humblement en disant : « Eh bien, voilà, je suis la femme d'un travailleur de la mine de Bolivie. » J'avais encore un peu peur.

Je me sentais dans l'obligation d'intervenir dans la discussion, de poser nos problèmes pour qu'à travers la tribune le monde entier nous entende.

C'est comme cela que j'ai eu une discussion avec Betty Friedman, qui est la grande leader féministe des Etats-Unis. Avec son groupe, elles avaient proposé plusieurs amendements au « plan d'action mondial ». Mais il s'agissait surtout de propositions féministes, et nous, les Latino-Américaines, nous n'étions pas d'accord avec elles parce qu'elles n'abordaient pas certains problèmes qui sont fondamentaux pour nous.

Betty Friedman nous a invitées à la suivre. Elle nous a demandé de laisser notre « activité belliciste » en disant que nous étions « manipulées par les hommes », que nous ne pensions seulement qu'en « politiques », que nous ignorions même complètement tous les problèmes féminins, « comme la délégation bolivienne, par exemple », a-t-elle ajouté.

J'ai donc demandé la parole. Mais elles ne me l'ont pas donnée. Alors, bon, je me suis levée et j'ai dit :

— Excusez-moi si je transforme cette tribune en foire d'empoigne. Mais j'ai été citée et j'ai le droit de me défendre. J'ai été invitée à la tribune pour parler des droits de la femme et, avec l'invitation qu'on m'a envoyée, il y avait aussi la déclaration approuvée par les Nations unies, leur charte, qui reconnaît le droit de la femme à la participation et à l'organisation. Et la Bolivie a signé cette déclaration, mais dans la réalité elle ne l'applique que pour la bourgeoisie.

Et je continuai, comme cela, à exposer mon point de vue. Mais une dame, la présidente de la délégation mexicaine, s'est approchée de moi. Elle voulait m'expliquer à sa manière le thème de la tribune de l'Année internationale de la femme : « Egalité, développement et paix ». Et elle m'a dit :

— C'est de nous qu'il faut parler, madame... Oui, nous les femmes. Voyons, madame, oubliez les souffrances de votre peuple. Oubliez un instant les massacres. Nous avons déjà parlé suffisamment de tout cela. Nous vous avons déjà suffisamment écoutée. Il faut parler de nous... de vous et de moi... c'est-à-dire de la femme.

Alors je lui ai dit :

— Eh bien, parlons donc de nous deux. Mais si vous me permettez, je vais commencer par moi. Madame, cela fait une semaine que je vous connais. Tous les matins, vous arrivez avec une robe différente ; moi pas. Tous les matins, vous arrivez coiffée et maquillée et çà montre que vous avez le temps d'aller dans un salon de beauté élégant et de l'argent à dépenser ; moi pas. J'ai vu que vous avez tous les soirs un chauffeur qui vous attend à la sortie pour vous ramener chez vous ; moi pas. Et, à voir comment vous vous présentez ici, je suis sûre que vous avez une maison très élégante, dans un quartier aussi très élégant. Nous, les femmes de mineurs, nous n'avons qu'un petit logement prêté et, si notre mari meurt ou s'il tombe malade ou s'il est licencié de l'entreprise, nous avons quatre-vingt-dix jours pour quitter notre logement et nous nous retrouvons à la rue.

Et maintenant, madame, dites-moi : qu'est-ce que votre situation a à voir avec la mienne ? Et ma situation avec la vôtre ? Alors de quelle égalité entre nous allons-nous parler ? Si vous et moi nous ne nous ressemblons pas, si nous sommes si différentes, nous ne pourrons pas pour l'instant être égales, même en tant que femmes, vous ne croyez pas ?

Mais là-dessus est arrivée une autre Mexicaine et elle m'a dit :

— Eh bien, qu'est-ce que vous voulez ? Cette dame est la présidente de la délégation du Mexique, et c'est elle qui a la préséance. Et puis, nous toutes ici, nous avons été très généreuses avec vous, nous vous avons entendue à la radio, à la télévision, dans la presse, à la tribune. Je suis fatiguée de vous applaudir.

Ce qu'elle a dit m'a mise très en colère, j'ai eu l'impression que les problèmes que je posais avaient seulement servi à faire de moi un personnage de théâtre qu'on applaudit... C'était comme si on m'avait traitée de clown.

— Mais, écoutez madame, lui ai-je demandé, qui vous a demandé de m'applaudir ? Si on pouvait résoudre les problèmes comme ça, je n'aurais pas assez de mains pour applaudir et je n'aurais pas fait le voyage de la Bolivie jusqu'au Mexique en laissant mes enfants pour venir exposer nos problèmes. Gardez vos applaudissements pour vous, j'ai déjà reçu les plus beaux de ma vie des mains calleuses des mineurs.

Et nous avons eu une altercation très violente. Finalement, elles m'ont dit :

— Eh bien, puisque vous vous croyez tellement, montez donc à la tribune.

J'y suis montée et j'ai parlé. Je leur ai montré qu'elles ne vivaient pas dans le même monde que nous. Je leur ai montré qu'en Bolivie on ne respecte pas les droits de l'humanité et qu'on y applique ce que nous appelons la « loi de l'entonnoir » : large pour quelques-uns, étroit pour les autres. Que les dames qui s'organisent pour jouer à la canasta et applaudir le gouvernement ont droit à toutes les garanties et à tous les respects. Mais les femmes comme nous, les ménagères, qui nous organisons pour que se lèvent nos peuples, nous sommes battues, nous sommes poursuivies. Elles ne voyaient pas toutes ces choses. Elles ne voyaient pas les souffrances de mon peuple... Elles ne voyaient pas nos compagnons cracher leurs poumons sanglants, morceau par morceau... Elles ne voyaient pas la dénutrition de nos enfants. Et, bien sûr, elles ne savaient pas, comme nous, ce que c'est de se lever à quatre heures du matin et de se coucher à onze heures ou à minuit, rien que pour arriver à accomplir son travail domestique, parce que nous manquons de tout.

— Mais qu'est-ce que vous savez de tout cela, vous autres ? Alors, pour vous, la solution c'est de combattre l'homme ? Et c'est tout ? Mais pour nous, non, ce n'est pas la solution principale.

J'ai dit tout cela guidée par la colère et je suis descendue. Et beaucoup de femmes m'ont suivie... Et, à la sortie du salon, beaucoup étaient heureuses, elles m'ont dit qu'il fallait que je retourne à la tribune, que je devais représenter les Latino-Américaines à la tribune.

Je me suis sentie honteuse en pensant que je n'avais pas su valoriser suffisamment la sagesse du peuple. Voyez donc : moi qui n'avais pas été à l'université, moi qui n'avais même pas pu aller au collège, mois qui n'étais ni professeur, ni diplômée, ni avocate... qu'est-ce que j'avais fait à la tribune ? Tout ce que j'avais dit, je l'avais entendu dire à mon peuple depuis le berceau, à travers mes parents, mes camarades, les dirigeants et je voyais que l'expérience du peuple est la meilleure école. Le meilleur enseignement que j'ai eu, c'est ce j'ai appris de la vie du peuple. Et j'ai pleuré en pensant : « Comme il est grand, mon peuple ! »

Avec les Latino-Américaines, nous avons rédigé un texte sur la manière dont nous voyions le rôle de la femme dans les pays sous-développés et sur tout ce qu'il nous paraissait important de dire à cette occasion. Et la presse l'a publié.

Ce qui m'a été aussi très utile à la tribune, ç'a été de rencontrer des camarades des différents pays, particulièrement des Boliviennes, des Argentines, des Uruguayennes, des Chiliennes, qui étaient passées par des situations semblables à celles que j'avais connues, les arrestations, la prison et tous ces problèmes. Elles m'ont beaucoup appris.

Je pense avoir rempli la mission que m'ont confiée mes compagnes et mes compagnons de Siglo XX. A la tribune, nous nous sommes retrouvées avec beaucoup d'autres femmes du monde et nous avons fait que le monde entier qui était représenté là s'occupe de notre pays.

Cela a été une grande expérience d'être avec tellement, tellement de femmes et de me rendre compte du nombre immense de tous ceux qui sont engagés dans la lutte pour libérer leurs peuples opprimés.

Je crois que cela a été aussi important pour moi de constater encore une fois, à l'occasion de ce contact avec plus de cinq mille femmes de tous les pays, que les intérêts de la bourgeoisie n'ont absolument rien à voir avec les nôtres.

21. Rencontre avec des exilés

Pendant mon séjour à Mexico, j'ai eu l'occasion de connaître des Boliviens. Certains étaient des exilés qui avaient quitté le pays en 1971. Beaucoup avaient été en prison puis avaient été expulsés du pays, d'autres avaient fui, d'autres avaient demandé l'asile dans les ambassades. Parmi eux, il n'y en avait qu'un que j'avais rencontré avant, il était venu avec des étudiants dans les mines.

J'ai été très impressionnée de voir là tous ces diplômés. Je n'ai pas rencontré d'ouvriers ou de paysans. Bien sûr, je sais qu'ils ont été expulsés dans d'autres pays, mais quand même il est clair que ceux qui quittent le pays sont en majorité des gens qui y exerçaient une profession.

J'ai vu que les exilés de bonne volonté restent solidaires du peuple bolivien, qu'ils n'oublient pas leur peuple.

Ils m'ont très bien accueillie, ils m'ont beaucoup aidée, ils m'ont fait opérer du genou, ils m'ont même aidée à faire soigner mes dents qui avaient été cassées pendant mon deuxième séjour en prison. Il n'y a pas un seul camarade qui ne m'ait pas montré sa solidarité.

Les Boliviens ont aussi beaucoup facilité mes contacts. Et puis, à Mexico, j'avais beaucoup de commodités que je n'ai pas chez moi. J'avais un lit avec un matelas, j'avais une salle de bains à ma disposition, j'avais l'eau courante dans la maison, j'avais les repas préparés.

Mais, malgré tout le confort que j'ai trouvé à Mexico, je n'ai jamais eu envie de rester et de garder tout cela pendant que mon peuple en Bolivie souffre tellement. Bien plus, au lieu de me sentir heureuse, je pensais à la mine, aux marches qu'il faut faire, aux femmes qui doivent porter des charges si lourdes, même quand elles sont enceintes. Je pensais aux mineurs de San Florencio qui doivent venir jusqu'à Siglo XX pour faire leurs achats, aux femmes qui doivent faire des kilomètres pour regagner leur maison après avoir vendu quelque chose au marché et qui doivent tout de suite préparer le déjeuner. Tout cela me mettait mal à l'aise, moi qui était venue à Mexico en tant que dirigeante invitée à la conférence internationale de la femme pour parler comme représentante des femmes du peuple.

Bien sûr, je rêve du jour où j'aurai toutes ces commodités. Oui, j'aime le confort, mais je le veux pour tous, pour mon peuple tout entier. Je ne le veux pas pour moi toute seule. J'aimerais avoir tout ce confort, mais je ne veux pas l'accepter tant que mon peuple meurt de faim, tant qu'il vit dans la misère et qu'il travaille si durement. Je ne peux pas. Quand nous aurons tous le confort, alors oui, nous pourrons nous sentir heureux, parce que nous n'aurons pas à penser que le voisin n'a peut-être pas mangé de la journée ou qu'il n'a pas de quoi se soigner d'une maladie. Nous n'aurons plus à nous sentir honteuses d'avoir une jolie robe neuve pendant que les autres ne peuvent pas en avoir.

C'est pourquoi, à Mexico, je me sentais si loin de mon peuple, de mon milieu et je voulais revenir vite.

Quelqu'un a dit de nous, les dirigeants, que nous sommes comme des poissons qui ont besoin d'être dans l'eau, qui meurent quand ils sont hors de l'eau. Et le jour où, nous qui avons pris cette route, nous nous retrouvons hors du sein des masses, ce jour-là il ne nous reste qu'à mourir. Si un dirigeant n'est pas avec les siens, il n'est pas heureux. Et je crois que, nous tous qui avons l'étiquette de révolutionnaires, nous sommes obligés de revenir au peuple, de nous battre aux côtés du peuple.

Ceux qui restent tranquillement à l'extérieur, sans rien faire, en attendant notre victoire, ce sont surtout des traîtres au peuple.

Et quand on ne peut pas rentrer dans son pays, il y a toujours la possibilité de faire quelque chose. Ce que je veux dire, c'est que, nous les révolutionnaires, nous ne devons pas avoir de frontières ; et, partout où il se trouve, un révolutionnaire doit transmettre l'expérience de notre peuple à ceux qu'elle concerne et particulièrement à la classe travailleuse et aux paysans.

1976

« Le cri de mon peuple »

A la fin de la tribune, je suis encore restée plus de deux mois au Mexique à cause de mon état de santé. J'ai écrit plusieurs fois à ma famille, mais il paraît que les lettres se sont perdues. Ce qui fait que beaucoup de rumeurs se sont mises à courir sur mon retard, et même certaines de mes camarades sont allées à La Paz pour protester en pensant que le ministère de l'Intérieur me faisait des problèmes. Mais ce n'était pas ça.

En revenant ici, j'ai rendu compte aux travailleurs et au comité de ce que j'avais fait à Mexico. J'ai aussi parlé à la radio. On ne m'a pas laissé faire tout ce que j'aurais voulu, mais enfin j'ai informé autant que j'ai pu.

Pendant mon séjour, plusieurs dirigeants de la C.O.B. avaient été arrêtés, vingt et un je crois. Ils les ont pris dans une réunion clandestine à Oruro et ils les ont mis en prison, ils les ont gardés au secret. Quand je suis rentrée, les ouvriers de la Manaco, à Cochabamba, avaient déclenché une grève. La Manaco est une usine de chaussures de la société Bata, qui est canadienne. C'est une très grande usine, il y a environ huit cents ouvriers. Ils sont parmi ceux qui, en Bolivie, ont la plus grande tradition de lutte révolutionnaire.

Les dirigeants de Siglo XX ont soutenu les revendications des travailleurs de la Manaco. Les travailleurs se sont solidarisés, ils ont donné une journée de salaire. Et nous avons formé une commission pour aller les ravitailler. Ç'a été une grande grève parce que d'autres groupes s'y sont joints, plus particulièrement les universitaires et plusieurs secteurs paysans. Les travailleurs de la Manaco ont réussi à atteindre plusieurs de leurs objectifs.

A Siglo XX aussi, j'ai trouvé du changement. Par exemple, le dirigeant Bernal, avec qui le comité avait très bien travaillé, avait présenté sa démission au syndicat ; il y a donc eu de nouvelles élections.

En janvier 1976, une assemblée du comité des ménagères s'est tenue devant la porte de la *pulpería* pour protester contre la hausse des prix de certains produits et aussi contre la mauvaise qualité du lait condensé.

A cette assemblée, j'ai été réélue secrétaire générale du comité et j'ai aussi été désignée pour représenter le comité au congrès des mineurs à Corocoro.

La classe travailleuse des mines avait beaucoup de problèmes à résoudre. Nous avions beaucoup de revendication à faire. Mais l'entreprise ne voulait pas reconnaître nos commissions de base et elle avait choisi de discuter les problèmes avec des délégations de chaque branche. C'est ainsi que ceux des branches ateliers, extraction, centrale sont allés chacun à leur tour exposer leurs positions. Les gens de l'entreprise leur ont fait diverses promesses, aux uns davantage, aux autres moins. Et, finalement, ils les ont tous roulés.

Nous avons donc décidé de nous réunir en congrès à Corocoro pour exposer une fois pour toutes, globalement, nos problèmes.

Le gouvernement s'est d'abord opposé à la tenue de ce congrès. Il nous soupçonnait de vouloir le renverser, de faire un complot subversif. Mais ensuite ils n'ont plus rien dit.

Le congrès de Corocoro a commencé le 1er mai avec la participation des représentants de tous les syndicats de la mine. Nous étions aussi quatre représentantes du comité des ménagères : deux de Siglo XX et deux de Catavi.

On a demandé beaucoup de choses, à ce congrès. Par exemple, la reconnaissance des syndicats, le refus des mesures adoptées en novembre 1974 par le gouvernement, la solidarité avec les prisonniers et les exilés politiques...

Mais l'objectif immédiat, c'était l'augmentation des salaires en fonction du coût de la vie. On a aussi abordé le problème de la pension, qui est tellement basse qu'elle ne suffit pas pour vivre, alors qu'il y a des millions de travailleurs qui sont malades du mal de la mine et qui n'ont que leur pension. Et puis il y a le grave problème des veuves qui ne perçoivent la pension que pour les cinq années qui suivent la mort du mari. Et si elles se remarient, la pension leur est immédiatement supprimée. Et beaucoup d'autres problèmes comme ceux-là ont été soulevés au congrès pour chercher une solution.

Il y avait plusieurs commissions pour traiter les différents problèmes. En ce qui nous concerne, au comité des ménagères, nous avons insisté sur la question économique. Pour cela, nous avions analysé notre situation pendant les six dernières années, c'est-à-dire depuis l'arrivée de Banzer au gouvernement. Voici ce que nous disions :

« Dans tout le pays, la situation économique s'est faite de plus en plus difficile. Le minimum nécessaire pour vivre a terriblement monté avec les mesures économiques adoptées par le gouvernement, comme la dévaluation monétaire, le " paquet économique ".

« Les forces de nos maris décroissent de jour en jour, ils vieillissent de plus en plus prématurément, parce que leur travail est dur et que leur bas salaire ne leur permet pas de refaire toute l'énergie qu'ils dépensent, et nous, nous sommes condamnées à nous retrouver veuves à n'importe quel moment, que ce soit à cause du mal de la mine ou d'un accident, parce que la sécurité du travail est inexistante : on ne fait presque rien pour garantir la sécurité et la vie de nos compagnons.

« Le pire c'est que nous n'avons même pas un toit pour nous abriter, parce que le bas salaire de nos maris ne nous permet pas d'acquérir un petit logement. Nous ne pouvons même pas en trouver un par les " coopératives de logements ", parce que ces dernières années les maisons qu'on nous y a proposées coûtaient jusqu'à 100 000 pesos. Et quand pourrions-nous les payer ? C'est ainsi que tout le monde veut s'enrichir sur le dos du travailleur.

« Par certains aspects, la situation du paysan est enviable en comparaison de celle du mineur. On dit que " la terre est à celui qui la travaille " : si le paysan a travaillé un hectare de terrain et si à sa mort ses enfants continuent à le travailler, ils continuent à avoir la terre. Par contre, les mineurs, ils ont pu travailler et remuer des tonnes et des tonnes de terre, ils ont pu donner toutes ses richesses au pays, ils ont pu faire bénéficier le monde entier du fruit de leurs sacrifices, cela n'empêche pas qu'à leur mort leur famille a quatre-vingt-dix jours pour vider le petit logement que l'entreprise leur avait prêté de son vivant ; la veuve est mise à la rue, sans possibilité de trouver du travail ni pour elle ni pour ses enfants, sous prétexte qu'ils vont toucher la petite pension qui n'est même pas suffisante à payer le loyer d'une pièce ; et dans certains cas ils ne touchent même pas cette petite pension, parce que l'ouvrier est mort sans avoir réglé ses cotisations à la caisse de la sécurité sociale.

« L'absence de création de sources de travail fait aussi que nos enfants majeurs ne trouvent aucun emploi, même après avoir fait leur service militaire.

« Et que dire de leur éducation ? Beaucoup de travailleurs ont des enfants qui étudient dans les différents établissements du pays, ils doivent leur envoyer une pension, du ravitaillement, des vêtements, de quoi payer le loyer du logement et toutes sortes de frais. Et, à la maison, il y a les autres enfants qu'il faut habiller, nourrir, éduquer ; et, malgré ce qu'on dit sur l'éducation gratuite dans les mines, il nous faut quand même acheter les uniformes, les livres, les crayons, des couleurs de différentes sortes, et tout le matériel dont ils ont besoin. Le pire, c'est quand le gouvernement décide d'interrompre l'année scolaire sans se soucier du préjudice qu'il cause à nos enfants... »

Nous avons donc fait notre analyse ainsi. Et nous avons expliqué que c'était pour cette raison que nous appuyions les revendications des travailleurs pour l'augmentation des salaires.

Notre participation à Corocoro a été très bonne. Dans notre première intervention, nous avons dit aux travailleurs combien nous étions heureuses que les ouvriers aient pu arriver à tenir ce congrès malgré tant d'interdictions. Et que les hommes devaient se rendre compte qu'ils n'étaient pas seuls dans cette lutte, parce que dans chaque foyer nous sommes tous exploités par le patron, la Comibol : notre travail à la maison n'est pas reconnu et ce serait une erreur de penser que seul le travailleur salarié est exploité ; sa famille l'est aussi. Et que nous devions, dans ce congrès, rédiger une bonne résolution qui puisse servir au mouvement de la classe travailleuse.

Notre intervention a été retransmise à la radio et, pendant notre séjour à Corocoro, nous avons été invitées à participer à une discussion au collège. Et, après cette discussion, les élèves ont décidé qu'il fallait que je parle avec leurs mères. Nous avons accepté, nous avons fixé un jour et une heure, et quand nous sommes arrivées, ils étaient là avec leurs mamans et leurs papas. Ça a été une très bonne réunion, au cours de laquelle a été organisé le comité des ménagères de Corocoro. Ce comité a été mis en place en plein congrès et on a nommé comme présidente une *cholita* * qui a très bien parlé sur l'intérêt que les femmes ont à lutter aux côtés des travailleurs. J'ai appris par la suite dans la presse qu'elles avaient commencé à travailler. Mais aujourd'hui je ne sais plus où elles en sont, car il y a eu beaucoup de répression à Corocoro, les militaires sont entrés à l'intérieur de la mine, beaucoup d'hommes et de femmes ont été arrêtées et nous avons perdu le contact avec ces camarades.

Nous avons aussi présenté au congrès la motion suivante : il faut organiser les comités de ménagères dans toutes les mines et appeler à un congrès de femmes dans les plus brefs délais pour constituer immédiatement la Fédération nationale des ménagères, affiliée à la C.O.B., comme nous le sommes nous-mêmes à Siglo XX. Et cette motion a été approuvée. Mais, avec les événements qui ont suivi, nous n'avons pas réalisé ce projet. Et, maintenant, j'ai appris que ce sont les « femmes nationalistes », c'est-à-dire celles qui soutiennent l'actuel gouvernement, qui pensent réaliser un congrès national dans les mines.

Malgré les manœuvres d'agents du gouvernement qui s'étaient infiltrés dans le congrès, c'est la pensée des représentants des ouvriers qui a triomphé. Et un texte qui exigeait l'augmentation des salaires a été approuvé.

Avant la discussion et le vote du texte, on nous a montré un tableau qui indiquait combien gagne un général, combien gagne un colonel, etc. Il y avait comme ça des revenus de 20 000, 25 000 pesos par mois **, alors qu'un ouvrier ne peut gagner plus de 200 pesos. On a aussi étudié ce qu'il faut comme calories

* Une métisse.

** En Bolivie, la haute hiérarchie de l'armée reçoit, en plus des salaires, des revenus supplémentaires d'institutions para-étatiques ou de l'administration dans lesquelles les militaires ont des charges importantes.

à un ouvrier pour vivre, ce qu'il faut comme nourriture pour avoir ces calories et ce qu'il faut gagner pour couvrir ces besoins.

En y ajoutant certains besoins primordiaux de l'homme, comme les vêtements, les chaussures, les distractions — si on peut dire : par exemple, un journal pour se tenir informé —, on arrivait à la nécessité pour le travailleur de gagner au moins 170 pesos par jour pour vivre normalement. Mais comme la *pulpería* est bon marché, nous avons enlevé de ces frais 40 pesos par jour, ce qui a ramené à 130 pesos le salaire minimum. La fédération des mineurs nous a dit que non, qu'ils avaient demandé, eux, 80 pesos et qu'il valait mieux nous en tenir à cette réalité. Nous avons donc accepté ce chiffre.

Nous avons également demandé la réduction de la journée du travailleur à l'intérieur de la mine à six heures à cause des conditions dans lesquelles il vit et pour qu'il ait le temps de se refaire.

Nous avons exposé tout cela et nous avons donné au gouvernement trente jours de réflexion. En cas de refus, la classe travailleuse déclarerait la grève illimitée.

La réponse du gouvernement n'est pas venue. Il a d'abord arrêté les membres de la fédération des mineurs, puis il est intervenu militairement dans les mines, il a fermé nos émetteurs, y compris Radio-Pie XII, il a instauré des zones militaires, il a arrêté et poursuivi tous les dirigeants.

Le 9 juin, l'armée est entrée par surprise pendant que les ouvriers étaient à l'intérieur de la mine et ils ont commencé la répression, plus particulièrement contre ceux qui avaient participé au congrès de Corocoro. Ceux qui ont été pris ont été horriblement battus à la caserne d'Uncía et envoyés en prison à La Paz. Et beaucoup ont été déportés au Chili, ils les ont livrés à Pinochet.

Ils nous ont couverts de calomnies. Ils nous ont accusés, entre autres, de comploter. Ils se sont servis pour cela d'une manifestation qu'avaient faite les mineurs pour protester contre l'assassinat du général Torres en Argentine et contre le refus du gouvernement Banzer de rapatrier ses restes. Ce jour-là, les travailleurs s'étaient limités à manifester parce qu'ils voulaient garder leurs forces pour la grève, en cas de nécessité. L'armée s'est aussi servie de cela pour fermer nos émetteurs, pour entrer dans nos maisons et pour nous maltraiter.

Il était midi. Nous déjeunions comme d'habitude. A la fin du déjeuner, mon petit dernier m'a dit : « Maman, je voudrais sortir. » Je l'ai donc mené au bord de la rivière *. Brusquement, je me suis rendu compte qu'il y avait à Llallagua un silence anormal pour le milieu de la journée ; d'habitude, il y a toujours des bruits de radio, de la musique, etc. Et je me suis demandé : « Pourquoi ce silence à Llallagua ? » J'ai regardé... et je me suis rendu compte que les militaires étaient dans la rue principale, ils avançaient de porte en porte.

Alors je me suis mise à courir en criant dans les rues :

— L'armée ! L'armée arrive !

J'ai couru à la radio et j'y ai trouvé deux camarades, je leur ai dit que l'armée arrivait. Mais, juste au coin, les soldats sont apparus. Alors je suis repartie.

Les soldats ont occupé les émetteurs, et nous, les femmes, nous nous demandions : « Que faire ? Que faire ? Comment aviser les travailleurs qui sont à l'intérieur de la mine ? » Parce qu'ils n'étaient au courant de rien.

Quelqu'un a réussi à prévenir les camarades à l'intérieur que les mines avaient été envahies, que les émetteurs avaient été pris.

La nuit venue, ils nous ont fait appeler. Ils ont dit à mon mari :

— Les dirigeants doivent entrer dans la mine. Nous allons y organiser le comité de grève, nous allons faire la résistance depuis l'intérieur, ici ils seront plus en sécurité. Dans les maisons, il n'y a pas de fuite possible.

Dans la mine, bien sûr, on peut se cacher, c'est comme une ville. Il y a près de 800 kilomètres de galeries souterraines et beaucoup de puits, seuls ceux qui les connaissent très bien sont capables de sortir de là.

Nous sommes entrés dans la mine et nous y avons organisé le comité de grève. Les premières directives ont été données : maintenir l'unité entre les travailleurs ; faire confiance aux seuls dirigeants et ne pas accepter d'instructions d'autres qui pourraient utiliser le syndicat à des fins qui ne sont pas celles de la classe travailleuse ; économiser les vivres pour faire durer la grève ; partager ce que nous avions avec les soldats parce que nous

* Il s'agit du Ch'aqui Mayo, le Río Seco, qui sépare Siglo XX de Llallagua.

devions comprendre qu'ils sont nos enfants et qu'on les oblige à être contre nous ; les ménagères devaient s'organiser et, si les *pulperías* étaient fermées, faire une manifestation de protestation. Voilà les premières consignes.

Nous avons passé toute la nuit à monter la garde à tour de rôle. Le lendemain, pareil. Nous n'avons rien mangé du tout. Dans la soirée, des travailleurs nous ont apporté de la nourriture et ils nous ont dit que, la nuit précédente, l'armé était entrée dans presque toutes les maisons et avait arrêté beaucoup de monde.

Des agents se sont infiltrés et ont réussi à nous rejoindre dans la mine. Quand nous nous en sommes aperçus, on nous a fait pénétrer beaucoup plus profond encore.

On nous a menés, moi, mon mari et un autre camarade, dans un endroit appelé San Miguel. On m'a trouvé du carton goudronné qu'on a déplié sur le sol pour que je puisse me reposer, car j'étais enceinte et j'en étais au neuvième mois. Une telle situation, c'était trop pour moi. Je ne pouvais pas supporter l'atmosphère de l'intérieur de la mine, le gaz, l'absence d'air. J'avais soif, j'avais faim, j'étais trop fatiguée.

Nous sommes restés là tout le jeudi. Le vendredi matin, je ne pouvais plus résister. J'étouffais. Je ne pouvais pas respirer. J'ai dit à mon mari :

— Je me sens mal. Je n'en peux plus.

— Qu'allons-nous faire ? m'a-t-il demandé.

— Nous allons sortir. Tant pis s'ils me prennent. Je ne peux plus tenir.

— Je vais voir si nous pouvons sortir par Cancaniri.

Il y est allé et il a vu que c'était possible.

Il m'a donc fait passer par le puits de Cancaniri. Là, un camarade m'a aidée à sortir. Nous sommes allés à la pharmacie et on m'a donné un médicament. Cela m'a permis de tenir jusqu'à chez moi. Sur la route, nous avons croisé des centaines de soldats. Ils nous criaient :

— Halte ! Où allez-vous ?

Mon compagnon répondait :

— J'emmène ma femme. Elle va accoucher.

— Bien, passez !

Et comme cela, en prenant des chemins détournés, nous avons réussi à arriver à la maison. Je tremblais de froid, il était six ou sept heures du matin. Ma sœur m'a fait boire quelque chose de chaud et je me suis un peu reposée.

Mais, tout de suite, des femmes sont venues à la maison pour m'informer que l'armée était en train d'intervenir dans les *pulperías*. Elles m'ont demandé d'aller discuter avec les militaires pour obtenir au moins un jour de délai.

Quand nous sommes arrivées à la *pulpería*, il y avait plusieurs militaires très gradés qui nous insultaient avec cette suprême suffisance, cette haine maladive qu'ils ont contre la classe ouvrière. Il y en avait un qui criait :

— Allez, vite ! Bande de lâches, d'incapables ! Vous avez préparé votre petite grève, hein ? Lâches, incapables, on va voir si vous ne voulez pas travailler. Vous allez mourir de faim. Mangez donc votre merde, salauds ! Aujourd'hui on ferme la *pulpería*, demain on coupera l'eau, après-demain on coupera l'électricité. On verra bien qui sera le gagnant. Si vous voulez de la trique, on vous donnera de la trique. Si vous voulez des balles, on vous donnera des balles.

Le chef de la *pulpería* avait les mains qui tremblaient, il n'arrivait même pas à mettre le cadenas. Je me suis retournée pour parler avec mes camarades et voir ce que nous pouvions faire, mais elles n'étaient plus là. Elles avaient pris peur et elles s'étaient enfuies.

Mon fils est arrivé, il m'a pris la main et il m'a dit :

— Maman !... Qu'est-ce que tu fais là ? Il y a des agents qui te cherchent.

Mon fils avait vu les agents renseigner le colonel :

— La Chungara est montée pour attaquer la *pulpería* avec un groupe de femmes armées de bâtons et de pierres...

Et le commandant leur a dit :

— Est-ce que vous ne m'avez pas dit que cette femme est grosse ? Et elle est partie faire ça ?

— Mais oui, elle vient de monter.

— Et alors, qu'est-ce que vous attendez ? Allez la prendre. Amenez-la ici, c'est à coups de pied qu'on va la faire accoucher.

C'est ce qu'a dit le militaire. Par chance, mon fils l'a entendu et il est venu me prévenir. J'ai pu me sauver, à quelques minutes près.

Comme je savais qu'ils allaient m'arrêter, j'ai parlé avec ma famille : je leur ai dit que j'allais quitter la maison et que je ne reviendrais pas. Et qu'il ne fallait pas qu'ils me cherchent, parce que je ne savais pas moi-même où j'allais aller.

Je suis partie sans but. Et puis comme ça, au hasard, j'ai frappé à une porte et j'ai demandé si on voulait bien me loger, au moins pour cette nuit-là. Les ouvriers se sont montrés très solidaires : « Mais bien sûr, madame, reposez-vous. » Je me suis cachée pendant dix jours de cette façon, en allant de maison en maison.

Cette nuit-là, les agents sont entrés dans ma maison. Mes enfants s'étaient bien retranchés. Ils ont cogné à la porte et mes enfants n'ont pas ouvert. Ils ont recommencé trois ou quatre fois et, finalement, les agents sont entrés par la fenêtre de la cour. Et ils ont commencé à interroger les petits avec arrogance :

— Où est votre maman ?

— Elle n'est pas là.

— Où est-elle ?

— Nous ne savons pas.

— Comment, vous ne le savez pas ? Vous n'êtes pas ses enfants, non ? On va vous apprendre à répondre. Et d'abord levez-vous, petits salauds !

Alors ma fille, celle qui a onze ans, s'est mise à rire. Et, en riant, elle leur a dit :

— Est-ce que vous croyez qu'elle est si bête que ça, ma maman ? Elle sait bien que vous la cherchez, et vous pensez qu'elle nous a dit où elle est partie ? Elle n'est pas si bête, ma maman.

L'un des agents s'est mis en colère. Mais l'autre lui a dit :

— Non, ta maman n'est pas si bête. Allons-nous-en. Vous pouvez être tranquille. L'oiseau s'est envolé.

Mais, avant de partir, ils ont fouillé la maison, sous les lits, partout. Et, en voyant que mes enfants ne pleuraient pas, ils ont dit :

— Ils sont déjà bien entraînés, ceux-là.

Plusieurs familles m'ont raconté que l'armée envahissait à toute heure du jour et de la nuit des maisons où elle pensait pouvoir me trouver.

Là-dessus, le président Banzer est venu à Catavi. Il est arrivé sans prévenir, après avoir atterri à Uncía. Mais il n'a pas voulu discuter avec les véritables dirigeants des travailleurs. Il a refusé catégoriquement. Il a dit au contraire qu'il allait désigner de nouveaux coordinateurs de base.

Et la répression des agents de la D.O.P. a commencé : c'est un autre corps de répression, le département d'ordre politique. Alors il s'est passé des choses bien tristes.

Par exemple, ils se sont mis à arrêter les enfants dans la rue et à les battre pour les forcer à signer des papiers qui avaient été écrits par la D.O.P. Ils montraient ensuite ces papiers signés aux parents. Et ils obligeaient les parents, contre la liberté de leurs enfants, à signer à leur tour un papier où ils s'engageaient à briser la grève et à reprendre le travail. Certains parents l'ont fait, en pleurant, pour récupérer leurs enfants.

Et puis les agents arrêtaient les enfants dans la rue et disaient aux parents : « Voilà, votre fils est un subversif. Si vous ne voulez pas qu'on l'emmène à La Paz, il faut payer 500 pesos, 800 pesos. » Je connais une femme dont les enfants n'avaient absolument rien fait et qui a dû donner 2 000 pesos pour les faire remettre en liberté. Beaucoup de parents ont été dans cette situation, ils cherchaient de l'argent, ils vendaient toutes leurs affaires pour faire libérer leurs enfants.

Ils essayaient tous les moyens de pression. Ils disaient à la radio (qui n'était plus la Voix du mineur, mais la voix des militaires) : « 50 % des travailleurs ont déjà repris le travail, 80 %... » Et ils invitaient les grévistes à les suivre. Mais ce n'étaient que des mensonges, personne n'était retourné travailler.

Ils ont exercé beaucoup de représailles. Quand ils ont arrêté les derniers délégués de base, ils les ont battus à mort, ils leur ont fait dénoncer les dirigeants sous la menace de leurs armes et ils leur ont fait dire : « Ils sont payés par l'étranger, nous ne voulons plus nous laisser tromper par eux et nous allons reprendre le travail pour le bien de la patrie. »

Et déjà certains foyers commençaient à souffrir de la faim. Alors les femmes se sont mises à organiser les « marmites populaires » pour que personne ne souffre. On collectait du ravitaillement dans les camps. Chacun donnait ce qu'il pouvait : un peu de farine, du riz, des pâtes... Et on le redistribuait à ceux qui en avaient le plus besoin.

De La Paz, de Cochabamba, également, sont arrivés du ravitaillement, des vêtements, mais ils sont restés dans le ravin de Playa Verde. L'armée ne les a pas laissés passer.

Tout le temps qu'a duré cette grève, et elle a été très longue, la solidarité des autres secteurs du pays n'a jamais cessé. Les universitaires, les ouvriers des usines, les paysans, les ouvriers des mines privées se sont solidarisés. Mais la presse et la radio n'en disaient rien, tout était bien contrôlé par les agents du gouvernement.

Il est venu une femme qui se disait de la Croix-Rouge et elle a réuni les femmes à Catavi. Elle leur a dit :

— Mes filles, il faut dire à vos maris de reprendre le travail. Vous ne voulez pas un nouveau massacre dans le peuple ? Il faut les persuader de briser la grève, de ne pas suivre les agents payés par l'étranger.

Elle leur parlait comme ça, d'un ton dramatique, en faisant couler une rivière de larmes. Alors une des dames qui étaient là lui a dit :

— Comment voulez-vous que je dise à mon mari de reprendre le travail ? Il est en prison... Et tout ce qu'il a fait, c'est de demander une augmentation de salaire, parce que ça ne nous suffisait pas pour vivre. Moi, j'ai vendu mes robes, j'ai vendu mes colliers, j'ai même vendu nos alliances pour acheter de quoi manger. Qui va résoudre cette situation ? Et puis, pour qui travaillons-nous ? A quoi ça sert que nos maris se tuent ?

Et la femme disait :

— Ma fille, avec le dialogue, on peut tout arranger.

Alors elles ont commencé à se méfier et il y en a une qui a dit :

— Puisque vous vous êtes présentée comme fonctionnaire de la Croix-Rouge, montrez-nous donc votre carte.

Alors l'autre a répondu qu'elle n'était pas fonctionnaire de la Croix-Rouge, qu'elle était au directoire des femmes nationalistes.

Les dames ont pris ça mal et elles lui ont demandé :

— Comment pouvez-vous dire que vous nous aimez quand vous maltraitez tellement nos dirigeants ?

Et une amie m'a raconté qu'une autre femme lui a dit :

— Notre camarade Domitila de Chungara, elle attend un enfant et vous la poursuivez comme des sauvages...

— Ah ! Ne parlez pas de cette femme. Elle est à la solde de

l'étranger, de Cuba, de la Russie, de la Chine (elle ne savait même pas qu'il y a un conflit entre la Russie et la Chine !) et, aujourd'hui encore, elle paie 30 pesos par jour aux travailleurs qui poursuivent la grève.

On m'a dit que les dames se sont encore plus fâchées et que la femme a été forcée de partir.

Et puis, comme ils n'arrivaient pas à briser la grève, même en disant : « A partir de demain, vous êtes renvoyés », parce que personne ne venait travailler, alors ils nous ont ôté la *pulpería*. Ils l'ont supprimée, comme ça, pendant une semaine.

Après ça, ils ont changé d'idée : « Rendons-leur la *pulpería*, ils vont s'endetter avec leurs achats, ils retourneront travailler. » Du coup, dès la première heure, les femmes des agents locaux ont été faire des provisions. Mais les autres dames ont dit : « Puisqu'ils nous l'ont ôtée, ils n'ont qu'à continuer. » Elles ont fermé la *pulpería* et jeté des pierres aux autres. Les agents sont intervenus, ils ont lancé des gaz et ils en ont même arrêté plusieurs.

Comme ils n'arrivaient pas à briser la grève, ni par les menaces ni par les coups, les agents se sont mis à ramasser les chômeurs pour les mettre à travailler. Ils ont même été dans les campagnes, ils ont distribué des vivres aux paysans et ils leur ont dit d'aller donner leur contribution à la mine. Ils ont même habillé les soldats en civils pour les faire travailler.

Les paysans ont accepté les vivres, mais ils n'ont pas bougé. Ils savent bien que c'est ce que nous leur achetons qui les fait vivre, et puis nous sommes nous-mêmes pour la plupart d'origine paysanne. J'ai eu l'occasion de parler avec plusieurs d'entre eux. Et ils disaient : « Comment aurions-nous pu y aller ? Ce sont nos enfants, nos filleuls, qui travaillent à la mine. Et puis nous ne savons pas travailler à la mine, nous, nous avons peur de la dynamite. »

La chose n'a donc pas eu de suite, il n'y a eu presque personne. Les chômeurs que les agents avaient réussi à convaincre ont bien commencé à travailler, mais comme ils ne connaissaient rien au travail de la mine, plusieurs sont morts d'accidents ou d'autre chose.

Les agents faisaient leur propagande avec nos radios, ils disaient qu'ils étaient 55 % à avoir repris le travail. Les journaux montraient les ouvriers au travail. Mais, en fait, ce n'étaient pas les travailleurs de l'entreprise, c'étaient ces chômeurs envoyés pour briser la grève.

Les femmes se sont organisées, elles aussi, en groupes de choc contre ceux qui venaient travailler. Un jour à six heures du matin, des femmes ont attaqué à coups de pierres plusieurs camions au camp Salvadora, parce que ces camions transportaient des briseurs de grève.

Comme les hommes ne pouvaient plus rien faire sans être pris et envoyés en prison, les femmes se sont organisées de façon spontanée, avec leurs enfants, pour se poster sur les fronts de travail.

Très tôt dans la matinée, elles se sont retrouvées à l'entrée de la mine. Elles ont couché les enfants sur les rails pour empêcher le convoi d'entrer. Et elles ont dit que s'ils voulaient faire avancer le train, il faudrait qu'il passe sur le corps des enfants. Et tous ceux qui se présentaient pour travailler, les femmes les traitaient très durement : « Lâches ! Nous avons sept, huit enfants et nous poursuivons la grève. Comment pouvez-vous vous vendre comme ça ? » Elles leurs jetaient des pierres et les faisaient sortir.

En voyant ça, ils ont envoyé l'armée pour déloger les femmes. Mais, en voyant qu'il n'y avait là que des femmes et des enfants, l'armée n'a pas osé faire quoi que ce soit. Les commandants voulaient forcer les soldats et ils leur disaient : « Ce sont des communistes, rentrez-leur dedans ! Pour vous ici, il n'y a rien, pas de femmes, pas d'enfants, rien ! »

Et ils leur ont fait chanter une marche pour avancer. Mais les mères, avec leurs enfants, se sont mises à chanter *Vive la Bolivie ma patrie !* Et on m'a dit que la scène était tellement impressionnante que l'armée est restée impuissante. Les commandants ont vu que c'était un échec et ils ont appelé les agents qui ont lancé des gaz et qui ont dispersé tout le monde.

Et puisque l'armée ne pouvait pas affronter les femmes et les enfants, ils ont fait venir de La Paz les femmes policières. Le lendemain, dès la première heure, elles étaient au puits. Ce sont de fortes femmes, toutes entraînées au karaté. Et nos femmes à nous, quand elles ont appris l'arrivée des policières, elles ne sont pas allées au puits. Et celles-ci en ont été pour leurs frais.

Mais elles se sont mises à la tâche qu'on leur a confiée : entrer dans les maisons et vider les familles des prisonniers.

Comme en 1965, ces familles ont reçu une note leur disant de quitter leur logement dans les vingt-quatre heures. Mais comment faire pour s'en aller dans les vingt-quatre heures, et surtout où aller ? Aussi les femmes n'ont pas tenu compte de la note. Alors le commandant de l'armée et la direction de l'entreprise ont envoyé les femmes policières pour embarquer ces familles sur un camion.

On m'a raconté que très tôt, vers sept heures du matin, les femmes de la police sont arrivées à la maison du camarade Severo Torres, qui avait été arrêté et exilé. Sa femme est gravement malade et elle a un paquet de huit enfants.

Le plus dur, ç'a été quand les femmes de la police ont fait se lever cette dame et ses enfants et qu'elles ont chargé toutes leurs affaires sur le camion et forcé les enfants à y monter. Un enfant est sorti, avec son biberon plein de thé, parce qu'on boit très peu de lait à la mine. Et puis un autre, avec aussi son biberon, contenant juste de l'eau sucrée. Et encore un autre, avec un morceau de pain, tout nu, tremblant de froid. Ils sont sortis comme ça, l'un après l'autre, de la maison.

L'une des femmes policières n'a pas pu résister. Elle est allée derrière la maison et elle s'est mise à pleurer. Elle était dans un état de nerfs terrible et elle pleurait en poussant des cris.

Un ouvrier l'a vue et lui a dit :

— Pourquoi pleurez-vous ? Pourquoi ? Vous ne savez pas qui est le père de ces enfants ? C'est un ouvrier qui est allé au congrès des mineurs, il a proposé une augmentation des salaires pour pouvoir ramener à la maison un morceau de pain, pour pouvoir acheter du lait et remplir ces biberons que vous voyez plein d'eau ou de thé. C'est pour ça qu'on vous a envoyées déloger toute sa famille.

La femme policière pleurait et disait qu'elle ne comprenait pas, que ça n'avait rien à voir avec ce qu'on lui avait raconté à La Paz. Elle pleurait. Alors la voisine lui a dit :

— Pourquoi vous désoler ? Nous allons terminer votre travail.

Et les enfants sont montés dans le camion. Toute la famille a été emmenée à La Paz. Nous n'avons jamais su ce qu'ils étaient devenus.

Nous ne savons pas non plus le nombre exact des emprisonnés, des fugitifs, des exilés. Rien qu'à Siglo XX, il y a plus de soixante familles dans cette situation. Mais cela s'est produit partout dans le pays. Et beaucoup, beaucoup ont été licenciés de l'entreprise.

On m'a dit qu'il existe un plan du gouvernement pour envoyer ces familles expulsées à San Julián. Il y avait des femmes qui croyaient que San Julián était une autre mine. Mais ce n'est pas ça. C'est un endroit tropical qui se trouve dans le département de Santa Cruz. Bien sûr, je sais que l'organisme humain est capable de s'adapter et de développer des mécanismes de défense. Nous par exemple, nous sommes habitués aux régions glaciales de l'Altiplano et nous avons toujours des réserves pour nous protéger du froid. Mais avec la chaleur, c'est différent. Presque tous les travailleurs ont le mal de la mine, et le climat tropical est fatal pour eux, il accélère leur mort. Et puis ces régions sont très nouvelles, elles n'ont pas encore été travaillées. Tout est à faire, à commencer par abattre les arbres et tuer les bêtes. Les mineurs qui débarquent n'ont pas le matériel nécessaire, ils n'ont rien de ce qu'il faut pour s'installer, alors ils finissent par se faire les domestiques de ceux qui arrivent avec de l'argent et des moyens.

Le 22 juin, après treize jours de grève, je me suis rendu compte que j'allais accoucher. Alors j'ai fait appeler mon mari et je lui ai demandé d'aller parler avec la Croix-Rouge pour leur demander des garanties, pour qu'ils n'aillent pas me maltraiter à l'hôpital.

Mon arrivée à l'hôpital a été une surprise : la radio avait déjà annoncé que j'avais mis au monde des jumeaux, que je les avais eus à l'intérieur de la mine et que je pouvais sortir, que toutes les garanties m'étaient accordées. Une autre rumeur disait que la femme de Banzer était venue, elle avait été émue en voyant mon état, elle avait pleuré et elle m'avait emmenée avec mes nouveau-nés à La Paz où j'étais très bien soignée dans une clinique. On disait aux gens de ne plus se faire de souci pour moi, que le gouvernement avait été généreux et que l'épouse du président elle-même avait pris soin de moi.

Je ne sais pas pourquoi ils ont diffusé toutes ces fausses nouvelles. C'était peut-être une arme pour me faire venir sans précautions et pour pouvoir m'arrêter ? Ou pour que les camarades, hommes et femmes, croient que je m'étais vendue au gouvernement ? Je ne sais pas. Mais, en tout cas, les gens ont été bien surpris de me voir arriver en ambulance. Et c'est là que j'ai appris toutes les choses qu'on avait répandues sur mon compte.

A l'hôpital, tout le monde a été plein d'attentions, du directeur à la sage-femme et aux infirmières. Et j'ai mis au monde deux enfants. Ma fille Paola est bien venue. Mais l'autre, un garçon, le docteur m'a dit qu'il était mort asphyxié, il était déjà en train de se décomposer dans mon ventre. Le placenta était, lui aussi, en décomposition. C'est ce qui a fait que j'ai eu beaucoup de problèmes, cette fois-là, pour me remettre. Je suis restée à l'hôpital jusqu'au 2 août.

La Croix-Rouge est venue, ils ont dit qu'ils s'étaient faits beaucoup de souci pour moi, qu'il avait couru beaucoup de bruits, qu'ils étaient intervenus auprès du gouvernement à cause de ma situation, qu'à partir de maintenant j'étais sous la protection de la Croix-Rouge, que je n'avais rien à craindre et que je n'avais qu'à me reposer comme toutes les mères. Ils ont dit à la direction de l'hôpital de ne permettre à personne de me maltraiter.

J'étais dans la salle qui nous est réservée, à nous les femmes d'ouvriers. Le directeur m'a fait mettre dans la salle des employés, qui est plus petite et plus sûre.

Les gens qui venaient me voir à l'hôpital m'apportaient les nouvelles des événements. Ma seule participation a été la grève de la faim d'un jour qui a été faite par tous les hospitalisés.

Il est arrivé à l'hôpital une camarade gravement blessée, avec un grand hématome ; les agents l'avaient très fortement battue et il a fallu l'opérer. Des dames sont venues et elles nous ont dit : « Comment pourrions-nous accepter d'être ici, bien soignées, à manger plusieurs fois par jour, pendant que nos camarades souffrent tellement ? » Ce jour-là, nous n'avons rien mangé.

A aucun moment je n'ai été maltraitée par les agents du gouvernement. Ni avant ni après avoir eu mes enfants. D'abord parce qu'avant l'accouchement j'étais cachée, et ensuite parce que j'ai été sous la protection de la Croix-Rouge. Mais ils m'ont quand même cherchée furieusement et plusieurs familles ont souffert à cause de moi, ils ont envahi leurs maisons à ma recherche. Et même, avant mon arrivée à l'hôpital, les agents sont venus un jour, ils ont fouillé lit par lit jusqu'à la maternité.

Plusieurs sont restés dormir à l'hôpital, ils savaient que je devais accoucher et ils voulaient être sûrs de m'attraper.

Par ailleurs, les femmes nationalistes ont fait une déclaration au nom du comité des ménagères et elles l'ont fait lire à la radio. C'était pour créer la confusion.

Alors nous avons élaboré un manifeste, en expliquant la véritable position de notre comité. Dans ce manifeste, nous répétions les revendications que nous avions faites au congrès de Corocoro et nous dénoncions ce que nous vivions en ce moment dans les mines. Et nous demandions :

« Est-ce que, nous les ouvriers, nous avons jamais envahi vos maisons comme vous le faites, vous les militaires ? Est-ce que vous savez seulement ce que c'est que de travailler dans la mine ? Est-ce que vous savez seulement ce que sont les misères et les peines de la classe ouvrière ? Non, messieurs ! Vous savez juste assassiner le peuple, et vous ne savez pas contribuer économiquement à la vie du pays. Pendant que vous menez la bonne vie, avec des voitures, des domestiques, des maisons, les ouvriers vivent dans la misère, la dénutrition, leurs poumons rongés par la silicose, et aujourd'hui un fusil pointé dans leur dos. Vous ne savez pas ce que c'est d'entrer au travail en bonne santé et d'en sortir en peu de temps, mort, en morceaux, en laissant sa famille dans la misère totale. »

Nous disions encore :

« Le gouvernement oublie que nous ne sommes plus à l'époque de la colonie espagnole et que nous ne pouvons pas travailler sous la menace des armes : nous sommes des ouvriers, pas des esclaves, et nous ne permettrons pas que les mercenaires commettent leurs forfaits sans que nous puissions même ouvrir la bouche. [...] Si le gouvernement persiste dans son attitude, nous nous verrons obligés d'émigrer dans d'autres pays où nous serons traités comme des êtres humains et nous nous engagerons à travailler à l'enrichissement des pays qui nous ouvrent leurs portes. Et les militaires n'auront qu'à travailler eux-mêmes aux mines. »

Pour conclure, nous affirmions notre soutien à toutes les positions des syndicats.

C'était important de préciser notre situation. Car il s'est organisé ici un autre « comité de ménagères ». Une femme est venue de La Paz pour désigner de nouvelles dirigeantes et proposer dix-sept bourses d'études. Il n'a pas manqué de femmes pour se vendre, elles se sont alliées à plusieurs travailleuses de Las Lamas, et à La Paz on les a présentées comme les femmes des travailleurs de la mine, leurs représentantes. Certaines secrétaires de notre comité ont même collaboré avec ce groupe, si j'en crois les nouvelles que j'ai lues et que j'ai entendues.

Aujourd'hui, nous n'avons plus de garanties pour nos actions. Par exemple, après la grève, quand nous avons voulu discuter avec la direction de l'entreprise, on nous a répondu : « Le comité des ménagères n'est plus reconnu. Les ménagères n'existent plus. »

Maintenant, je pense que si le syndicat — qui est ici la plus haute autorité de la classe ouvrière — n'a pas de garanties pour fonctionner, notre comité, qui a été organisé pour être aux côtés du syndicat, ne peut pas fonctionner non plus, non ? Faire de notre comité une organisation nationaliste pour collaborer avec le gouvernement, ce serait trahir l'idéal de la classe ouvrière. C'est pourquoi je considère que nous sommes nous aussi hors la loi, et que nous ne pouvons pas collaborer avec ce gouvernement.

Je ne crois pas que la majorité de la base ait été trompée par la création de ce nouveau comité. Quand je suis sortie de l'hôpital, plusieurs dames sont venues et elles m'ont dit : « Continuez à vous reposer, soignez votre santé, en ce moment nous ne pouvons rien faire. » Je pense que la base nous juge le moment venu.

Il s'est passé tant de choses qu'on ne sait plus quoi dire. Certains dirigeants sont en prison, d'autres sont en fuite, d'autres se sont vendus au gouvernement, et les travailleurs sont aujourd'hui, plus que jamais, forcés de rester muets ; il y a des gens qui en profitent pour dire que, nous les dirigeantes, nous ne faisons que manipuler les masses et qu'il n'existe pas véritablement une force dans la classe travailleuse.

Mais moi je me rappelle qu'il y a eu d'autres périodes dans le passé où nous avons eu des problèmes, où les dirigeants ont été arrêtés et même tués. Et, pourtant, il en est surgi d'autres. Alors je pense qu'aujourd'hui nous sommes encore une fois dans une période de reflux. Cela fait quelques mois que nous vivons comme cela. J'espère que c'est une situation momentanée et que nous allons poursuivre, comme nous l'avons fait les fois précédentes. Si ça se passait autrement, le gouvernement pourrait éliminer tranquillement les dirigeants et il en aurait très vite fini avec la classe travailleuse en Bolivie.

Bien sûr, nous vivons aujourd'hui un problème grave. Le 4 août, après vingt-neuf jours de grève, les travailleurs ont repris leurs postes, mais ils n'ont pas obtenu ce qu'ils demandaient. Aujourd'hui, nous vivons dans une zone militaire, c'est presque l'esclavage. Le gouvernement a bien accepté d'augmenter les salaires de quelques pesos, mais il s'est rattrapé par ailleurs.

Par exemple, il a supprimé les heures supplémentaires. En plus, le travailleur qui manque un jour n'est plus payé pour son absence et on lui retire la moitié de ce à quoi il a droit à la *pulpería*. C'est comme ça que dans ma famille, où nous avons droit à deux kilos de viande et trente pains par jour pour neuf personnes, quand mon mari a manqué un jour à son travail, on ne nous a donné qu'un kilo de viande et quinze pains.

L'augmentation accordée par le gouvernement devait être au départ de 35 %. Mais, là aussi, il y a eu fraude. Les travailleurs n'ont été augmentés que de 5 pesos par jour. L'an dernier, mon mari gagnait 17 pesos par jour ; quand il a commencé à travailler comme *lamero*, il a été augmenté à 23 pesos et, aujourd'hui, depuis la grève, il touche 28 pesos, c'est-à-dire un dollar et demi, et pourtant son travail est plus dur qu'avant. C'est dire que notre situation ne s'est pas améliorée.

Je voudrais dire quelque chose à propos de nos partis politiques. Je remarque que beaucoup de ceux qui parlent très bien dans les périodes calmes ne savent pas être à nos côtés quand nous nous trouvons dans un moment difficile comme maintenant. On en voit beaucoup qui donnent leur vie « pour leur parti », mais pas tellement « pour leur peuple ». C'est pour ça que je crois qu'ils sont de plus en plus divisés. Et puis je vois bien qu'ils ont des cadres, mais il n'y en a pas beaucoup qui viennent réellement dans les masses. Cela a été aussi comme ça dans la dernière grève.

Il me semble qu'il est urgent de nous organiser différemment pour nous défendre en tenant compte de notre réalité. Nous avons une tradition de lutte très forte. Ceux qui ont donné leur vie pour notre cause sont innombrables. Mais les moyens que nous employons ne sont jamais suffisants pour faire front à nos oppresseurs, qui arrivent bien armés et qui nous écrasent toujours. Il faut y réfléchir et trouver le chemin adéquat pour résoudre cette situation.

Il faut bien voir que notre chemin, ce sont les gouvernements eux-mêmes qui nous l'ont indiqué en nous traitant comme ils l'ont fait. Moi, par exemple, quand j'étais dans les cellules de la D.I.C. et qu'ils me battaient parce que j'étais une « communiste », une « extrémiste », ils éveillaient en moi une grande curiosité : « Qu'est-ce que le communisme ? Qu'est-ce que le socialisme ? » Parce que, tous les jours, ils me le répétaient en me battant. Et je me suis mise à me demander : « Qu'est-ce qu'un pays socialiste ? Comment est-ce qu'on résout les problèmes là-bas ? Comment y vivent les gens ? Est-ce qu'on y massacre les mineurs ? » Et alors je me mettais à analyser : « Et moi, qu'est-ce que j'ai fait ? Qu'est-ce que je veux ? Qu'est-ce que je pense ? Pourquoi est-ce que je suis ici ? Qu'est-ce que j'ai dit ? J'ai seulement demandé la justice pour le peuple, j'ai seulement demandé de quoi manger pour tout le monde, j'ai demandé une meilleure éducation, j'ai demandé qu'il n'y ait plus de massacres comme cet horrible massacre de la Saint-Jean. C'est donc ça le socialisme ? C'est ça, le communisme ? »

Par ailleurs, je sais, par les livres que j'ai lus et par toutes ces personnes avec qui j'ai pu parler, qu'il existe des pays socialistes où les habitants sont arrivés à améliorer leurs conditions de vie, de santé, de logement, d'éducation. Les ouvriers sont mieux traités. Les paysans ne sont pas en marge. La femme a la possibilité d'entrer dans le travail productif parce qu'on a créé de nouvelles sources de travail pour que tout le peuple puisse progresser ensemble. La femme n'a plus à souffrir de sa condition de femme, comme nous qui nous détruisons les nerfs avec les soucis que nous nous faisons pour l'avenir de nos enfants, pour la santé de nos maris, parce que nous savons depuis longtemps qu'ils finissent du mal de la mine. Et il y a tant de choses qui nous accablent.

Nous savons que tout cela change dans un régime socialiste, parce qu'il y a les mêmes possibilités pour tous, parce qu'il y a des sources de travail pour les femmes et des garderies pour qu'on s'occupe de leurs enfants pendant qu'elles travaillent. Et que le gouvernement doit prendre en charge les vieux, les femmes, et tout cela.

Alors ce sont là nos aspirations, nous voulons la même chose pour nous. Et puis, d'après ce que j'ai compris, dans le système socialiste le peuple doit participer pour ne pas retomber dans l'exploitation de l'homme par l'homme.

Je sais que, dans tous les pays qui sont arrivés au socialisme, il reste encore beaucoup de conquêtes à faire. Mais je me rends compte qu'ils ont déjà obtenu beaucoup de ce que nous, nous demandons.

C'est pour cela que je pense que nous, en Bolivie, nous devons suivre attentivement les expériences de ces peuples, leurs erreurs et leurs conquêtes, mais en nous unissant pour chercher une solution qui corresponde à la réalité de la Bolivie, de notre peuple, de notre situation. Et non passer notre temps à nous battre entre nous pour ne suivre que ce que dit la Russie, la Chine ou Cuba en défendant toujours l'un contre l'autre. Si j'ai bien compris, le marxisme, il faut l'appliquer à la réalité de chaque pays.

Mon peuple ne se bat pas pour une petite conquête, un peu d'augmentation de salaire par-ci, un palliatif mineur par-là. Non. Mon peuple se prépare à expulser du pays pour toujours le capitalisme et ses valets, intérieurs et extérieurs. Mon peuple se bat pour arriver au socialisme.

Ce que je dis là, je ne l'ai pas inventé. C'est le congrès de la Centrale ouvrière bolivienne qui l'a proclamé : « La Bolivie ne sera libre que le jour où elle sera un pays socialiste. »

Et si quelqu'un en doute, il n'a qu'à venir en Bolivie, s'il en a les moyens, et il pourra voir que c'est bien là le cri de mon peuple.

Table

ACTES ET MÉMOIRES DU PEUPLE

Collection animée par Louis Constant

MÉMOIRES

Louise Michel, *Mémoires*.

Victorine B., *Souvenirs d'une morte vivante (1848-1871)*.

Lluis Montagut, *J'étais deuxième classe dans l'armée républicaine espagnole*.

Martin Nadaud, *Léonard, maçon de la Creuse*. Introduction de Jean-Pierre Rioux.

Kristian, *Zistoir Kristian. Mes-aventures. Histoire vraie d'un ouvrier réunionnais en France*.

Agricol Perdiguier, *Mémoires d'un compagnon*. Introduction d'Alain Faure.

Hélène Elek, *La mémoire d'Hélène*.

Norbert Truquin, *Mémoires et aventures d'un prolétaire à travers la révolution*. Introduction de Paule Lejeune.

Maman Jones, *Autobiographie*. Introduction de Paule Lejeune.

Constant Malva, *Ma nuit au jour le jour*. Introduction de Bruno Mattéi.

Suzanne Voilquin, *Les mémoires d'une fille du peuple*, Introduction de Lydia Elhadad.

Louis Barthas, *Les carnets de guerre de Louis Barthas, tonnelier (1914-1919)*.

ACTES

Fernand Rude, *C'est nous les canuts*.

Ernst Glaeser, *La Paix*. Roman. Introduction de Lionel Richard.

Charles Andler, *La vie de Lucien Herr*. Introduction de Justinien Raymond.

A PARAÎTRE

Adeheid Popp, *La jeunesse d'une ouvrière*. Préface de Georges Haupt.

Hanna Schramm et Barbara Vormeier, *Vivre à Gurs. Un camp de concentration français (1939-1942)*.

Edmond Thomas, *La poésie ouvrière du XIXe siècle*. Anthologie.

ACHEVÉ D'IMPRIMER
EN JANVIER 1981 SUR LES PRESSES
DE L'IMPRIMERIE CH. CORLET, 26, RUE
DE VIRE, 14110 CONDÉ-SUR-NOIREAU
DÉPÔT LÉGAL : 1er TRIMESTRE 1981
QUATRIÈME TIRAGE : 7 300 à 12 000 EX.
N° IMPRIMEUR : 6340
ISBN 2-7071-1020-5